DU MENSO

DE LA DÉSOBÉISSANCE À LA VIOLENCE

Paru au Livre de Poche :

CONDITION DE L'HOMME MODERNE

HANNAH ARENDT

Du mensonge à la violence

Essais de politique contemporaine

TRADUIT DE L'ANGLAIS PAR GUY DURAND

CALMANN-LÉVY

Titre original :
CRISES OF THE REPUBLIC

À Mary McCarthy
en amitié

DU MENSONGE EN POLITIQUE

Réflexions sur les documents du Pentagone

« Ce n'est pas un très joli spectacle que de voir la première des superpuissances mondiales tuer ou blesser chaque semaine des milliers de non-combattants, en s'efforçant de contraindre une petite nation arriérée à accepter une solution dont les mérites restent fortement contestés. »

Robert S. McNamara.

I

Des documents du Pentagone, ainsi qu'il arrive fréquemment dans l'histoire, des lecteurs différents pourront tirer des enseignements fort divers. Les uns estiment qu'ils viennent enfin de comprendre que le Vietnam représentait l'aboutissement « logique » de la guerre froide ou de l'idéologie anticommuniste ; d'autres qu'il s'agit là d'une occasion unique de comprendre les processus où s'empêtrent les décisions gouvernementales ; mais la plupart se retrouvent d'accord pour penser que le problème fondamental posé par ces documents est celui de la tromperie. À tout le moins est-il évident que ce fut ce qui préoccupa ceux qui eurent à choisir, parmi ces documents, ceux

qui devaient être publiés dans le *New York Times* ; il
est au moins probable qu'il en fut de même pour les
hommes qui préparèrent la publication des quarante-
sept volumes que comporte le rapport original[1]. La
célèbre crise de confiance envers le gouvernement, que
nous connaissons depuis six longues années, a soudain
pris des proportions énormes. Dans les sables mou-
vants des déclarations mensongères de toute espèce,
de la tromperie consciente ou de l'autosuggestion
où risquent fort de s'enliser les lecteurs qui désirent
pénétrer la substance de ces documents, il nous faut
bien reconnaître, malheureusement, l'infrastructure de
toute la politique intérieure et étrangère des États-Unis
depuis près de dix années.

Du fait de l'ampleur prise par l'intention de pratiquer
l'insincérité en matière politique au plus haut niveau
du gouvernement, et du degré auquel, parallèlement,
le mensonge a pu proliférer au sein de tous les services officiels, tant civils que militaires – les fallacieux décomptes de pertes des missions de « recherche
et de destruction » de l'ennemi, les comptes rendus
faussés des dommages causés par les bombardements
aériens[2], les rapports faisant état des « progrès accomplis », adressés à Washington par des responsables
sachant qu'ils serviraient à apprécier l'importance et

---

1. Comme le déclare Leslie H. Gelb, qui dirigeait l'équipe
chargée de ce travail : « Il faut tenir compte avant tout de ce point
crucial : la confiance accordée à la politique du gouvernement. »
Voir « Today's Lessons from the Pentagon Papers », *Life*, 17 septembre 1971.

2. Ralph STAVINS, Richard J. BARNET et Marcus G. RASKIN, *Washington Plans an Aggressive War*, New York, 1971, pp. 185-187.

la qualité de leurs services[1] – on serait tenté d'oublier tout un arrière-plan historique qui n'est pas exactement révélateur d'innocence et de vertu et auquel il faut se référer dans l'appréciation de ce nouvel épisode.

Le secret – ce qu'on appelle diplomatiquement la « discrétion », ou encore *arcana imperii*, les mystères du pouvoir –, la tromperie, la falsification délibérée et le mensonge pur et simple employés comme moyens légitimes de parvenir à la réalisation d'objectifs politiques font partie de l'histoire aussi loin qu'on remonte dans le passé. La véracité n'a jamais figuré au nombre des vertus politiques, et le mensonge a toujours été considéré comme un moyen parfaitement justifié dans les affaires politiques. Qui prend la peine de réfléchir à ce propos ne pourra qu'être frappé de voir à quel point notre pensée politique et philosophique traditionnelle a négligé de prêter attention, d'une part à la nature de l'action et, de l'autre, à notre aptitude à déformer, par la pensée et par la parole, tout ce qui se présente claire- ment comme un fait réel. Cette sorte de capacité active, voire agressive, est bien différente de notre tendance passive à l'erreur, à l'illusion, aux distorsions de la mémoire, et à tout ce qui peut être imputé aux insuffi- sances des mécanismes de la pensée et de la sensibilité.

Un des traits marquants de l'action humaine est qu'elle entreprend toujours du nouveau, ce qui ne signifie pas qu'elle puisse alors partir de rien, créer

---

1. Daniel ELLSBERG, « The Quagmire Myth and the Stalemate Machine », *Public Policy*, printemps 1971, pp. 262-263. Voir éga- lement Leslie H. GELB, « Vietnam: The System Worked », *Foreign Policy*, été 1971, p. 153.

à partir du néant. On ne peut faire place à une action nouvelle qu'à partir du déplacement ou de la destruction de ce qui préexistait et de la modification de l'état de choses existant. Ces transformations ne sont possibles que du fait que nous possédons la faculté de nous écarter par la pensée de notre environnement et d'*imaginer* que les choses pourraient être différentes de ce qu'elles sont en réalité. Autrement dit, la négation délibérée de la réalité – la capacité de mentir – et la possibilité de modifier les faits – celle d'agir – sont intimement liées ; elles procèdent l'une et l'autre de la même source : l'imagination. Car il ne va pas de soi que nous soyons capables de *dire* : « le soleil brille », à l'instant même où il pleut (certaines lésions cérébrales entraînent la perte de cette faculté) ; ce fait indique plutôt que, tout en étant parfaitement aptes à appréhender le monde par les sens et le raisonnement, nous ne sommes pas insérés, rattachés à lui, de la façon dont une partie est inséparable du tout. Nous sommes *libres* de changer le monde et d'y introduire de la nouveauté. Sans cette liberté mentale de reconnaître ou de nier l'existence, de dire « oui » ou « non » – en exprimant notre approbation ou notre désaccord non seulement en face d'une proposition ou d'une déclaration, mais aux réalités telles qu'elles nous sont données, sans contestation possible, par nos organes de perception et de connaissance –, il n'y aurait aucune possibilité d'action ; et l'action est évidemment la substance même dont est faite la politique[1].

---

1. Pour une étude d'ordre général, concernant les rapports entre la vérité des faits et la politique, voir, dans notre ouvrage :

Il faut ainsi nous souvenir, quand nous parlons de mensonge, et particulièrement du mensonge chez les hommes d'action, que celui-ci ne s'est pas introduit dans la politique à la suite de quelque accident dû à l'humanité pécheresse. De ce fait, l'indignation morale n'est pas susceptible de le faire disparaître. La falsification délibérée porte sur une réalité *contingente*, c'est-à-dire sur une matière qui n'est pas porteuse d'une vérité intrinsèque et intangible, qui pourrait être autre qu'elle n'est. L'historien sait à quel point est vulnérable la trame des réalités parmi lesquelles nous vivons notre existence quotidienne ; elle peut sans cesse être déchirée par l'effet de mensonges isolés, mise en pièces par les propagandes organisées et mensongères de groupes, de nations, de classes, ou rejetée et déformée, souvent soigneusement dissimulée sous d'épaisses couches de fictions, ou simplement écartée, aux fins d'être ainsi rejetée dans l'oubli. Pour que les faits soient assurés de trouver durablement place dans le domaine de la vie publique, il leur faut le témoignage du souvenir et la justification de témoins dignes de foi. Il en résulte qu'aucune déclaration portant sur des faits ne peut être entièrement à l'abri du doute – aussi invulnérable à toute forme d'attaques que, par exemple, cette affirmation : deux et deux font quatre.

C'est cette fragilité qui fait que, *jusqu'à un certain point*, il est si facile et si tentant de tromper. La

---

Between Past and Future. Exercises in Political Thought, le chapitre « Truth and Politics », seconde édition, New York, 1968 ; tr. fr., *La Crise de la culture*, Gallimard, 1972, chap. VII : « Vérité et politique ».

tromperie n'entre jamais en conflit avec la raison, car les choses auraient pu se passer effectivement de la façon dont le menteur le prétend. Le mensonge est souvent plus plausible, plus tentant pour la raison que la réalité, car le menteur possède le grand avantage de savoir d'avance ce que le public souhaite entendre ou s'attend à entendre. Sa version a été préparée à l'intention du public, en s'attachant tout particulièrement à la crédibilité, tandis que la réalité a cette habitude déconcertante de nous mettre en présence de l'inattendu, auquel nous n'étions nullement préparés.

En temps normal, la réalité, qui n'a pas d'équivalent, vient confondre le menteur. Quelle que soit l'ampleur de la trame mensongère que peut présenter le menteur expérimenté, elle ne parviendra jamais, même avec le concours des ordinateurs, à recouvrir la texture entière du réel. Le menteur, qui pourra peut-être faire illusion, quel que soit le nombre de ses mensonges isolés, ne pourra le faire en ce qui concerne le principe même du mensonge. C'est là une des leçons que l'on pourrait tirer des expériences totalitaires, et de cette effrayante confiance des dirigeants totalitaires dans le pouvoir du mensonge – dans leur aptitude, par exemple, à réécrire sans cesse l'histoire, à adapter l'interprétation du passé aux nécessités de la « ligne politique » du présent, ou à éliminer toutes les données qui ne cadrent pas avec leur idéologie. Ainsi, ils prouveront que, dans un système d'économie socialiste, il n'existe pas de chômage en refusant de reconnaître son existence ; dès lors, un chômeur n'est plus qu'une entité non existante.

Les résultats de telles expériences, effectuées par des hommes disposant des moyens de la violence, sont assez effrayants, mais ils ne disposent pas du pouvoir d'abuser indéfiniment. Poussé au-delà d'une certaine limite, le mensonge produit des résultats contraires au but recherché ; cette limite est atteinte quand le public auquel le mensonge est destiné est contraint, afin de pouvoir survivre, d'ignorer la frontière qui sépare la vérité du mensonge. Quand nous sommes convaincus que certaines actions sont pour nous d'une nécessité vitale, il n'importe plus que cette croyance se fonde sur le mensonge ou sur la vérité ; la vérité en laquelle on peut se fier disparaît entièrement de la vie publique, et avec elle disparaît le principal facteur de stabilité dans le perpétuel mouvement des affaires humaines.

Aux nombreuses formes de l'art de mentir élaborées dans le passé, il nous faut désormais ajouter deux variétés plus récentes. Tout d'abord, cette forme apparemment anodine qu'utilisent les responsables des relations publiques dans l'administration, dont les talents procèdent en droite ligne des inventions de Madison Avenue. Les relations publiques ne sont qu'une variété de la publicité ; elles proviennent donc de la société de consommation, avec son appétit immodéré de produits divers à distribuer par l'intermédiaire d'une économie de marché. Ce qui est gênant, dans la mentalité du spécialiste de relations publiques, c'est qu'il se préoccupe simplement d'opinions et de « bonne volonté », des bonnes dispositions de l'acheteur, c'est-à-dire de données dont la réalité concrète est presque nulle. Il peut ainsi être amené à considérer qu'il n'y a aucune limite à ses inventions, car il lui manque la faculté d'agir de l'homme politique, le pouvoir de « créer » des faits et, en conséquence, cette dimension de la simple réalité quotidienne qui assigne des limites au pouvoir et ramène sur terre les forces de l'imagination.

La seule limite qui s'impose à l'action du spécialiste de relations publiques se présente lorsqu'il s'aperçoit de l'impossibilité de « vendre » certaines opinions ou certaines convictions politiques à ces mêmes personnes qu'il aurait pu « manipuler » pour leur faire acheter une certaine marque de savon – mais ces opinions peuvent évidemment leur être imposées par la terreur. Ainsi la prémisse psychologique de la possibilité de manipuler les hommes est devenue l'un des principaux produits en vente sur le marché de l'opinion, l'opinion publique ou celle des spécialistes. Mais les doctrines de ce genre ne changent rien à la façon dont se forment les opinions et n'empêchent pas ceux dont l'opinion est faite d'agir conformément à leurs propres vues. Si l'on exclut la terreur, la seule façon d'influencer leur comportement est encore de recourir à la très ancienne méthode de la carotte et du bâton. Peut-on s'étonner que les intellectuels de la présente génération, qui ont grandi dans l'atmosphère d'une publicité effrénée, et à qui l'on enseigne que la politique est faite, pour une part, de la fabrication d'une certaine « image » et, pour l'autre, de l'art de faire croire en la réalité de cette image, en reviennent, presque automatiquement, à recommander l'usage de la carotte et du bâton chaque fois que la situation devient trop grave et déborde les cadres de la théorie ? La plus grande désillusion que l'aventure vietnamienne a pu leur apporter est sans doute d'avoir découvert qu'il existe des hommes capables de rester insensibles à l'appel de la carotte comme à la menace du bâton.

(Si bizarre que cela paraisse, le Président des États-Unis est la seule personne qui soit susceptible d'être la victime idéale d'une intoxication totale. Du fait de l'immensité de sa tâche, il doit s'entourer de conseillers, les « responsables de la sécurité nationale », selon l'expression de Richard J. Barnet, qui « exercent leur pouvoir simplement en filtrant les informations destinées au Président et en interprétant à son intention le monde extérieur[1] ». Le Président, est-on tenté de dire, l'homme qui possède en principe le plus grand pouvoir dans le plus puissant de tous les États, est le seul, dans cet État, dont la faculté de décision puisse être déterminée à l'avance. Certes, cela n'est possible que si l'exécutif a rompu tous les liens qui le rattachent à l'autorité législative du Congrès ; c'est ce qui se produit logiquement, dans notre système de gouvernement, quand les pouvoirs du Sénat sont systématiquement réduits, ou qu'il répugne à les exercer, et à donner son avis sur la politique étrangère. Nous savons désormais qu'une des fonctions du Sénat est de protéger les organes de décision du pouvoir des influences et des humeurs passagères qui agitent la société dans son ensemble – en l'espèce, des foucades de notre société de consommation et des spécialistes de relations publiques qui se chargent d'y pourvoir.)

Une seconde variété nouvelle de l'art de mentir, moins fréquemment utilisée dans la vie quotidienne, joue un rôle plus important dans les documents du

---

1. Voir Stavins, Barnet et Raskin, *op. cit.*, p. 199.

Pentagone. Elle intéresse aussi des hommes ayant
reçu la meilleure formation, ceux que l'on trouve,
par exemple, aux échelons les plus élevés de l'administration. Ce sont, selon l'excellente expression de
Niel Sheehan, les « spécialistes de la solution des problèmes[1] » ; ils sortaient des universités et de divers
instituts de recherches pour entrer dans l'administration, certains solidement armés de l'analyse de systèmes et de la théorie des jeux, et prêts, pensaient-ils,
à résoudre n'importe quel « problème » de politique
étrangère. Une bonne partie des membres du groupe
qui fut chargé de la rédaction du rapport McNamara,
composé de dix-huit militaires et de dix-huit civils,
appartenant à des instituts de recherches, des universités et des services gouvernementaux, relève de
cette catégorie. Il ne s'agissait certainement pas d'une
« couvée de colombes » ; bien peu d'entre eux « critiquaient l'engagement des États-Unis au Vietnam[2] ».
C'est à eux, cependant, que nous sommes redevables
de ce compte rendu, véridique bien qu'incomplet,
naturellement, de ce qui s'est passé au sein des organismes gouvernementaux.

Les spécialistes de la solution des problèmes ont été
définis comme des hommes très sûrs d'eux-mêmes,
qui « semblent rarement douter de leur aptitude à
s'imposer » ; ils ont travaillé de concert avec des

---

1. *The Pentagon Papers*, publiés par le *New York Times*, New
York, 1971, XIV. Cet essai, préparé avant la publication des éditions
assurées par le service des publications officielles et par Beacon
Press, se réfère uniquement aux textes figurant dans l'édition
Bantam ; trad. fr., *Le Dossier du Pentagone*, Albin Michel, 1971.

2. Leslie H. GELB, *op. cit.*

militaires qui « sont considérés comme des hommes habitués à gagner des batailles[1] ». N'oublions pas que c'est à ces spécialistes de la solution des problèmes que nous devons cet effort impartial d'examen personnel critique, fort rare parmi des hommes de cette espèce, qui fait qu'ont été frustrées les tentatives des protagonistes de dissimuler leur rôle derrière l'écran protecteur du secret (à tout le moins jusqu'à ce qu'ils aient achevé la rédaction de leurs Mémoires – le plus trompeur des genres littéraires que connaisse notre temps). La parfaite intégrité des auteurs du rapport ne fait aucun doute ; M. McNamara pouvait leur faire toute confiance pour obtenir « un rapport objectif et complet », sans avoir « à se préoccuper des conséquences[2] ».

Mais ces qualités morales, qui méritent d'être admirées, n'ont pas empêché plusieurs d'entre eux de participer pendant de longues années au jeu des tromperies et des allégations mensongères. Pleins de confiance dans « leur situation, leur formation et leur réussite[3] », ils ont peut-être menti par patriotisme erroné. Mais l'important est qu'ils ont ainsi menti, moins au bénéfice de leur pays – et certainement pas pour en préserver l'existence, qui ne fut jamais menacée – qu'au bénéfice de son « image ». En dépit de leur indubitable intelligence, qui apparaît avec évidence dans maintes notes personnelles, ils étaient persuadés que la politique n'est qu'une variété des relations publiques et

---

1. *The Pentagon Papers*, XIV ; éd. fr., p. 14.
2. Leslie H. GELB, *op. cit.*
3. *The Pentagon Papers*, XIV ; éd. fr., p. 14.

ils se sont laissé abuser par l'ensemble des bizarres prémisses d'ordre psychologique inséparables de cette conviction.

Ils n'en étaient pas moins, à l'évidence, différents des fabricants ordinaires d'images de marque. La différence provient du fait qu'ils étaient en même temps des spécialistes de la solution des problèmes. Ils ne se contentaient donc pas de faire preuve d'intelligence, mais se targuaient en même temps de leur « rationalisme », et leur amour de la « théorie », de l'univers purement intellectuel, leur faisait rejeter tout « sentimentalisme » à un point assez effrayant. Ils aspiraient à la découverte de formules, exprimées de préférence dans un langage pseudo-mathématique, susceptibles d'unifier les phénomènes les plus disparates que la réalité pouvait leur offrir ; autrement dit, ils s'efforçaient de découvrir des *lois* permettant d'expliquer l'enchaînement des faits historiques et politiques et de le prévoir, comme s'il s'agissait d'une réalité aussi nécessaire et non moins certaine que les phénomènes naturels l'étaient autrefois pour les physiciens.

Toutefois, contrairement aux spécialistes des sciences de la nature, qui ont affaire à des choses qui, quelle qu'en soit l'origine, n'ont été ni conçues ni réalisées par l'homme et ne peuvent donc être observées, comprises, et éventuellement modifiées, qu'en s'en tenant obstinément et méticuleusement à la réalité des faits –, l'historien, tout aussi bien que l'homme politique, traite de problèmes humains, qui doivent leur existence à la capacité d'action que possède l'homme, c'est-à-dire à la relative liberté dont il dispose par rapport à ce qui est. Les hommes d'action, pour autant qu'ils estiment être maîtres de leur avenir, sont toujours tentés de se rendre également maîtres du passé. Alors que l'action les attire et qu'ils sont également férus de théories, il est peu probable qu'ils fassent preuve de la même patience que le spécialiste des sciences de la nature qui attendra que ses théories ou ses explications hypothétiques aient été confirmées ou réfutées par les faits. Ils seront tentés, par contre, de faire concorder la réalité envisagée par eux – qui, après tout, est un produit de l'action humaine et aurait donc pu prendre une autre forme – avec leurs théories, écartant ainsi mentalement sa *contingence* déconcertante.

L'aversion de la raison à l'égard de la contingence est très forte ; Hegel, générateur de toute la pensée utopique moderne, n'a-t-il pas affirmé que « l'unique intention de la contemplation philosophique est l'élimination de l'accidentel[1] » ? Dans cette aversion aux racines profondes, on retrouve l'origine d'une bonne part de cet arsenal utilisé par la théorie politique moderne – la théorie des jeux et l'analyse des systèmes, les scénarios composés à l'intention d'« auditoires » imaginaires, et l'énumération méticuleuse d'« options », d'ordinaire au nombre de trois, A, B et C, A et C représentant les solutions extrêmes et opposées, et B constituant la « solution logique » des problèmes, celle de la voie moyenne. L'erreur, dans ce mode de pensée, consiste d'abord à imposer des choix entre des solutions qui paraissent mutuellement

---

1. *Die philosophische Weltgeschichte. Entwurf von 1830 :* « *Die philosophische Betrachtung hat keine andere Absicht als das Zufällige zu entfernen.* »

s'exclure ; jamais la réalité ne s'offre à nous sous cette forme de prémisses aboutissant à des conclusions logiques. Le mode de pensée, qui présente A et C comme des solutions indésirables et en conséquence s'arrête à B, ne peut guère servir qu'à détourner l'attention et empêcher les facultés de jugement de s'exercer sur le nombre très élevé des possibilités réelles. Les spécialistes de la solution des problèmes ont quelque chose en commun avec les menteurs purs et simples : ils s'efforcent de se débarrasser des faits et sont persuadés que la chose est possible du fait qu'il s'agit de réalités contingentes.

En vérité, on ne peut jamais y parvenir, que ce soit au moyen de la théorie ou par la manipulation de l'opinion publique – comme si, pour annuler une réalité, il suffisait qu'un nombre assez élevé de personnes soit persuadé de son inexistence. On ne peut y parvenir que par un acte de destruction radicale – comme celui de l'assassin qui *déclare* que Madame Unetelle est morte et qui va aussitôt la supprimer. En matière politique, ce genre de destruction devrait être totale. Inutile de dire que cette volonté de destruction totale n'a jamais existé à un quelconque échelon de l'administration, en dépit du nombre effroyable de crimes de guerre commis au cours de la guerre du Vietnam. Mais lors même que cette volonté destructive existe, comme ce fut le cas pour Hitler et pour Staline, il faudrait qu'elle puisse disposer d'un pouvoir équivalant à l'omnipotence pour parvenir à ses fins. Il ne suffit pas d'assassiner Trotski et de supprimer son nom de toutes les sources historiques pour effacer le souvenir du rôle qu'il a joué dans l'histoire de la révolution russe ; il aurait fallu pouvoir supprimer tous ceux qui furent ses contemporains et pouvoir dominer le monde entier.

II

Le fait que les documents du Pentagone posent surtout le problème des dissimulations, des contre-vérités et du rôle du mensonge délibéré, plutôt que celui des illusions, des fautes, des erreurs de calcul et autres éléments analogues, tient principalement à un fait étrange : les décisions erronées et les déclarations mensongères étaient toujours en contradiction avec les rapports étonnamment véridiques des services de renseignements, du moins tels qu'ils sont analysés dans l'édition Bantam. L'essentiel, ici, est que la politique du mensonge ne se proposait nullement d'abuser l'ennemi (c'est l'une des raisons pour lesquelles ces documents ne contiennent aucun secret militaire relevant de la loi réprimant l'espionnage) mais était principalement, sinon exclusivement, destinée à la consommation interne, à des fins de propagande et tout particulièrement aux fins de tromper le Congrès. L'incident du golfe du Tonkin, où l'ennemi connaissait parfaitement les faits, alors que la Commission des Affaires étrangères du Sénat les ignorait tous, représente ici un cas typique.

Il est peut-être plus intéressant encore de savoir que, dans cette désastreuse entreprise, presque toutes les décisions ont été prises en pleine connaissance du fait qu'elles ne pourraient probablement pas être appliquées : ainsi les objectifs devaient-ils être sans cesse modifiés. On trouve, en premier lieu, les objectifs publiquement annoncés : « Veiller à ce que le peuple sud-vietnamien puisse librement déterminer son avenir », ou « aider le pays à gagner [son] combat contre la conspiration communiste », ou encore « contenir » la Chine et éviter le jeu de la théorie des dominos, ou préserver la réputation de l'Amérique en tant que « garantie contre la subversion »[1]. À ces objectifs, Dean Rusk avait récemment ajouté celui d'empêcher l'éclatement d'une troisième guerre mondiale, bien qu'il ne soit pas mentionné expressément dans les documents du Pentagone, et qu'il ne semble pas avoir joué un rôle dans l'évolution des événements tels que nous les connaissons. Les considérations tactiques semblent tout aussi fluctuantes : on bombarde le Vietnam du Nord afin d'éviter « un effondrement du moral national à Saigon »[2], et plus particulièrement d'empêcher la chute du gouvernement du Vietnam du Sud. Mais au moment où devaient commencer les premiers raids, ce gouvernement avait été renversé, le « désordre le plus total » régnait à Saigon et il fallut retarder les raids jusqu'à ce que l'on ait découvert une justification nouvelle[3]. L'objectif fut alors de contraindre Hanoï à « interrompre l'action du Vietcong et du Pathet Lao », objectif que le comité des chefs d'état-major lui-même n'espérait pas atteindre ; car, déclarait-il, « il serait vain d'en

---

1. *The Pentagon Papers*, p. 190 ; éd. fr., p. 217.
2. *Ibid.*, p. 312 ; éd. fr., p. 340.
3. *Ibid.*, p. 392 ; éd. fr., p. 420.

conclure [que ces actions] pussent avoir un effet décisif »[1].

À partir de 1965, la notion d'une victoire décisive passa à l'arrière-plan et l'objectif fut « de convaincre l'ennemi qu'*il* ne pourrait jamais parvenir à vaincre » (c'est nous qui soulignons). Du fait que l'ennemi refusait de se laisser convaincre, un nouvel objectif apparut : « éviter une défaite humiliante », comme si, dans la guerre, la défaite ne pouvait avoir d'autre sens que celui de l'humiliation. Ce qu'indiquent bien les documents du Pentagone, c'est la hantise de la défaite et de ses conséquences, non sur le bien-être de la nation, mais « sur la *réputation* des États-Unis et de leur Président ». Ainsi, peu auparavant, au cours des très nombreuses discussions concernant l'opportunité de l'utilisation de troupes terrestres contre le Vietnam du Nord, le principal argument invoqué à l'encontre de cette forme d'engagement n'était pas la crainte de la défaite elle-même, ou l'inquiétude sur le sort des troupes en cas de retrait, mais bien : « une fois les troupes... sur place, il sera difficile de les retirer... sans *admettre* ipso facto la défaite[2] ». (C'est nous qui soulignons.) Il était fait état, en fin de compte, de l'objectif « politique » consistant à « montrer au monde jusqu'où les États-Unis peuvent aller pour soutenir un ami » et « pour tenir leurs engagements[3] ».

Tous ces objectifs coexistaient, pêle-mêle apparemment, sans que l'un d'entre eux ait la possibilité

---

1. *Ibid.*, p. 240 ; éd. fr., p. 271.
2. *Ibid.*, p. 437 ; éd. fr., p. 465.
3. *Ibid.*, pp. 434 et 436 ; éd. fr., pp. 462 et 464.

de se substituer à ceux qui l'avaient précédé. Car chacun devait répondre à l'attente d'un « public » différent, et chacun devait être accompagné d'un « scénario » différent. L'énumération fréquemment citée, due à John T. McNaughton en 1965, des objectifs des États-Unis : « 70 % – Éviter une défaite américaine humiliante (pour conserver la crédibilité de notre garantie) ; 20 % – Préserver le territoire du Sud Vietnam (et les régions adjacentes) de la main-mise chinoise ; 10 % – Permettre au peuple du Sud Vietnam de bénéficier d'un genre de vie meilleur et plus libre »[1] est réconfortante par sa franchise ; mais sans doute se proposait-elle d'apporter un peu d'ordre et de clarté dans les débats que n'a cessé de soulever cette question troublante : pourquoi étions-nous engagés dans une guerre, et cela au Vietnam ? Dans un précédent mémorandum daté de 1964, McNaughton avait montré, involontaire-ment peut-être, à quel point, même à cette première période de la sanglante aventure, il lui était difficile de croire que l'on puisse atteindre un quelconque résultat substantiel : « Même si le Sud Vietnam devait se désintégrer complètement sous nos yeux, nous devrions essayer de maintenir son intégrité assez longtemps pour nous permettre d'évacuer nos troupes et *pour persuader le monde* du caractère unique du conflit sud-vietnamien[2] et de l'impossibi-lité d'y apporter une solution satisfaisante. » (C'est nous qui soulignons.)

1. *Ibid.*, p. 432 ; éd. fr., p. 460.
2. *Ibid.*, p. 368 ; éd. fr., p. 395. (Traduction rectifiée. *N.d.E.*)

« Persuader le monde » ; prouver que « les États-Unis étaient un « bon médecin », soucieux de tenir ses promesses, sachant prendre des risques, et, sans crainte du sang versé, prêt à frapper durement l'ennemi »[1] ; faire « d'un petit pays arriéré » dépourvu de toute importance stratégique, « *un test* de la capacité des États-Unis à aider une nation à affronter une guerre communiste de "libération"[2] » (c'est nous qui soulignons) ; sauvegarder l'image de la toute-puissance, « notre leadership mondial[3] » ; démontrer « la volonté et la capacité [des États-Unis] d'imposer leur point de vue en matière internationale[4] » ; prouver « la crédibilité des engagements que nous avons contractés vis-à-vis de nos alliés et de nos amis[5] » ; en résumé, « nous *comporter* (c'est nous qui soulignons) comme la plus grande puissance du monde » pour la seule raison qu'il nous faut convaincre le monde de ce « simple fait » (comme le déclarait Walt Rostow)[6], tel fut le seul objectif poursuivi en permanence, et qui, dès le début de la présidence de Johnson, a rejeté tous les autres à l'arrière-plan, ainsi que toutes les théories, la théorie des dominos et celle de la stratégie anticommuniste des premiers stades de la guerre froide, aussi bien que la stratégie anti-insurrectionnelle tant prônée par l'équipe du président Kennedy.

---

1. *Ibid.*, p. 255 ; éd. fr., p. 285. (Traduction rectifiée. *N.d.E.*)
2. *Ibid.*, p. 278 ; éd. fr., p. 307.
3. *Ibid.*, p. 600 ; éd. fr., p. 621.
4. *Ibid.*, p. 255 ; éd. fr., p. 284. (Traduction rectifiée. *N.d.E.*)
5. *Ibid.*, p. 600 ; éd. fr., p. 621.
6. *Ibid.*, p. 256 ; éd. fr., p. 285.

L'objectif primordial n'était en fin de compte ni la puissance, ni le profit. Ce n'était pas même d'accroître l'influence des États-Unis dans le monde pour la mettre au service d'intérêts précis et tangibles qui avaient besoin du prestige, de l'image de « la plus grande puissance mondiale ». L'objectif était désormais la formation même de cette image, comme cela ressort à l'évidence du langage utilisé par les spécialistes de la solution des problèmes, avec ses termes de « scénarios » et de « publics », empruntés au vocabulaire du théâtre. Pour parvenir à cet objectif primordial, toutes les politiques devinrent des moyens à court terme et interchangeables, jusqu'à ce que, en fin de compte, les signes annonciateurs de la défaite commençant à apparaître dans cette longue guerre d'usure, l'objectif ne fut plus alors d'éviter l'humiliation de la défaite, mais de découvrir les moyens permettant d'éviter de la reconnaître et de « sauver la face ».

Faire de la présentation d'une certaine image la base de toute une politique – chercher, non pas la conquête du monde, mais à l'emporter dans une bataille dont l'enjeu est « l'esprit des gens » – voilà bien quelque chose de nouveau dans cet immense amas de folies humaines enregistré par l'histoire. Cette entreprise a été poursuivie non par une nation de troisième ordre prête à faire étalage de prétendus mérites pour dissimuler ses insuffisances, ni par l'une des anciennes puissances coloniales ayant perdu sa position au cours de la Seconde Guerre mondiale, et qui aurait été tentée de bluffer, comme le fit de Gaulle, pour recouvrer une certaine prééminence, mais bien par la « puissance prédominante » à la fin de la guerre. Il est peut-être naturel que des dirigeants élus – qui doivent tant, ou sont *persuadés* qu'ils doivent tant, aux animateurs de leur campagne électorale – croient en la toute-puissance de la manipulation sur l'esprit des hommes et pensent qu'elle peut permettre de dominer réelle-ment le monde. (Une rumeur, dont la rubrique « Notes et commentaires » du *New Yorker* s'est récemment fait l'écho, et selon laquelle « l'équipe Nixon-Agnew projetait une campagne organisée et dirigée par Herb Klein, directeur de l'information, et visant à détruire la "crédibilité" de la presse avant les élections prési-dentielles de 1972 », paraît être en parfait accord avec cette mentalité caractéristique du spécialiste des rela-tions publiques[1].)

Ce qui surprend, c'est l'ardeur avec laquelle des douzaines d'« intellectuels » apportèrent leur soutien enthousiaste à cette entreprise axée sur l'imaginaire, peut-être parce qu'ils étaient fascinés par l'ampleur des exercices intellectuels qu'elle paraissait exiger. Répétons-le, pour ces spécialistes de la solution des problèmes, accoutumés à transcrire, partout où cela est possible, les éléments de la réalité dans le froid langage des chiffres et des pourcentages, il peut être tout naturel de ne pas avoir conscience de l'effro-yable et silencieuse misère que leurs « solutions » – la pacification et les transferts de populations, la défoliation, l'emploi du napalm et des projectiles anti-personnel – réservaient à un peuple « ami » qu'il leur fallait « sauver », et à un « ennemi » qui, avant que nous l'attaquions, n'avait ni l'intention ni le pouvoir

_____

1. *The New Yorker*, 10 juillet 1971.

de nous être hostile. Mais puisqu'ils se préoccupaient de l'état d'esprit des gens, il est étonnant qu'aucun d'eux n'ait pressenti que le « monde » pourrait bien s'effrayer de l'amitié de l'Amérique et de ses engagements quand on lui « montrait » et lui faisait contempler « jusqu'à quel point les États-Unis pourront aller pour [les] tenir »[1]. Mais ni la réalité ni le sens commun ne pouvaient atteindre l'esprit des spécialistes de la solution des problèmes[2] qui continuaient, imperturbablement, à préparer leurs scénarios « appropriés à chacun des publics » dont il fallait modifier l'état d'esprit – « les communistes (à qui nous devons faire subir des pressions énergiques), les Sud-Vietnamiens (dont il faut « remonter » le moral) ; nos alliés (qui doivent avoir confiance en nous comme garants) et l'opinion publique des États-Unis elle-même (qui doit approuver les risques que nous prenons avec les vies des soldats américains et le prestige de notre pays) »[3].

Nous savons aujourd'hui à quel point on a pu se tromper sur tous ces publics ; dans une excellente étude, incluse dans l'ouvrage *Washington Plans an Aggressive War*, Richard J. Barnet estime que « la guerre a pris une tournure désastreuse du fait que les responsables de la sécurité nationale se sont constamment trompés sur les réactions de chaque public[4] ». Mais la principale erreur, l'erreur de jugement fondamentale,

1. *The Pentagon Papers*, p. 436 ; éd. fr., p. 464.

2. « Tous les services s'occupant des Affaires étrangères étaient devenus une maison sans fenêtres », Leslie H. Gelb, *Life, op. cit.*

3. *The Pentagon Papers*, p. 438 ; éd. fr., p. 467.

4. *In* Stavins, Barnet et Raskin, *op. cit.*, p. 209.

fut de s'adresser à ces publics en employant le langage
de la guerre, de décider de problèmes militaires « dans
une perspective politique et de relations publiques »
(en ce cas le terme « politique » renvoyait à la perspective des prochaines élections présidentielles, et
celui de « relations publiques » à l'image des États-
Unis dans le monde) et de songer non aux risques
réels, mais aux « techniques permettant de minimiser
les conséquences d'une issue défavorable ». À cet
effet on recommanda, parmi d'autres propositions,
« le lancement d'"offensives" » de diversion ailleurs
dans le monde en même temps que la création d'« un
programme de lutte "contre la pauvreté" dans les pays
sous-développés[1] ». À aucun moment il ne semble être
venu à l'esprit de McNaughton, l'auteur de ce mémorandum, homme exceptionnellement intelligent sans
aucun doute, que ces opérations de diversion, contrairement à ce qui se passe au théâtre, auraient des conséquences graves et totalement imprévisibles, qu'elles
allaient bouleverser le monde même dans lequel les
États-Unis opéraient et poursuivaient cette guerre.

C'est cet éloignement des réalités qui frappera sans
cesse l'esprit du lecteur des documents du Pentagone
qui aura la patience d'en achever la lecture. Dans
l'essai ci-dessus mentionné, Richard J. Barnet déclare
à ce propos : « Le modèle que la bureaucratie avait
conçu faisait totalement abstraction des réalités ; les
faits, obstinés et résistants, que tant de spécialistes de
l'analyse des renseignements, payés fort cher, devaient

---

1. *The Pentagon Papers*, p. 438 ; éd. fr., p. 467. (Traduction
rectifiée. *N.d.E.*)

rassembler, étaient délibérément laissés de côté[1]. » Je
ne suis pas sûre que l'on doive se contenter dans ce
cas d'invoquer les maux de la bureaucratie, bien qu'ils
aient certainement facilité cette mise à l'écart des faits.
À tout le moins, les rapports, ou plutôt l'absence des
rapports, entre les faits et les décisions prises, et entre
les services officiels, civils ou militaires, et les services de renseignements, est peut-être le secret le plus
étonnant, et certainement le mieux gardé, que nous ont
révélé les documents du Pentagone.

Il serait d'un très grand intérêt de savoir comment
les services de renseignements sont parvenus à serrer
d'aussi près la réalité, dans cette « atmosphère digne
d'Alice au pays des merveilles », que les documents
attribuent à l'étrange fonctionnement du gouvernement de Saigon, mais qui semble plutôt, rétrospec-
tivement, caractériser plus particulièrement le monde
détaché des réalités où étaient définis les objectifs
politiques et où les décisions d'ordre militaire étaient
arrêtées. En effet le rôle que jouèrent à l'origine les
services de renseignements en Asie du Sud-Est était
loin d'être prometteur. Nous trouvons, au début des
documents du Pentagone, le rappel de la décision,
prise dans les premières années de l'administration
Eisenhower, de se lancer dans des « opérations de
guerre clandestine », au temps où le pouvoir exécutif
estimait encore qu'il était nécessaire, pour s'engager
dans la guerre, d'obtenir l'autorisation du Congrès.
Le président Eisenhower était démodé au point de
garder le respect de la Constitution. Il prit contact

---

1. *In* STAVINS, BARNET et RASKIN, *op. cit.*, p. 24.

avec les dirigeants du Congrès et, s'étant convaincu que celui-ci se refuserait à soutenir un engagement officiel, il décida de ne pas intervenir ouvertement[1]. Plus tard, quand, au début de la présidence de John Kennedy, des « opérations militaires ouvertes », c'est-à-dire comportant l'envoi d'« unités combattantes » furent envisagées, « la question de l'autorisation du Congrès pour se livrer à des actes de guerre caractérisés contre une nation souveraine ne fut jamais sérieusement soulevée[2] ». Et même, lorsque, pendant la présidence de Johnson, des puissances étrangères furent informées en détail de nos projets de bombardement du Vietnam du Nord, il ne semble pas que les leaders du Congrès aient jamais été informés ou consultés de façon similaire[3].

Au cours de la présidence d'Eisenhower, la Mission militaire à Saigon fut créée, sous le commandement du colonel Edward Lansdale, et chargée « d'entreprendre des opérations paramilitaires contre l'ennemi et d'organiser la guerre politico-psychologique[4] ». Cela se traduisit en pratique par l'impression et la diffusion de tracts contenant des allégations mensongères faussement attribuées au camp adverse, par la détérioration… des moteurs d'autobus, « à Hanoï avant le départ des Français par l'organisation » d'une classe d'anglais destinée « aux maîtresses des personnalités importantes », et par la rétribution des services

---

1. *The Pentagon Papers*, pp. 5 et II ; éd. fr., pp. 33 et 39.
2. *Ibid.*, p. 268 ; éd. fr., p. 296.
3. *Ibid.*, pp. 334-335 ; éd. fr., pp. 360-361.
4. *Ibid.*, p. 16 ; éd. fr., p. 43.

d'astrologues vietnamiens[1]. Cette phase bouffonne se
prolongea jusqu'au début des années 1960, jusqu'à
ce que les militaires aient pris le relais. Après la fin
de la présidence de Kennedy, la doctrine de la lutte
anti-insurrectionnelle passa au second plan – peut-être
parce qu'on s'était aperçu, lors du renversement de
Diem, que les forces spéciales vietnamiennes, finan-
cées par la C.I.A., étaient devenues en fait les « cen-
turions » de M. Nhu, frère et conseiller politique de
Diem[2].

Les sections des services de renseignements chargées de l'analyse de la situation réelle étaient séparées des opérations clandestines qui pouvaient encore
se poursuivre sur le terrain, ce qui signifiait que leur
rôle, en ce qui les concernait, se limitait à recueillir
des informations, et qu'elles n'étaient pas chargées de
créer elles-mêmes l'événement. Elles n'étaient nullement contraintes de faire état de résultats positifs et
ne subissaient aucune pression de Washington quant à
la fourniture de bonnes nouvelles propres à alimenter
les organismes chargés des relations publiques, ou à
la préparation de mirifiques histoires « d'un progrès
continuel, d'une amélioration réellement miracu-
leuse, d'une année sur l'autre[3] ». Elles bénéficiaient
d'une indépendance relative, et de ce fait, elles n'ont
pas cessé de dire la vérité, d'une année sur l'autre.
Apparemment, les hommes de ces services de renseignements ne déclaraient pas « à leurs supérieurs

---

1. *Ibid.*, pp. 15 et suiv. ; éd. fr., pp. 43 et suivantes.
2. *Ibid.*, p. 166 ; éd. fr., p. 196.
3. *Ibid.*, p. 25 ; éd. fr., p. 51.

ce qu'ils pensaient que ceux-ci voulaient entendre »,
« l'appréciation de la situation n'était [pas] effectuée
par ceux qui étaient chargés de l'exécution » ; aucun
officier supérieur de ces services ne paraît avoir fait
à l'un de ses subordonnés une réflexion du genre de
celle que faisait un général de division à l'un de ses
conseillers qui insistait sur la nécessité d'indiquer la
présence persistante, dans son secteur, de villages
vietcong non pacifiés : « Mon garçon, c'est vous qui
rédigez le compte rendu sur nos activités ici. Pourquoi
vouloir nous lâcher ?[1] » Il semble bien également que
les responsables de l'appréciation des renseignements
recueillis aient été à cent lieues des spécialistes de
la solution des problèmes, avec leur mépris pour les
faits et le caractère accidentel de ceux-ci. Ils ont payé
le prix de cet avantage objectif, en ce sens que leurs
rapports n'ont pas exercé la moindre influence sur les
propositions et les décisions du Conseil national de
sécurité.

Après 1963, les seules traces d'opérations clandestines que l'on puisse découvrir proviennent de la
« stratégie de provocation », de fâcheuse mémoire,
c'est-à-dire de tout un programme d'« essais délibérés
tendant à provoquer la République démocratique du
Vietnam à prendre des initiatives qui justifieraient une
campagne aérienne américaine systématique[2] ». Ce
genre de tactique ne saurait être assimilée aux ruses
de guerre. Ce sont là des procédés caractéristiques des

---

1. L. H. Gelb, in *Foreign Policy, op. cit.* ; Ellsberg, *op. cit.*
2. *The Pentagon Papers*, p. 313 ; éd. fr., p. 340. (Traduction
rectifiée. *N.d.E.*)

services de police secrète, utilisés d'une façon tristement notoire et avec des résultats décevants par les agents de l'Okhrana lorsque, à l'époque du déclin de la Russie tsariste, ils organisaient des attentats spectaculaires « servant malgré eux les idées de ceux qu'ils entendaient dénoncer[1] ».

III

Il y a finalement une disparité totale entre les faits, tels qu'ils étaient établis par les services de renseignements et parfois par les responsables des décisions eux-mêmes (comme ce fut notamment le cas pour McNamara), et souvent connus du public informé, et les prémisses, les théories et les hypothèses qui servirent finalement de base aux décisions. Il est impossible de comprendre l'ampleur désastreuse de nos échecs au cours de ces années si l'on ne garde pas présente à l'esprit l'intégralité de cette disparité. Je rappellerai, en conséquence, quelques exemples parmi les plus caractéristiques.

En ce qui concerne la théorie des dominos, formulée pour la première fois en 1950[2] et qui a pu survivre, comme on l'a reconnu, « aux événements les plus considérables », on peut rappeler qu'à la question posée par le président Johnson en 1964 : « Est-ce que le reste du Sud-Est asiatique tombera nécessairement

---

1. Maurice LAPORTE, *L'Histoire de l'Okhrana*, Paris, 1935, p. 25.

2. *The Pentagon Papers*, p. 6 ; éd. fr., p. 34.

si le Laos et le Sud-Vietnam passent sous l'emprise du Nord-Vietnam ? », la C.I.A. avait répondu : « À l'exception peut-être du Cambodge,… il est probable qu'aucune nation dans ce secteur ne succombera rapidement au communisme à la suite de notre départ du Laos ou du Sud-Vietnam[1]. » Lorsque cinq années plus tard, la même question fut posée par l'administration Nixon, celle-ci « fut informée par les services de la C.I.A… que [les États-Unis] pouvaient immédiatement se retirer du Sud Vietnam, et que l'ensemble de l'Asie du Sud-Est demeurerait dans l'état où il se trouve actuellement, au moins pendant une génération[2] ». Selon les documents du Pentagone, cette théorie ne semble avoir été acceptée dans son sens littéral que par le comité des chefs d'état-major, M. [Walt. W.] Rostow et le général [Maxwell] Taylor[3], mais le point important ici est que ceux-là mêmes qui ne l'acceptaient pas l'utilisaient cependant, non seulement dans des déclarations publiques, mais également dans la réflexion préliminaire à leurs décisions.

Quant aux allégations selon lesquelles les insurgés du Vietnam du Sud seraient « soutenus et dirigés de l'extérieur » par une « conspiration communiste », les services de renseignements estimaient, en 1961, que « 80 à 90 % des effectifs vietcong, estimés approximativement à 17 000 hommes, venaient du recrutement local et qu'il y avait peu d'indices permettant de croire

___

1. *Ibid.*, pp. 253-254 ; éd. fr., p. 283.
2. *The Chicago Sun-Times*, cité dans le *New York Times*, « The Week in Review », 27 juin 1971.
3. *The Pentagon Papers*, p. 254 ; éd. fr., p. 284.

qu'ils comptaient sur des ravitaillements extérieurs[1] ».
Trois années plus tard la situation était la même :
d'après un rapport des services de renseignements daté
de 1964, « la source première de la force communiste
au Sud-Vietnam est autochtone[2] ». Autrement dit, le
fait élémentaire qu'il s'agissait d'une guerre civile au
Vietnam du Sud n'était pas ignoré des milieux responsables. Le sénateur Mike Mansfield n'avertissait-il
pas le président Kennedy, dès 1962, que l'envoi de
renforts militaires au Vietnam du Sud signifierait que
« les Américains allaient intervenir de façon décisive
dans une guerre civile… [ce qui] ne pouvait manquer
de porter atteinte au prestige de l'Amérique en Asie
et de toute façon n'aiderait pas les Sud-Vietnamiens à
devenir autonomes[3] » ?

La décision de bombarder le Vietnam du Nord fut
cependant prise, en partie en raison de la théorie selon
laquelle « il suffit, pour étouffer une révolution, de
la couper de ses sources de renforts et de fournitures
extérieures ». On supposait que les bombardements
allaient « briser la volonté » du Vietnam du Nord de
soutenir les rebelles du Sud, bien que les responsables
des décisions (McNaughton en l'occurrence) fussent
suffisamment informés du caractère profondément
autochtone de la rébellion pour douter que le Vietcong
« obéirait » à un Vietnam du Nord « venu à résipis-
cence[4] », tandis que le comité des chefs d'état-major

---

1. *Ibid.*, p. 98 ; éd. fr., p. 126.
2. *Ibid.*, p. 242 ; éd. fr., p. 272. (Traduction rectifiée. *N.d.E.*)
3. Ellsberg, *op. cit.*, p. 247.
4. *The Pentagon Papers*, p. 433 ; éd. fr., p. 461.

ne croyait pas que ces efforts « pussent avoir un effet décisif » en premier lieu sur la volonté de Hanoï[1]... En 1965, selon un rapport rédigé par McNamara, les membres du Conseil national de sécurité étaient d'accord pour penser que le Vietnam du Nord « n'allait pas vraisemblablement s'avouer vaincu... et, de toute façon, s'il devait finalement renoncer au combat, ce serait plus vraisemblablement par suite d'une défaite du Vietcong dans le Sud qu'en raison des dommages provoqués par les bombardements[2] ».

Étaient invoquées finalement, venant immédiatement après la théorie des dominos, les grandioses motivations stratégiques, basées sur le postulat d'une conspiration communiste monolithique mondiale et celui de l'existence d'un bloc sino-soviétique, et en outre sur l'hypothèse de visées expansionnistes chinoises. L'idée qu'il était nécessaire de « contenir » la Chine a été réfutée, en cette année 1971, par le président Nixon ; mais dans un rapport qui date de plus de quatre ans, McNamara écrivait déjà : « Dans la mesure où notre intervention initiale et notre action au Vietnam étaient motivées par la nécessité de la "contenir", nous avons déjà atteint nos objectifs[3] » ; deux années seulement auparavant, il avait reconnu que l'objectif des États-Unis au Vietnam « n'était pas "d'aider un ami", mais de contenir la Chine[4] ».

---

1. *Ibid.*, p. 240 ; éd. fr., p. 271.
2. *Ibid.*, p. 407 ; éd. fr., p. 435.
3. *Ibid.*, p. 583 ; éd. fr., p. 608. (Traduction rectifiée. *N.d.E.*)
4. *Ibid.*, p. 342 ; éd. fr., p. 368.

Ceux qui s'opposent à la guerre ont dénoncé toutes ces théories parce qu'elles étaient contredites par l'évidence des faits – tels que l'inexistence d'un bloc sino-soviétique, familière pour tous ceux qui connaissent l'histoire de la révolution chinoise, l'hostilité résolue de Staline, et les divisions du mouvement communiste depuis la fin de la Seconde Guerre mondiale. Un certain nombre de ces critiques ont été plus loin et ils ont élaboré une théorie qui leur est propre : l'Amérique qui, à la fin de la Seconde Guerre mondiale, est apparue comme la première puissance, se serait lancée depuis lors dans une politique impérialiste, dans le but de s'assurer finalement la domination du monde. Cette théorie aurait l'avantage de pouvoir expliquer l'absence d'intérêt national dans toute l'entreprise vietnamienne – une politique impérialiste s'est toujours caractérisée par le fait qu'elle n'est ni guidée ni limitée par les intérêts nationaux et les frontières territoriales. Toutefois, il serait bien difficile d'expliquer ainsi pourquoi les États-Unis s'obstinaient aussi follement à gaspiller « leurs ressources à l'endroit où elles ne servent à rien » (ainsi qu'avait eu le courage de le déclarer au président George Ball, sous-secrétaire d'État aux Affaires étrangères dans l'administration Johnson et seul conseiller à avoir osé rompre avec le tabou pour recommander le retrait immédiat des troupes[1].

Car il était clair qu'il ne s'agissait nullement de « ne disposer que de moyens limités pour atteindre des buts disproportionnés[2] ». Était-ce un objectif trop

---

1. *Ibid.*, p. 414 ; éd. fr., p. 442.
2. *Ibid.*, p. 584 ; éd. fr., p. 609. (Traduction rectifiée. *N.d.E.*)

ambitieux pour une « superpuissance » que d'ajouter
un petit État à la liste de sa clientèle ou de vaincre
« un petit pays arriéré » ? Il s'agissait plutôt d'un
incroyable exemple d'utilisation de moyens excessifs
en vue d'atteindre un objectif mineur dans une région
d'intérêt marginal. Ce fut précisément cette inévitable
impression d'enlisement et d'obstination qui conduisit
dans le pays « bon nombre de personnes à se persuader
que la classe dirigeante est devenue folle ; beaucoup
estiment que nous tentons d'imposer par la force une
certaine image de l'Amérique à des peuples lointains
que nous ne comprenons pas… et que cette tentative
est poussée jusqu'à l'absurde », ainsi que l'écrivait
McNaughton en 1967[1].

À tout le moins, on ne trouvera rien, dans l'édition
Bantam des documents du Pentagone, qui soit susceptible de confirmer la théorie d'une stratégie impérialiste de grande envergure. À deux reprises seulement
il y est fait mention de l'intérêt de pouvoir disposer de bases terrestres, maritimes et aériennes, dont
l'importance est si décisive du point de vue d'une
stratégie impérialiste – une fois dans un document du
comité des chefs d'état-major qui précise que notre
« aptitude à entreprendre des opérations militaires
limitées » serait « fortement » réduite si « la perte du
contrôle des territoires de l'Asie du Sud-Est » devait
entraîner la perte « des bases aériennes, terrestres et
maritimes[2] » ; et une autre fois dans le rapport McNamara de 1964, qui déclare explicitement : « Nous *ne*

---

1. *Ibid.*, pp. 534-535 ; éd. fr., p. 563.
2. *Ibid.*, p. 153 ; éd. fr., p. 184. (Traduction rectifiée. *N.d.E.*)

demandons *pas* qu'il [le Vietnam du Sud] serve de base occidentale ou qu'il participe à une alliance occidentale » (c'est nous qui soulignons)[1]. Au cours de cette période, les seules déclarations publiques quasi véridiques du gouvernement américain n'ont fait que répéter cette formule rituelle, infiniment moins vraisemblable que d'autres notions caractéristiques des relations publiques, selon laquelle nous ne recherchions aucun avantage territorial ni aucun autre profit tangible.

Il ne faut pas en déduire qu'après la défaite des puissances coloniales l'Amérique se serait trouvée dans l'impossibilité d'envisager une politique à l'échelle mondiale à résonances impérialistes. Les documents du Pentagone, si dépourvus dans l'ensemble de nouveautés spectaculaires, nous révèlent cependant un menu fait, considéré jusqu'alors, à ma connaissance, comme un bruit sans fondement, et qui paraît bien confirmer l'existence des chances très sérieuses que possédait une politique à l'échelle mondiale, et qui ont été gaspillées par la volonté d'imposer une certaine image et de combattre des conspirations imaginaires. Un télégramme d'un diplomate américain à Hanoï indique qu'en 1945 et 1946 Hô Chi Minh avait écrit plusieurs lettres au président Truman, où il demandait que les États-Unis « soutiennent le principe de l'indépendance des Annamites, *comme dans le cas des Philippines*, qu'ils examinent les problèmes annamites et prennent les mesures nécessaires pour maintenir la paix mondiale, menacée par les efforts que déploient

---

1. *Ibid.*, p. 278 ; éd. fr., p. 307.

les Français pour reconquérir l'Indochine[1] ». (C'est nous qui soulignons.) Il est vrai que des lettres similaires avaient été adressées à d'autres pays, la Chine, la Russie, la Grande-Bretagne, mais aucun de ces pays ne se trouvait alors en mesure d'assurer la protection sollicitée et qui aurait conduit l'Indochine à une situation de demi-autonomie, comparable à celle des autres États clients des États-Unis.

Un autre menu fait, également frappant, qui avait été mentionné à l'époque dans le *Washington Post*, figure dans une série de « documents spéciaux concernant la Chine », établis par le Département d'État en août 1969, et qui ne furent portés à la connaissance du public que lorsque Terence Smith en eut rendu compte dans le *New York Times*. En janvier 1945, Mao Tsé-toung et Chou En-lai avaient pris contact avec le président Roosevelt, « en vue de l'établissement de relations diplomatiques avec les États-Unis, afin d'éviter que la Chine *ne dépende totalement de l'Union soviétique* » (c'est nous qui soulignons). Il semble bien Hô Chi Minh ne reçut jamais de réponse, et il fut interdit de faire état de la démarche chinoise, parce que, selon le commentaire du professeur Allen Whiting, elle était en contradiction avec « l'image d'un communisme monolithique placé sous la direction de Moscou[2] ».

---

1. *Ibid.*, pp. 4 et 26 ; éd. fr., pp. 32 et 53.

2. *New York Times*, 29 juin 1971. À propos de ce document, M. Smith cite la déposition du professeur Whiting devant la Commission des Affaires étrangères du Sénat, qui figure dans le recueil *Foreign Relations of the United States: Diplomatic Papers 1945*, vol. VII, *The Far East, China*, Washington, D. C., 1969, p. 209.

Bien que les responsables des décisions prises aient certainement eu connaissance des rapports des services de renseignements, dont ils devaient, pour ainsi dire, chaque jour écarter la substance de leur pensée, je pense qu'il est tout à fait possible qu'ils aient pu ignorer ces premiers documents, qui étaient susceptibles de détruire les bases de leurs raisonnements avant qu'elles soient devenues une théorie capable d'entraîner le pays à sa ruine. Ainsi s'expliqueraient peut-être certaines circonstances bizarres qui ont entouré la « déclassification » récente, à la fois irrégulière et inattendue, de certains documents ultra-secrets. Il est fort surprenant que la préparation des documents du Pentagone ait pu se poursuivre pendant des années, alors que le personnel de la Maison Blanche, du Département d'État et du ministère de la Défense était apparemment tenu dans l'ignorance ; mais il est encore plus stupéfiant que, lorsque cette étude eut été achevée et que des exemplaires en eurent été établis et distribués à différents services, la Maison Blanche et le Département d'État se soient déclarés incapables d'indiquer où se trouvaient les quarante-sept volumes qu'elle comportait, indiquant clairement par là que ceux que cette étude aurait dû concerner au premier chef n'y avaient jamais prêté la moindre attention.

On peut juger par là d'un des dangers les plus graves que comporte l'usage exagéré du secret lors de la classification des documents : non seulement on refuse ainsi au peuple et à ses représentants élus toute possibilité de savoir ce qu'il leur faudrait connaître pour pouvoir se former une opinion et pour prendre des décisions, mais les responsables, qui ont toute latitude d'accéder aux sources, demeurent eux-mêmes tranquillement plongés dans leur ignorance. Non pas que quelqu'un ait voulu ainsi délibérément les abuser, mais simplement parce que leurs conditions de travail et leurs habitudes de pensée ne leur laissaient ni le temps, ni le désir de rechercher quelques faits utilisables parmi des montagnes de documents, dont 99,5 % n'auraient jamais dus être classés comme secrets et dont la plupart ne présentent aucun intérêt pratique. Même à l'heure actuelle, alors que, du fait de leur publication dans la presse, une bonne partie de ces documents est tombée dans le domaine public, et que l'ensemble de l'étude a été communiquée aux membres du Congrès, il ne semble guère que ceux auxquels ces documents seraient le plus nécessaires en aient pris connaissance ou qu'ils aient l'intention de les lire. Ce qu'il y a de plus remarquable dans toute cette affaire c'est que, comme le remarque Tom Wicker, si l'on met à part les responsables du choix des extraits eux-mêmes, « ceux qui ont pu lire ces documents dans le *Times* ont été les premiers à les étudier sérieusement[1] », ce qui peut nous laisser rêveurs à propos de la notion des *arcana imperii*, du secret d'État, prétendument indispensable au fonctionnement de l'appareil gouvernemental.

Si ces brumes de mystère dont s'entourent les services gouvernementaux ont si bien pénétré dans l'esprit des autorités responsables qu'elles ne savent plus distinguer la vérité qui se trouve derrière leurs dissimulations et leurs mensonges, si bien organisé qu'ait été ce « marathon de campagnes d'information », comme

---

1. Tom WICKER, dans le *New York Times* du 8 juillet 1971.

disait M. Rusk, et quelles qu'en soient les formes
sophistiquées, dignes de Madison Avenue, l'ensemble
de l'opération destinée à tromper ne manquera pas
de tomber à plat ou d'avoir un effet contraire au but
recherché, c'est-à-dire de répandre la confusion au lieu
de convaincre. En effet, l'efficacité de la tromperie et
du mensonge dépend entièrement de la notion claire
de la vérité que le menteur et le trompeur entendent
dissimuler. En ce sens, la vérité, même si elle ne s'impose pas publiquement, possède en regard de tous les
mensonges une inaliénable primauté.

Dans le cas du Vietnam, nous nous trouvons en
présence non seulement de la confusion et du mensonge, mais aussi d'une ignorance réellement effarante
et de bonne foi de tout l'arrière-plan historique du
problème : non seulement les responsables des décisions paraissent ignorer les réalités bien connues de
la révolution chinoise, ainsi que le différend, vieux
de dix ans, entre Moscou et Pékin, qui l'avait précédée, mais « à l'échelon le plus élevé personne ne
paraissait savoir ou n'attachait d'importance au fait
que depuis près de deux mille ans les Vietnamiens
n'avaient pas cessé de combattre des envahisseurs
étrangers[1] », et que l'idée selon laquelle le Vietnam
serait une « petite nation arriérée » ne s'intéressant pas
aux nations « civilisées », idée que partagent malheureusement nombre de ceux qui sont opposés à cette
guerre, est en contradiction flagrante avec la culture
très ancienne et très évoluée qui est celle des peuples
de cette région. Ce dont le Vietnam est dépourvu, ce

---

1. BARNET, dans STAVINS, BARNET et RASKIN, *op. cit.*, p. 246.

n'est pas de « culture » mais d'importance stratégique
(il n'y a en Indochine « aucun objectif militaire décisif », comme l'indiquait un mémorandum du comité
des chefs d'état-major en 1954)[1], pas de terrain pro-
pice aux évolutions d'une armée moderne mécanisée,
pas de cible de grande importance pour des bombardements aériens. L'échec désastreux de la politique
américaine d'intervention armée ne résulte pas en fait
d'un enlisement (« la politique qui consiste à faire
sans cesse "un pas de plus" – chacun de ces pas pro-
mettant toujours une victoire déjà *promise* par le précédent qui devait être le dernier, et que, contrairement
aux prévisions, il n'avait pas permis d'atteindre »,
comme la définissait Arthur Schlesinger Jr., que cite
Daniel Ellsberg en dénonçant à juste titre le caractère
« mythique » de cette conception)[2], mais bien du refus
délibéré et obstiné, depuis plus de vingt-cinq ans, de
toutes les réalités, historiques, politiques et géogra-
phiques.

IV

Si ce fameux enlisement n'est autre chose qu'un
modèle mythique et si l'on ne découvre aucune stratégie de grande envergure visant à la conquête du monde,
pas plus que le désir de gains territoriaux, de profits
divers, et moins encore un souci de sécurité nationale ;
si, d'autre part, des idées générales comme celle de

1. *The Pentagon Papers*, p. 2 ; éd. fr., p. 30.
2. ELLSBERG, *op. cit.*, p. 219.

« la tragédie antique » (chère à Max Frankel et à Leslie
H. Gelb), ou la légende du coup de poignard dans le
dos, que les bellicistes sont toujours prêts à reprendre
en face de la défaite, ne sont en aucune façon susceptibles de satisfaire le lecteur, alors la question récemment posée par Ellsberg : *« Comment ont-ils pu*[1] *? »*
– bien plutôt que la tromperie ou le mensonge en eux-
mêmes – pourrait bien être le point fondamental de
cette sinistre histoire. Car la vérité est là, après tout :
à la fin de la Seconde Guerre mondiale, les États-Unis
étaient le pays le plus riche et la puissance dominante
dans le monde ; un quart de siècle plus tard, l'image
du président Nixon, parlant « du géant impuissant et
pitoyable », dépeint de manière regrettablement exacte
l'état de la « plus grande puissance mondiale ».

« Bénéficiant d'une supériorité en puissance de feu
équivalant à 1 000 contre 1[2] », les États-Unis, en six
années de guerre ouverte, n'en ont pas moins été incapables de triompher d'une petite nation ; incapables
de résoudre leurs problèmes intérieurs et d'arrêter la
dégradation accélérée de leurs grandes villes, ils ont
à un tel point gaspillé leurs ressources que l'inflation
et la dévaluation de la monnaie menacent leur com-
merce extérieur et le niveau de vie de leurs habitants ;
les États-Unis risquent de perdre bien plus que leurs
prétentions à la domination mondiale. Et même si l'on
anticipe sur le jugement des historiens futurs, qui pourront situer ces développements dans le contexte historique du XXe siècle, où les nations vaincues au cours de

---

1. *Ibid.*, p. 235.
2. BARNET, dans STAVINS, BARNET et RASKIN, *op. cit.*, p. 248.

deux guerres sont parvenues à se relever et à concurrencer leurs vainqueurs (surtout parce que ces vainqueurs leur avaient interdit, pendant une assez longue période, de se livrer à l'incroyable gaspillage de ressources qu'imposent les armements et les crédits militaires), il n'en demeure pas moins difficile d'accepter d'un cœur léger que tant d'efforts et de dépenses ruineuses n'aient servi qu'à démontrer l'impuissance de la force des grands – bien que l'on trouve ainsi peut-être quelques raisons de se féliciter de cette reprise, spectaculaire et inattendue, du triomphe de David sur Goliath.

La première explication qui vient à l'esprit quand on songe à répondre à la question : « Comment ont-ils pu ? » n'est pas sans rapport avec le lien qui existe entre la tromperie et l'autosuggestion. Dans le perpétuel conflit entre les déclarations publiques, toujours débordantes d'optimisme, et les rapports véridiques des services de renseignements, dépeignant une situation sombre et angoissante, les déclarations publiques devaient l'emporter du seul fait qu'elles étaient publiques. L'avantage décisif que possèdent des propositions publiquement présentées et acceptées sur ce que certaines personnes peuvent secrètement connaître ou croire est fort clairement illustré par une anecdote datant de l'époque médiévale : un guetteur, chargé de surveiller et de signaler l'approche de l'ennemi aux habitants d'une cité, sonna faussement l'alarme, et fut le dernier à courir lui-même aux créneaux afin de défendre la ville contre l'ennemi imaginaire. On peut en conclure que plus un trompeur est convaincant et réussit à convaincre, plus il a de chances de croire lui-même à ses propres mensonges.

Dans les documents du Pentagone, nous sommes
en présence d'hommes qui ont fait tout ce qu'ils pouvaient pour l'emporter dans l'esprit des gens, c'est-
à-dire pour manipuler l'opinion ; mais du fait qu'ils
opéraient dans un pays libre, où l'on peut avoir accès
à toutes les sources d'informations, ils n'ont jamais
pu y parvenir réellement. Du fait même de la position
relativement élevée qu'ils occupaient dans l'appareil
gouvernemental – et en dépit de la possibilité d'avoir
connaissance de documents « ultra-secrets » –, ils
étaient beaucoup mieux abrités vis-à-vis de cette information publique et libre, qui, de plus, dévoilait plus ou
moins la vérité, que tous ceux qu'ils s'efforçaient de
convaincre, et qu'ils considéraient comme de simples
publics, des « majorités silencieuses », censés assister passivement aux productions des scénaristes officiels. Le fait que les documents du Pentagone n'ont
guère apporté de révélations spectaculaires témoigne
de l'échec des menteurs à créer un public convaincu
auquel eux-mêmes seraient venus se joindre.

Toutefois, si le processus d'« autosuggestion
interne[1] », comme l'a nommé Ellsberg, ne fait aucun
doute, tout s'est passé comme si le processus normal
de l'autosuggestion s'était renversé. Les trompeurs
ont commencé par s'illusionner eux-mêmes. Du fait
sans doute de la position élevée qu'ils occupaient et de
leur imperturbable confiance en eux-mêmes, ils étaient
tellement convaincus de pouvoir remporter un succès
total, non pas sur le champ de bataille, mais dans
le domaine des relations publiques, et si fermement

---

1. *Op. cit.*, p. 263.

assurés de la valeur de leurs postulats psychologiques quant aux possibilités illimitées de manipuler l'opinion, qu'ils ont *anticipé*, et sur la conviction généralisée, et sur la victoire dans cette bataille dont l'opinion publique était l'enjeu. Comme de toute façon ils avaient choisi de vivre à l'écart des réalités, il ne leur paraissait pas plus difficile de ne pas prêter attention au fait que leur public refusait de se laisser convaincre que de négliger les autres faits.

Le monde interne des services officiels, avec d'une part sa bureaucratie, de l'autre sa vie de société, a rendu l'autosuggestion relativement aisée. Aucune tour d'ivoire chère aux érudits n'a mieux préparé les esprits à négliger les réalités de la vie que ne l'ont fait les divers instituts de recherches pour les spécialistes de la solution des problèmes et la réputation de la Maison Blanche pour les conseillers du Président. C'est dans cette atmosphère, où la défaite paraissait beaucoup moins redoutable que la reconnaissance de la défaite, que furent élaborées les déclarations inexactes à propos de la désastreuse offensive du Têt et de l'invasion du Cambodge. Plus significatif encore est le fait que l'on ait réussi, dans ces milieux, à dissimuler la vérité sur d'aussi graves événements dans l'unique souci de la prochaine élection et afin d'éviter que le Président en exercice soit « le premier Président des États-Unis à perdre une guerre ».

Pour autant qu'il s'agissait de résoudre des problèmes et non pas de se livrer à des exercices de relations publiques, l'autosuggestion, voire ce processus d'« autosuggestion interne » ne peut pas fournir une réponse satisfaisante à la question : « Comment ont-ils pu ? »

L'autosuggestion suppose encore que l'on ait distingué au préalable entre le vrai et le faux, entre le réel et l'imaginaire, distinction qui devient étrangère à un esprit entièrement coupé des réalités. Dans le domaine de la politique, où le secret et la tromperie délibérée ont toujours joué un rôle significatif, l'autosuggestion représente le plus grand danger : le dupeur qui se dupe lui-même perd tout contact, non seulement avec son public, mais avec le monde réel, qui ne saurait manquer de le rattraper, car son esprit peut s'en abstraire mais non pas son corps. Les spécialistes de la solution des problèmes, qui connaissaient tous les faits qui leur étaient régulièrement exposés par les rapports des services de renseignements, ne pouvaient avoir recours qu'à leurs techniques, c'est-à-dire aux diverses façons de transposer un contenu qualitatif en nombres et en valeurs quantitatives permettant le calcul de la solution prévue – calcul qui, inexplicablement, n'a jamais été vérifié – et cela dans le but d'éliminer, jour après jour, ce qu'ils savaient être la réalité. Ce qui fit que ces pratiques ont pu se poursuivre pendant tant d'années, c'est précisément que « les objectifs poursuivis par le gouvernement des États-Unis étaient presque exclusivement d'ordre psychologique[1] », c'est-à-dire relevaient essentiellement d'une réalité subjective.

À la lecture des mémorandums, des options et des scénarios, à voir la façon dont des projets d'opérations sont affectés de pourcentages de risques et de profits – « un risque trop grand par rapport aux avantages[2] » –

---

1. BARNET, dans STAVINS, BARNET et RASKIN, *op. cit.*, p. 209.
2. *The Pentagon Papers*, p. 576 ; éd. fr., p. 602.

on a parfois l'impression que l'Asie du Sud-Est a été prise en charge par un ordinateur plutôt que par des hommes « responsables des décisions ». Les spécialistes de la solution des problèmes *n'appréciaient* pas, ils calculaient. Leur confiance en eux-mêmes n'avait même pas besoin de l'autosuggestion pour se maintenir intacte en dépit de tant d'erreurs de jugement, car elle se fondait sur une vérité purement rationnelle et mathématique. Le malheur est que cette « vérité » était dépourvue de tout lien avec les données du « problème » à résoudre. Si, par exemple, il est possible de calculer que les risques qu'une certaine action « conduise à une guerre généralisée sont bien moindres que les chances d'une éventualité contraire[1] », il ne s'ensuit pas que la décision de l'entreprendre s'impose, du fait de l'énormité et de la *nature incalculable* du risque à courir ; n'en est-il pas de même quand on évalue à 70 % les chances que le gouvernement de Saigon parvienne à se réformer et à s'imposer, contre 30 % « de chances que nous soyons liquidés comme les Français en 1954[2] » ? Belle perspective sans doute pour un parieur, non pour un homme d'État[3] ; le parieur lui-même ferait bien d'envisager sérieusement ce que peut signifier, dans la poursuite de sa vie quotidienne, le fait de gagner ou de perdre. La perte pourrait signifier pour lui la

---

1. *Ibid.*, p. 575 ; éd. fr., p. 601. (Traduction rectifiée. *N.d.E.*)

2. *Ibid.*, p. 98 ; éd. fr., p. 126.

3. Leslie H. GELB avance très sérieusement que la mentalité de « nos dirigeants » s'étant formée « au cours d'une série de paris heureux qui marquèrent le cours de leur carrière, ils ont pu espérer qu'ils retrouveraient au Vietnam une réussite du même genre ». *Life*, *op. cit.*

ruine totale, et le gain simplement une amélioration bienvenue, mais nullement indispensable, de ses ressources. Le parieur ne peut se fier de gaieté de cœur au pourcentage inférieur des risques que dans le cas où la perte ne devrait avoir pour lui aucune conséquence sérieuse, que si le fait d'avoir un peu moins d'argent à sa disposition n'est pas de nature à perturber son niveau de vie. Ce qu'il faut déplorer, dans la façon dont nous avons conduit la guerre au Vietnam du Sud, c'est qu'une telle forme de maîtrise et de contrôle, fondée sur les réalités, n'ait jamais été présente à l'esprit des responsables des décisions ou des spécialistes de la solution des problèmes.

Il est certain que la politique américaine n'avait pas d'objectifs réels, bons ou mauvais, susceptibles de contrôler ou de limiter les effets de la pure fantaisie : « On n'a recherché au Vietnam ni la conquête de territoires, ni des avantages économiques. L'unique but de cette gigantesque et coûteuse entreprise était de parvenir à créer un certain état d'esprit[1]. » Si des moyens aussi importants et coûteux en vies humaines et en ressources matérielles ont pu être consacrés à des fins dépourvues de tout sens politique, il ne faut pas en chercher la raison seulement dans la surabondance regrettable des ressources de ce pays, mais aussi dans son incapacité de comprendre que le pouvoir, même celui d'une très grande puissance, comporte toujours des *limites*. À l'arrière-plan de ce cliché, constamment repris, de « la plus grande puissance mondiale », se profilait le mythe périlleux de l'omnipotence.

---

1. Barnet, dans Stavins, Barnet et Raskin, *op. cit.*, p. 209.

De même qu'Eisenhower a été le dernier président à être persuadé que « l'approbation du Congrès [était nécessaire] pour engager des troupes américaines en Indochine », de même les membres de son administration furent les derniers à bien saisir que « l'affectation à ce secteur d'autre chose qu'une force symbolique serait un grave détournement des possibilités *limitées* des États-Unis » (c'est nous qui soulignons)[1]. En dépit de toutes les évaluations ultérieures « des coûts, des résultats et des risques » de certaines actions, les calculateurs n'ont pas cessé de demeurer totalement inconscients de l'existence d'une limite absolue autre que psychologique. Les limites qu'ils percevaient étaient celles de l'opinion publique et de son acceptation des pertes en vies humaines, dont les chiffres ne devaient pas sensiblement dépasser, par exemple, ceux des morts dus aux accidents de la route. Mais il ne leur est apparemment jamais venu à l'esprit que même ce pays ne pouvait pas se permettre de dépasser certaines limites de dépenses sans courir à la faillite.

Cette combinaison suicidaire de l'« arrogance du pouvoir » – la recherche d'une image, et de la seule image, de l'omnipotence, tout à fait différente d'un objectif de conquête du monde, à quoi sont consacrées des ressources prétendument illimitées – et de l'arrogance de l'esprit – une confiance totalement irrationnelle dans la possibilité de mettre la réalité en équations – est devenue le leitmotiv de toutes les décisions prises et de la procédure qui y a mené depuis

---

1. *The Pentagon Papers*, pp. 5 et suivantes ; éd. fr., pp. 33 et 40.

le début de l'escalade en 1964. On ne saurait dire cependant que les méthodes rigoureuses d'élimination des réalités utilisées par les spécialistes de la solution des problèmes aient été à l'origine de cet implacable processus d'autodestruction.

Les spécialistes de la solution des problèmes, dont les esprits se sont égarés parce qu'ils s'étaient fiés aux facultés calculatrices de la pensée au détriment de l'aptitude de l'esprit à profiter des enseignements de l'expérience, avaient été précédés par les idéologues de la période de la guerre froide. L'anticommunisme – non pas cette ancienne hostilité de l'Amérique à l'égard du socialisme et du communisme, si forte pendant les années 1920, souvent pleine d'idées préconçues et encore cheval de bataille du parti républicain pendant la présidence de Roosevelt, mais l'idéologie globalisante de l'après-guerre – fut originellement l'œuvre d'anciens communistes qui avaient besoin d'une nouvelle idéologie pour expliquer l'histoire et en prévoir valablement l'évolution future. À la base de toutes les « théories » soutenues par Washington depuis la fin de la Seconde Guerre mondiale on retrouve cette idéologie. J'ai déjà indiqué à quel point l'ignorance pure et simple de tous les faits essentiels et le refus délibéré de tenir compte des développements de l'après-guerre ont constitué une marque distinctive de toute la doctrine des milieux dirigeants. Ils n'avaient nul besoin de faits ou d'informations : ils avaient une « théorie », et toutes les données qui ne concordaient pas avec elle étaient rejetées ou délibérément ignorées.

Les méthodes de l'ancienne génération – les méthodes de M. Rusk par opposition à celles de M. McNamara – étaient apparemment moins complexes, moins cérébrales pour ainsi dire, que celles des spécialistes de la solution des problèmes, mais non moins efficaces pour protéger des réalités les responsables et pour ruiner l'aptitude de l'esprit à juger et à apprendre. Ces hommes se flattaient d'avoir compris les leçons du passé – la domination exercée par Staline sur tous les partis communistes, d'où découlait la notion d'un « communisme monolithique », et le fait que Hitler, après Munich, s'était lancé dans la guerre mondiale, d'où ils concluaient que tout geste de conciliation ne pouvait être qu'un « second Munich ». Ils étaient incapables d'apprécier la réalité en elle-même, car ils avaient toujours présent à l'esprit quelque parallèle qui les « aidait » à l'interpréter. Lorsque Johnson, alors vice-président sous Kennedy, déclara plein d'euphorie, au retour d'une tournée d'inspection au Vietnam du Sud, que Diem était le « Churchill de l'Asie », on aurait pu penser que ce jeu des parallélismes allait s'écrouler sous l'absurdité ; il n'en fut rien. L'on ne peut même pas dire que les hommes de gauche qui critiquaient la guerre aient eu un mode de pensée différent. L'extrême gauche a une propension fâcheuse à traiter de « fasciste » ou de « nazi » tout ce qui, à juste titre souvent, lui aura déplu, et à qualifier de « génocide » n'importe quel massacre, ce qui, en l'espèce, n'était pas le cas ; voilà qui ne pouvait que jouer en faveur d'une disposition d'esprit prête à passer l'éponge sur toute forme de massacre et d'autres crimes de guerre, tant qu'il ne s'agissait pas de génocide.

Les spécialistes de la solution des problèmes étaient remarquablement libres des péchés des idéologues ; ils croyaient aux méthodes mais non aux « conceptions mondiales » ; c'est pourquoi, notamment, on a pu leur faire confiance pour « rassembler tous les documents d'archives du Pentagone sur l'engagement américain[1] » d'une façon qui devait être à la fois « encyclopédique et objective[2] ». Mais bien qu'eux-mêmes n'aient jamais été personnellement convaincus de la valeur des justifications de la politique suivie, généralement acceptées, telles que la théorie des dominos, leurs travaux se sont poursuivis dans le climat et dans les perspectives que leur offraient ces justifications et leurs méthodes diverses de négation des réalités ; n'avaient-ils pas à convaincre, après tout, les spécialistes de la guerre froide dont l'esprit se révéla singulièrement bien préparé aux jeux abstraits qu'ils avaient à offrir ?

La façon dont les spécialistes de la guerre froide procédèrent quand la liberté leur en fut laissée est fort bien illustrée par l'application d'une des « théories » de Walt Rostow, « le plus éminent intellectuel » de l'administration Johnson. Ce fut sur cette « théorie » de Rostow que devait surtout s'appuyer la décision de bombarder le Vietnam du Nord, contrairement à l'avis de « l'équipe alors prestigieuse chargée de l'analyse des systèmes au ministère de la Défense sous la direction de McNamara ». Cette théorie semble s'être appuyée sur l'opinion de Bernard Fall, l'un des meilleurs observateurs et critique de la guerre des mieux informés ;

---

1. *Ibid.*, p. xx ; éd. fr., p. 21.
2. *Ibid.*, p. xviii ; éd. fr., p. 19.

celui-ci avait suggéré que « Hô Chi Minh *pourrait* bien cesser de soutenir toute opération de guerre dans le Sud si l'on prenait pour cibles ses nouvelles installations industrielles » (c'est nous qui soulignons)[1]. Il s'agissait là d'une hypothèse, d'une possibilité réelle, qui devait être soit confirmée, soit infirmée. Mais cette remarque avait le malheur de concorder parfaitement avec les théories de W. Rostow sur les opérations de guérila et fut aussitôt transformée en « fait » : le président Hô Chi Minh « a maintenant un complexe industriel à protéger ; ce n'est plus un guérillero qui n'a rien à perdre[2] ». Au regard de l'analyste, qui voit cela en rétrospective, il s'agit d'une « colossale erreur de jugement »[3]. Mais le fait est que cette « erreur » n'est devenue « colossale » que parce que nul ne s'est avisé de la corriger en temps utile. Il devait se révéler très rapidement que l'industrialisation du Vietnam du Nord n'avait pas été assez poussée pour lui rendre insupportables les attaques aériennes dans une guerre *limitée*, dont l'objectif, modifié avec le temps, n'était pas et n'avait jamais été de détruire l'ennemi, mais, en ses propres termes, de « briser sa volonté » ; que les Vietnamiens du Nord aient ou non été possesseurs de ce que W. Rostow considérait comme incompatible avec les aptitudes des combattants de guérila, la volonté du gouvernement de Hanoï refusa de se laisser « briser ».

Il n'est pas douteux que cette impossibilité de distinguer entre une hypothèse plausible et le fait qui doit

1. BARNET, dans STAVINS, BARNET et RASKIN, *op. cit.*, p. 212.

2. *The Pentagon Papers*, p. 241 ; éd. fr., p. 272.

3. *Ibid.*, p. 469 ; éd. fr., p. 500.

la confirmer, c'est-à-dire le fait de traiter des hypothèses et des « théories » comme s'il s'agissait de
faits établis, qui devint endémique au cours de cette
période dans les sciences sociales et la psychologie,
est tout à fait opposée à la rigueur des méthodes de
ceux qui utilisent la théorie des jeux et l'analyse des
systèmes. Néanmoins, dans les deux cas – l'inaptitude
ou le refus délibéré de tirer la leçon de l'expérience ou
celle des faits –, l'origine est la même.

Nous touchons là au cœur du problème, ce qui
pourrait peut-être nous permettre de répondre, au
moins partiellement, à la question : Comment ont-ils
pu, non seulement s'engager dans cette politique, mais
la poursuivre jusqu'à son terme le plus amer et le plus
absurde ? Résoudre les problèmes dans l'abstrait était
d'autant mieux indiqué et bienvenu que la politique et
les buts poursuivis se situaient eux-mêmes en dehors
des réalités. Qu'importait alors la connaissance exacte
d'une Indochine qui n'était plus qu'une « épreuve-
témoin » ou un domino, ou un moyen de « contenir
la Chine », ou de prouver que nous sommes bien la
plus puissante des superpuissances ? Ou encore que
l'on envisage le bombardement du Vietnam du Nord,
considéré comme un moyen de raffermir le moral des
populations du Vietnam du Sud[1], sans que se manifeste
vraiment l'intention de remporter une victoire décisive
et de mettre fin à la guerre. Comment auraient-ils pu
s'intéresser à une réalité aussi nettement définie que
celle de la victoire, alors qu'ils poursuivaient la guerre
sans en attendre de gains territoriaux ni d'avantages

---

1. *Ibid.*, p. 312 ; éd. fr., p. 340.

économiques, et pas le moins du monde pour porter secours à un ami ou pour rester fidèle à la parole donnée, pas plus que pour conserver la réalité du pouvoir, en tant que distincte de son image ?

L'engagement arrivé à ce stade, la prémisse initiale – procédant de la théorie des dominos – selon laquelle il ne fallait pas prêter attention au pays ou à la région en eux-mêmes, se transforma en cette autre idée : « ne pas prêter attention à l'ennemi », et cela en pleine guerre ! Le résultat fut qu'un ennemi pauvre, trompé et cruellement frappé, ne cessa pas de se renforcer, tandis qu'avec le temps le « pays le plus puissant du monde » ne cessait de s'affaiblir. Il se trouve aujourd'hui des historiens pour affirmer que le président Truman a pris la décision de lancer la bombe sur Hiroshima dans le but d'effrayer les Russes et d'empêcher leur mainmise sur l'Europe de l'Est (nous savons ce qu'il en advint). Il est fort possible que ce fût en effet la vraie raison, et nous pourrions alors faire remonter l'origine d'un certain refus d'envisager les conséquences réelles d'une action entreprise en vue d'un certain résultat à ce fatal crime de guerre qui mit fin à la Seconde Guerre mondiale. Quoi qu'il en soit, la doctrine Truman nous « dépeignait un monde rempli de dominos », ainsi que Leslie H. Gelb l'a remarqué.

V

Je me suis efforcée d'indiquer, au début de cette analyse, que les aspects sous lesquels j'y envisage les documents du Pentagone, ceux de la duperie, de l'autosuggestion, de la fabrication d'images, du jeu des idéologies et de la négation des réalités, ne sont pas les seuls qui méritent d'être étudiés et d'où l'on puisse tirer des enseignements. On notera, par exemple, le fait que cet effort gigantesque et systématique d'analyse interne fut entrepris à la demande d'un des principaux responsables, que l'on a pu trouver trente-six personnes pour analyser la documentation et en tirer leurs propres conclusions, certaines d'entre elles « ayant elles-mêmes contribué à mettre en œuvre ou à exécuter les mesures politiques qu'on leur demandait ainsi d'apprécier[1] », et que l'un des participants de cette entreprise, lorsqu'il fut devenu évident que personne, à l'intérieur de l'administration, ne se souciait d'utiliser ou même de prendre connaissance des résultats de ce travail, décida de s'adresser au public en livrant une partie à la presse, et qu'en fin de compte le plus respectable des journaux du pays osa prendre la décision de donner la plus large diffusion à des documents qui avaient été classés « ultra-secrets ». Neil Sheehan a fort justement déclaré que cette décision, prise par Robert McNamara, de chercher à découvrir les erreurs commises et leurs causes « allait se révéler comme la plus importante de celles qu'il eut à prendre au cours des sept années qu'il passa au Pentagone[2] ». Sans aucun doute elle aura ainsi préservé, au moins pour un court instant, la réputation des États-Unis dans le monde. Il est très probable qu'en aucun autre pays du monde il n'aurait pu en être ainsi. Tout s'est passé

---

1. *Ibid.*, p. XVIII ; éd. fr., p. 19.
2. *Ibid.*, p. IX ; éd. fr., p. 9.

comme si tous ces hommes, engagés dans une guerre injuste et à juste titre compromis par elle, s'étaient soudainement souvenus qu'ils devaient à leurs aïeux « le respect dû à l'opinion de l'humanité* ».

Un fait, maintes fois commenté, appelle une analyse plus détaillée et plus précise : les documents du Pentagone n'ont guère apporté de révélations inédites ou significatives au lecteur habituel des quotidiens et des hebdomadaires ; il n'est pas un des arguments, hostile ou favorable, rappelé dans cet « Historique de la façon dont ont été prises les décisions des États-Unis concernant la politique au Vietnam » (titre officiel du rapport) qui n'ait déjà été discuté publiquement, des années durant, dans les magazines ou au cours d'émissions de télévision ou de radio. (Les seuls éléments ignorés en la matière étaient, mis à part les positions personnelles et leurs variations, les vues divergentes des services de renseignements sur les principaux problèmes.)

Que, depuis des années, le public ait pu avoir connaissance de ce que le gouvernement s'efforçait vainement de lui dissimuler témoigne de l'intégrité et des pouvoirs de la presse avec plus de force encore que la façon dont toute l'affaire a pu être révélée par le *New York Times*. La preuve est faite désormais de la justesse d'une opinion souvent défendue : une presse libre et non corrompue a une mission d'une importance considérable à remplir, qui lui permet à juste

---

* Rappel de l'expression figurant à la fin du premier paragraphe de la Déclaration d'indépendance du 4 juillet 1776 : *a decent respect to the opinions of mankind. (N.d.É.)*

titre de revendiquer le nom de quatrième pouvoir. Un autre problème est de savoir si le premier amendement* pourra suffire à garantir cette liberté politique particulièrement essentielle : le droit à une information véridique et non manipulée, sans quoi la liberté d'opinion n'est plus qu'une cruelle mystification.

Il y a là en fin de compte une leçon pour ceux qui, comme moi-même, estimaient que ce pays s'était lancé dans une politique impérialiste, avait totalement oublié ses anciens sentiments d'hostilité envers le colonialisme, et était peut-être en train de réussir à imposer cette *Pax americana* que le président Kennedy avait dénoncée. Quel que soit le bien-fondé de ces suspicions – et on pourrait trouver dans notre politique en Amérique latine de quoi les justifier –, il paraît désormais plus difficile pour les États-Unis que pour n'importe quelle autre grande puissance d'utiliser avec quelque chance de succès des moyens qui sont considérés comme indispensables à une politique impérialiste, tels qu'à l'occasion de petites guerres non déclarées des opérations agressives de contre-feu conduites en territoire étranger. En effet, si la démoralisation des troupes américaines atteint actuellement des proportions sans précédent – selon des chiffres cités par le *Spiegel*, on a compté, au cours de la dernière année, 89 088 déserteurs, 100 000 objecteurs de conscience et des dizaines de milliers de drogués[1] – le processus de désintégration à l'intérieur des forces

---

* « Le Congrès ne pourra faire aucune loi... restreignant la liberté de parole ou de la presse. » *(N.d.E.)*

1. *Der Spiegel*, n° 35, 1971.

armées avait débuté à une période beaucoup plus lointaine, et des développements similaires s'étaient déjà produits au cours de la guerre de Corée[1]. Il suffit de s'entretenir avec quelques combattants de cette guerre – ou de lire le sobre et impressionnant récit de Daniel Lang dans le *New Yorker* sur l'évolution d'un cas particulièrement typique[2] – pour comprendre qu'une politique agressive et aventureuse ne pourrait avoir de sérieuses chances de réussite dans ce pays que s'il se produisait un changement décisif dans « les caractéristiques nationales » du peuple américain. On pourrait certes tirer le même genre de conclusions du fait qu'une opposition remarquablement forte et bien organisée s'est manifestée à différentes reprises sur le plan intérieur. Les Vietnamiens du Nord qui, pendant toutes ces années, ont observé ces développements avec la plus grande attention, y ont toujours trouvé des raisons propres à raffermir leur espoir, et il semble que leur attente n'ait pas été trompée.

Bien des choses peuvent encore changer. Mais au cours de ces derniers mois un fait est devenu très clair : les efforts mal assurés du gouvernement pour tourner les garanties constitutionnelles et pour intimider ceux qui n'entendent pas se laisser intimider et qui préfèrent la prison à une réduction de leurs libertés n'ont pas suffi et ne suffiront probablement pas à détruire un régime démocratique. Il y a quelques raisons d'espérer, avec cet ancien combattant dont D. Lang nous

---

1. Eugene Kinkead, « Reporter at Large », *The New Yorker*, 26 octobre 1957.

2. *The New Yorker*, 4 septembre 1971.

rapporte les paroles – un parmi deux millions et demi de ses pareils – que « la guerre pourrait bien avoir pour effet de faire voir ce pays sous un meilleur jour. Je sais, disait-il, qu'on ne peut guère parier là-dessus, mais on ne peut davantage parier sur autre chose[1] ».

---

1. *Ibid.*

LA DÉSOBÉISSANCE CIVILE

Au cours du printemps 1970, le barreau de New York a célébré son centenaire par un colloque consacré à un sujet assez peu rassurant : « Le droit est-il mort ? » Il serait intéressant de savoir d'une façon précise ce qui lui avait inspiré ce cri de désespoir. Était-ce le désastreux accroissement de la criminalité dans les rues ? Ou encore, à plus lointaine échéance, la crainte de voir que « l'extraordinaire perversion que traduisent les formes modernes de la tyrannie a pour résultat que personne ne fait plus confiance à cette obligation d'une importance capitale, la soumission au droit » ? D'autre part « il s'avère évident que des campagnes de désobéissance civile bien organisées peuvent avoir une efficacité remarquable pour obtenir les modifications juridiques que l'on peut estimer désirables[1] ». Quoi qu'il en soit, les thèmes de recherche auxquels, à la demande d'Eugène V. Rostow, se référèrent les participants dans leurs communications, tendaient à l'évidence à une appréciation

---

1. Voir Graham HUGHES, « Civil Disobedience and the Political Question Doctrine », *New York University Law Review*, 43 : 2, mars 1968.

plus optimiste des perspectives futures. L'un d'eux proposait la discussion de « la relation morale entre le citoyen et le droit, dans une société fondée sur la libre adhésion des citoyens » et les remarques qui suivent se proposent de répondre à cette question. Les œuvres ayant traité de ce sujet prennent pour la plupart comme exemple les emprisonnements d'hommes célèbres : Socrate à Athènes, et Thoreau à Concord. Les juristes trouvent alors dans leur comportement un motif de grand réconfort, car il semble prouver que la désobéissance à la loi ne peut se justifier que dans le cas où le contrevenant accepte et même sollicite la sanction pénale de son acte. Rares sont ceux qui refuseraient leur accord à la prise de position du sénateur Philip A. Hart : « Toute mon indulgence à l'égard d'un contrevenant est fonction de sa soumission volontaire au châtiment imposé par la loi, quel qu'il soit[1]. » Cet argument nous ramène à la façon dont est habituellement comprise, et peut-être mal comprise, l'attitude de Socrate. Mais la plausibilité de cette interprétation paraît surtout se renforcer dans notre pays, du fait « d'une des plus graves bizarreries que l'on découvre dans notre droit, qui encourage l'individu, ou en quelque façon le contraint, à donner à tout acte personnel de désobéissance civile le sens

---

1. In *To Establish Justice, to Insure Domestic Tranquility*. Final Report of the National Commission on the Causes and the Prevention of Violence, décembre 1969, p. 108. Quant à l'utilisation des exemples de Socrate et de Thoreau dans des discussions de ce genre, voir également Eugène V. Rostow, « The Consent of the Governed », *The Virginia Quarterly*, automne 1968.

de la revendication d'un droit[1] ». Cette caractéristique a donné naissance à une assez étrange alliance théorique, dont les conséquences ne furent pas toujours heureuses, entre la moralité et la légalité, la conscience et le droit en vigueur.

Du fait que « la dualité de notre système juridique peut permettre à la loi d'un État de se trouver en contradiction avec la loi fédérale[2] », le mouvement des droits civiques, à ses débuts, tout en apparaissant clairement en position de rupture avec les règlements et même les lois applicables dans les États du Sud, pouvait néanmoins passer pour avoir simplement « fait

---

1. Voir, en ce sens, Edward H. LEVI, « The Crisis in the Nature of Law », *The Record of the Association of the Bar of the City of New York*, mars 1970. M. Rostow estime, au contraire, que « c'est une erreur commune de croire que des infractions de ce genre constituent réellement des actes de désobéissance à la loi » *(op. cit.)*. Et Wilson Carey McWilliams, dans une des études les plus intéressantes qui aient paru à ce propos – « Civil Disobedience and Contemporary Constitutionalism », *Comparative Politics*, vol. I, 1969 – paraît être implicitement du même avis. Précisant que « les initiatives de la Cour dépendent, pour une part, de l'action du public », il conclut : « La Cour décide, en fait, de légitimer des actes de désobéissance à une autorité considérée par ailleurs comme légitime, et il revient alors aux citoyens de tirer avantage de cette autorisation » (p. 216). Je ne vois pas comment on pourrait ainsi remédier à la « bizarrerie » signalée par M. Levi : le citoyen qui transgresse la loi en vue de persuader la Cour de statuer sur la constitutionnalité d'une loi doit, comme n'importe quel autre délinquant, être prêt à payer le prix de sa transgression – à tout le moins avant que le tribunal ait statué sur son cas, et de toute façon lorsque intervient un arrêt de condamnation.

2. Nicholas W. PUNER, « Civil Disobedience: An Analysis and Rationale », *New York University Law Review*, 43, 714.

appel à notre système fédéral, en se référant, au-delà
de la loi et de l'autorité des États, au droit et à l'autorité de la nation » ; il n'y avait pas le moindre doute,
nous disait-on, qu'en dépit d'un siècle de mise en
sommeil de la loi fédérale « les règlements des États
se trouvaient, devant elle, dépourvus de validité »,
et qu'en conséquence, c'étaient ces derniers « qui
méconnaissaient la loi[1] ». Les mérites de cette thèse
paraissent, à première vue, d'une importance considérable. La principale difficulté qu'éprouvent les juristes
à établir la compatibilité de la désobéissance civile
avec le système juridique, autrement dit « de justifier
par le droit la violation du droit[2] », paraissait pouvoir
être ingénieusement surmontée par la reconnaissance
de la dualité du droit américain et l'assimilation de
la désobéissance civile au fait de violer une loi aux
seules fins d'en vérifier la constitutionnalité. On pouvait en outre tirer davantage, en apparence au moins,
d'un autre fait : à cause de son caractère dualiste, le
système juridique américain, contrairement à d'autres
systèmes, a fait une place véritable et visible à ce
« droit supérieur », sur lequel, « d'une façon ou d'une
autre, la philosophie du droit ne cesse d'insister[3] ». Il
faudrait cependant faire montre d'une certaine ingé-
niosité pour vouloir défendre cette thèse sur le plan

---

1. Charles L. BLACK, « The Problem of the Compatibility of
Civil Disobedience with American Institutions of Government »,
Texas Law Review, 43, 496.

2. Voir, dans le numéro spécial de la *Rutgers Law Review* sur
« La désobéissance civile et le droit », l'article de Carl COHEN,
vol. 21, automne 1966, p. 8.

3. *Ibid.*, Harrop A. FREEMAN, p. 25.

théorique : la position de l'homme qui enfreint une loi à seule fin de mettre à l'épreuve sa validité « ne peut être que de façon tout à fait marginale une position de désobéissance civile[1] », et le contrevenant qui, mû par une forte conviction morale, fait appel un à « droit supérieur », trouvera quelque peu étrange qu'on lui demande de reconnaître qu'au cours des siècles les diverses décisions de la Cour suprême se sont toujours inspirées de ce droit au-dessus de toutes les lois, dont le trait distinctif est son caractère immuable. De toute façon, sur le plan des réalités, cette thèse s'est trouvée irrémédiablement contredite lorsque les contrevenants du mouvement des droits civiques se sont peu à peu transformés en volontaires de la résistance contre la guerre, laquelle, très clairement cette fois, enfreignait les dispositions de la loi fédérale ; et la réfutation est devenue sans appel lorsque la Cour suprême refusa de se prononcer sur la légalité de la guerre du Vietnam, en se fondant sur « la doctrine du domaine politique », c'est-à-dire précisément sur la raison même pour laquelle des lois anticonstitutionnelles avaient été tolérées pendant si longtemps sans aucun problème.

Cependant, le nombre de ceux qui, potentiellement ou en fait, se livrent à des actes de désobéissance civile, c'est-à-dire de ceux qui ont volontairement manifesté contre le gouvernement à Washington, s'est sensiblement accru, en même temps qu'augmentait la propension du gouvernement à traiter les protestataires comme des délinquants de droit commun ou à exiger d'eux qu'ils fassent la preuve de leur volonté d'aller

1. Voir Graham HUGHES, *op. cit.*, p. 4.

jusqu'au « sacrifice personnel » : celui qui viole les lois en vigueur doit délibérément « consentir à son propre châtiment ». (Harrop A. Freeman a fort bien montré quelle pouvait être, du point de vue d'un avocat, l'absurdité de cette exigence : « On n'imagine pas un avocat se lever et déclarer au tribunal : "Monsieur le Président, cet homme réclame son châtiment"[1]. ») Et peut-être est-il naturel d'insister sur le caractère inadéquat de cette peu agréable alternative dans une période troublée, « alors que la distinction qui doit s'établir entre de tels actes [ceux où quelqu'un viole la loi pour en faire vérifier la constitutionnalité] et les infractions ordinaires est apparue beaucoup plus fragile », et que, d'autre part, ce ne sont pas des lois locales, mais bien « le pouvoir législatif national » qui se trouve ainsi défié[2].

Quelles que soient les véritables causes de cette période de troubles – et il s'agit aussi bien de causes politiques que de simples réalités –, la confusion actuelle, la polarisation de nos discussions et leur âpreté croissante sont également motivées par notre incapacité théorique à bien comprendre et à déterminer

---

1. Dans son article publié dans la *Rutgers Law Review, op. cit.*, p. 26, Harrop A. FREEMAN s'élève contre l'opinion de Carl Cohen : « Du fait que celui qui pratique la désobéissance civile agit dans un cadre légal dont il reconnaît la légitimité, ce châtiment légal est mieux encore que l'éventuelle conséquence de son acte, il en constitue l'accomplissement naturel et légitime… Il démontre par là sa volonté de se sacrifier lui-même pour cette cause. » *Ibid.*, p. 6.

2. Voir Edgar H. LEVI, *op. cit.*, et Nicholas W. PUNER, *op. cit.*, p. 702.

quelle peut être la nature réelle de ce phénomène.
Chaque fois que les juristes s'efforcent de justifier
ceux qui font acte de désobéissance civile sur le plan
de la morale et sur celui du droit, ils identifient leur
cas à celui de l'objecteur de conscience ou à celui de
l'homme qui entend mettre à l'épreuve la constitutionnalité d'une loi. Malheureusement, la situation des
premiers n'est comparable ni à l'un, ni à l'autre de ces
deux cas, pour la simple raison que cette délinquance
n'est pas le fait d'un individu isolé : la désobéissance
civile ne peut se manifester et exister que parmi les
membres d'un groupe. Ce fait est rarement reconnu, et,
même dans ce cas, il ne lui est attribué qu'une importance marginale ; « la désobéissance civile pratiquée
par un individu isolé ne saurait tirer à conséquence.
Le coupable est alors considéré comme un excentrique
qu'il sera plus intéressant d'observer que de condamner. La désobéissance civile réellement significative
doit être le fait d'un certain nombre de personnes que
rassemble un intérêt commun[1] ». Or, l'une des prin-
cipales caractéristiques de l'action elle-même – la
« nature indirecte » de la désobéissance – qui apparaît
bien déjà dans le cas des « Freedom Riders* », où le
contrevenant viole la loi (par exemple les règles rela-
tives à la circulation) non pas parce qu'il la juge en
elle-même critiquable, mais pour protester contre l'injustice de décisions des autorités ou contre la politique

---

1. Nicholas W. Puner, *op. cit.*, p. 714.

* Membres de groupes de libéraux du Nord qui se rendaient
dans les États du Sud pour lutter contre la ségrégation raciale.
(N.d.T.)

du gouvernement – cette caractéristique suppose une action de groupe (on voit mal un individu isolé entreprendre de violer les règles de la circulation !). À juste titre, cette forme de désobéissance a été qualifiée de désobéissance « au sens strict du mot »[1].

C'est précisément cette forme de « désobéissance indirecte » qui serait totalement dépourvue de sens dans le cas de l'objecteur de conscience, ou dans celui de l'homme qui enfreint une certaine loi, en vue d'en éprouver la constitutionnalité, ce qui, sur un plan juridique, paraît injustifiable. Aussi est-il nécessaire d'établir une distinction entre les objecteurs de conscience et ceux qui se livrent à la désobéissance civile. Ces derniers constituent en fait des minorités organisées, unies par des décisions communes, plutôt que par une communauté d'intérêts, et par la volonté de s'opposer à la politique gouvernementale, même lorsqu'elles peuvent estimer que cette politique a le soutien d'une majorité. Leur action concertée procède de leur commun accord, et c'est cet accord qui confère à leurs opinions une certaine valeur et les rend convaincantes indépendamment de la façon dont elles se sont formées à l'origine. Les arguments invoqués pour défendre la conscience individuelle ou des actes individuels, c'est-à-dire les impératifs moraux et les appels à un « droit supérieur », qu'il soit transcendant ou profane[2], sont

1. Marshall COHEN, « Civil Disobedience in a Constitutional Democracy », *The Massachusetts Review*, 10, 211-226, printemps 1969.

2. Norman Cousins a défini une série de cas où la conception d'un droit supérieur purement profane serait appréciable :

inadéquats lorsqu'on entend les appliquer à des cas de désobéissance civile ; dans cette perspective, il ne sera pas seulement « difficile », mais réellement impossible « de se refuser à voir, dans la désobéissance civile, la manifestation d'une philosophie subjective... d'un mode de pensée intensément et exclusivement personnel, qui peut conduire n'importe quel individu à désobéir pour une raison quelconque[1] ».

« En cas de conflit entre la sécurité d'un État souverain et celle de la communauté humaine prise dans son ensemble, la sauvegarde de cette dernière s'impose en priorité.

« En cas de conflit entre le bien-être de l'humanité et le bien-être de la nation, le bien-être de l'humanité doit être prioritaire.

« En cas de conflit entre les besoins de la génération actuelle et ceux des générations à venir, ces derniers doivent avoir la priorité.

« En cas de conflit entre les droits de l'État et les droits de l'homme, ceux-ci ont la priorité. L'existence de l'État ne saurait se justifier que par le fait qu'il sert et garantit l'exercice des droits de l'homme.

« En cas de conflit entre une décision publique et la conscience privée, l'appréciation de cette dernière s'impose en priorité.

« En cas d'incompatibilité entre la poursuite d'une période de prospérité et l'épreuve qu'impose la préservation de la paix, la paix représente un impératif prioritaire. »

A Matter of Life, 1963, pp. 83-84, cité dans la *Rutgers Law Review*, *op. cit.*, p. 26.

J'éprouve quelque difficulté à être convaincue de l'interprétation du droit supérieur « en termes de principes prioritaires » qui résulte de cette énumération.

1. Nicholas W. Puner, *op. cit.*, p. 708.

I

Ce n'est pas seulement dans les ouvrages qui ont traité de ce problème que l'on trouve les figures de Socrate et de Thoreau, mais également, ce qui est plus important, dans l'esprit de ceux qui se livrent eux-mêmes à des actes de désobéissance civile. Pour tous ceux qui ont été élevés dans la tradition occidentale de la conscience – et qui ne l'a pas été ? – il paraît tout à fait naturel de considérer l'accord avec l'opinion d'autrui comme secondaire par rapport à la décision prise dans la solitude, *in foro conscientiae*, comme si ce que nous pouvions partager avec autrui n'était pas une opinion ou un jugement, mais une prise de conscience commune. Et du fait que les arguments invoqués en faveur de cette position se fondent en général sur des réminiscences plus ou moins vagues de ce que Socrate ou Thoreau ont pu déclarer à propos « des rapports entre la conscience morale du citoyen et la loi », il paraît préférable de commencer notre analyse par un examen des idées que ces deux personnages avaient réellement sur ce point.

Dans le cas de Socrate, le texte le plus important est naturellement le *Criton*, de Platon, et les arguments qui y sont exposés tendent beaucoup moins clairement et moins fortement à soutenir l'idée d'une sereine et volontaire exigence du châtiment que ne l'ont prétendu de nombreux manuels juridiques et philosophiques. Nous relevons d'abord le fait que Socrate, tout au long de son procès, n'a jamais contesté les lois elles-mêmes, s'en tenant à ce déni particulier de justice dont il a été victime, et qu'il nomme lui-même le

« hasard » (τύχη). Il ne va pas se prévaloir de cette infortune personnelle pour « violer [les] accords et [les] conventions » (52 *e*)* par lesquels il s'estime lié aux lois ; il se trouve en désaccord, non pas avec les lois mais avec ses juges. D'autre part, Socrate indique à Criton (qui cherche à le persuader de s'évader et de partir pour l'exil) que ce choix s'était offert à lui, légalement, au moment de l'ouverture du procès. « Pendant le procès même, tu pouvais, si tu l'avais voulu, te faire condamner à l'exil ; et ainsi, ce que tu médites de faire aujourd'hui malgré la ville, tu l'aurais fait avec son consentement. Au lieu de cela, tu faisais le brave alors, tu te donnais l'air d'être indifférent à la mort, tu déclarais la préférer à l'exil » (52 *c*). Nous savons également, d'après l'*Apologie*, que la possibilité lui avait été offerte de renoncer à ses examens critiques effectués publiquement, qui devaient sans aucun doute répandre l'incertitude sur la valeur des croyances et des coutumes établies, et qu'il avait là encore préféré la mort, car « une vie sans examen ne mérite pas d'être vécue » (38 *a*). Autrement dit, Socrate ne se serait pas montré fidèle à ses propres paroles s'il avait tenté de s'échapper. Il aurait démenti ainsi tout son comportement au cours du procès : « Tu donneras ainsi raison à ceux qui approuvent tes juges, tu feras qu'ils paraîtront avoir bien jugé » (53 *b*). Il se devait *à lui-même*, comme aux citoyens auxquels il s'était adressé, de rester et de mourir. « Il s'agit du paiement d'une dette d'honneur, la dette de l'homme

---

* La traduction de Maurice Croiset (« Les Belles Lettres ») a été utilisée pour toutes les citations de Platon. *(N.d.E.)*

d'honneur qui a parié et perdu, et qui paie car sinon il ne pourrait pas vivre en paix avec lui-même. Il y a en fait eu contrat et cette notion de contrat apparaît sous-jacente dans toute la dernière partie du *Criton*, mais... le contrat qui lie l'une et l'autre partie c'est... *l'engagement contenu dans le procès* » (c'est nous qui soulignons)[1].

Le cas de Thoreau, beaucoup moins dramatique – il fut contraint de passer une nuit en prison pour avoir refusé de payer l'impôt électoral à un gouvernement qui reconnaissait l'esclavage, mais le lendemain matin il laissa sa tante l'acquitter à sa place – paraît cependant, à première vue, mieux correspondre à l'objet du présent débat ; en effet, contrairement au cas de Socrate, il protestait contre l'injustice des lois elles-mêmes. Ce qui est néanmoins gênant, dans cet exemple, c'est que Thoreau lui-même, dans le célèbre essai qu'il écrivit après l'incident, *On the Duty of Civil Disobedience* (Du devoir de désobéissance civile), introduisant ainsi ce terme de « désobéissance civile » dans notre vocabulaire politique, s'est placé sur le terrain de la conscience individuelle et des obligations imposées par cette conscience morale, sans invoquer la question des rapports de la conscience du *citoyen* avec la loi. « D'une façon générale, un homme n'a évidemment pas le devoir de se consacrer à l'abolition de tout le mal existant, s'agirait-il même des pires

---

1. Voir l'excellente analyse de N. A. Greenberg, « Socrates Choice in the Crito », *Harvard Studies in Classical Philology*, vol. 70, nº 1, 1965, qui démontre que l'on ne saurait comprendre le *Criton* qu'en le rapprochant de l'*Apologie*.

abus ; il peut parfaitement avoir d'autres préoccupations et d'autres engagements ; mais c'est son devoir, tout au moins, d'essayer d'avoir les mains nettes, et lors même qu'il n'y consacre pas toutes ses pensées, de refuser pratiquement de le soutenir. » Thoreau ne prétendait pas qu'essayer d'avoir les mains nettes suffise à améliorer le monde, ni que ce soit un devoir pour l'homme de travailler à cette amélioration. Il « n'est pas principalement venu au monde pour en faire un lieu où il fasse bon vivre, mais pour y vivre, que le lieu soit bon ou qu'il soit mauvais ». En fait, c'est bien ainsi que nous entrons tous dans le monde – heureux si ce monde ou la place qui nous y est faite à notre arrivée est un lieu où il fait bon vivre, à tout le moins où les abus existants ne sont pas « de telle nature qu'ils vous contraignent à devenir un agent de l'injustice exercée à l'égard d'autrui ». Car, si tel est le cas, « je dirai : il faut violer la loi ». Thoreau avait raison : la conscience individuelle n'exige rien de plus[1].

En ce cas, comme toujours, la conscience est apolitique. Elle ne s'intéresse pas en priorité au monde où existent des abus, ou aux conséquences que ceux-ci peuvent avoir sur l'avenir de ce monde. Elle ne nous répète pas, avec Jefferson : « Je tremble *pour mon pays* quand je songe que Dieu est juste ; que Sa justice ne peut pas être pour toujours en sommeil[2] », car

---

1. Toutes ces citations ont été tirées de l'ouvrage de THOREAU, *On the Duty of Civil Disobedience* (1849) ; tr. fr., *La Désobéissance civile*, suivie de *Plaidoyer pour John Brown*, J.-J. Pauvert, Paris, 1968.

2. *Notes sur l'État de Virginie*, Question XVIII (1781-1785).

elle ne tremble que pour l'individu et sa propre intégrité. Elle pourrait donc encore se montrer beaucoup
plus radicale, et s'écrier, comme le fait Thoreau :
« Ce peuple doit cesser d'avoir des esclaves, et cesser
de faire la guerre au Mexique, *même s'il devait lui
en coûter son existence en tant que nation.* » (C'est
nous qui soulignons.) Cependant que pour Lincoln,
comme il l'écrivait en 1862, au cours même de la
lutte pour l'émancipation des esclaves : « L'objectif primordial doit être de sauvegarder l'Union, et...
non pas celui de préserver ou d'abolir l'esclavage[1]. »
Cela ne signifie nullement que Lincoln n'était pas
conscient de « l'injustice monstrueuse de l'esclavage
en lui-même », ainsi qu'il l'avait lui-même déclaré
huit années auparavant ; mais cela veut dire qu'il était
également conscient de la distinction nécessaire entre
« les devoirs de sa charge », et son « désir personnel
qu'il n'y ait partout que des hommes libres[2] ». Et cette
distinction, abstraction faite des circonstances historiques toujours complexes et équivoques, est en fin de
compte fort semblable à celle que faisait Machiavel,
lorsqu'il déclarait : « J'aime ma patrie plus que mon
âme[3]. » La discrimination établie par Lincoln entre
les « devoirs de sa charge » et le « désir personnel »

---

1. Dans une lettre célèbre adressée par lui à Horace Greeley,
citée ici d'après Hans MORGENTHAU, *The Dilemmas of Politics*,
Chicago, 1958, p. 80.

2. Citations tirées de l'ouvrage de Richard HOFSTADTER, *The
American Political Tradition*, 1948, p. 110 ; trad. fr., *Bâtisseurs
d'une Tradition*, Seghers, Paris, 1966, chap. V.

3. *The Letters of Machiavelli* publié sous la direction d'Allan
GILBERT, New York, 1961, lettre 225 ; *Toutes les lettres de*

ne signifie pas plus qu'il ignorait les impératifs de la conscience morale, que la distinction entre l'âme et la patrie ne prouve que Machiavel était athée et qu'il ne croyait ni à la damnation, ni au salut éternel.

Ce conflit potentiel entre l'« homme vertueux » et le « bon citoyen » (selon Aristote, l'homme vertueux ne pouvait être un bon citoyen que dans un bon État ; pour Kant, même « une race de démons » était capable de résoudre le problème de l'établissement d'une constitution, « pourvu qu'ils fussent intelligents »), entre la conscience individuelle, qu'elle soit ou non persuadée de l'existence d'un au-delà, et la conscience du citoyen, membre de la communauté – ou, comme nous dirions de nos jours, entre la morale et la politique – ne date pas de l'époque actuelle et remonte même beaucoup plus loin que le terme même de « conscience », d'origine relativement récente dans la signification qui lui est présentement attribuée. Les arguments présentés en faveur de l'une ou l'autre de ces deux positions sont également d'origine très ancienne. Thoreau était assez conséquent avec lui-même pour reconnaître qu'il pouvait être accusé d'irresponsabilité, le plus ancien reproche qui puisse être adressé à n'importe quel « homme vertueux ». Il déclarait explicitement qu'il n'était « pas responsable du bon fonctionnement des rouages de la société », qu'il n'était pas « le fils de son constructeur ». L'ancien adage : *Fiat justitia et pereat mundus* (Que justice soit faite, même si le monde doit périr) que l'on invoque d'ordinaire à l'encontre

Machiavel, présentées et annotées par Edmond Barincou, 2 vol., Gallimard, Paris, 1955 ; II, p. 547.

des partisans d'une justice absolue, exprime clairement la nature de ce dilemme.

Toutefois, l'argument selon lequel « il est impossible de traiter au niveau de la morale individuelle le
problème de la désobéissance à la loi »[1] est encore
d'un tout autre ordre. Non seulement les sugges-
tions de la conscience sont apolitiques, mais elles
revêtent toujours une expression subjective. Quand
Socrate déclare : « il est plus honteux de commettre
une injustice que de la subir », il entend clairement
par là que cela vaut mieux *pour lui* ; de même il est
préférable, dit-il, de « me trouver en désaccord et en
opposition avec tout le monde, que de l'être avec moi-
même tout seul et de me contredire[2] ». Par contre, ce
qui compte, d'un point de vue politique, est le fait
qu'un acte répréhensible a été commis ; la loi n'a pas
à se soucier des résultats dont l'auteur, ou la victime,
peuvent personnellement tirer bénéfice. Nos codes
juridiques établissent une distinction entre les crimes
qui doivent être obligatoirement réprimés, parce qu'ils
sont dommageables à la communauté considérée dans
son ensemble, et les délits où seuls l'auteur et sa victime sont en cause ; cette dernière peut alors renoncer
à son droit de poursuite. Dans le premier cas, l'état
d'esprit des personnes en cause importe seulement
dans la mesure où l'acte est intentionnel et où il est
possible d'invoquer des circonstances atténuantes ;
mais il importe peu que celui qui a subi un préjudice
ait ou non l'intention de pardonner, ou que l'on soit

---

1. *To Establish Justice…*, *op. cit.*, p. 98.
2. *Gorgias*, 489 *a* et 482 *c*.

convaincu que le délinquant n'aura jamais l'intention de récidiver.

Dans le *Gorgias*, Socrate ne s'adresse pas aux citoyens, comme il le faisait dans l'*Apologie*, ainsi que dans le *Criton*, au soutien de la position prise dans l'*Apologie*. Ici Platon laisse Socrate s'expliquer, comme peut le faire le philosophe qui découvre que les hommes ont des relations, non seulement avec leurs semblables, mais avec eux-mêmes, et que cette dernière forme de rapports – une certaine façon de se comporter avec soi-même – exige que nous respections certaines règles dans notre comportement avec autrui. Il s'agit là de prescriptions de la conscience, qui sont – comme celles qui ont été exposées par Thoreau dans son essai – d'une nature entièrement négative. Elles ne nous indiquent pas ce que nous devons faire, mais ce qu'il nous faut éviter de faire. Elles n'énoncent pas des principes d'action ; mais elles tracent des limites que nos actes ne devront pas franchir. Elles nous disent : évite de te mal conduire, sinon il te faudra vivre dans la peau d'un homme mauvais. Platon, dans ses derniers dialogues – le *Sophiste* et le *Théétète* – développe longuement ce thème socratique des rapports entre le moi et la conscience, et définit la pensée comme un dialogue muet entre la personne et le moi. Dans une perspective existentielle, ce dialogue, comme tout dialogue, exige que des rapports amicaux existent entre les partenaires. La validité des propositions socratiques dépend de la nature de celui qui les formule et de la nature de celui à qui elles sont adressées. Dans la mesure où cet homme est un être pensant, elles sont à ses yeux des vérités évidentes ;

pour ceux qui ne réfléchissent pas, qui ne dialoguent pas avec eux-mêmes, ces propositions ne sont nullement évidentes par elles-mêmes, pas plus qu'elles ne peuvent être prouvées[1]. Ces hommes – et ce sont eux qui composent la « multitude » – n'en arrivent à s'intéresser à leur propre personnalité, estime Platon, que par l'intermédiaire d'une croyance à un au-delà mythique, où les bons seront récompensés et les méchants punis.

Ainsi, les prescriptions de la conscience se rapportent à l'intérêt que l'on porte à sa propre personne. Prends bien garde, nous disent-elles, d'accomplir un acte en compagnie duquel tu ne pourrais pas vivre. C'est ce même raisonnement qui conduisit « Camus à faire ressortir la nécessité de s'opposer à l'injustice *afin de préserver son bien-être et sa santé mentale[2]* ». (C'est nous qui soulignons.) Sur le plan politique et juridique, une justification de ce genre comporte deux graves défauts. En premier lieu, elle ne saurait être généralisée, car elle doit demeurer subjective pour garder sa validité. Une autre conscience pourrait trouver fort léger le poids d'un acte qui, personnellement, nous paraîtrait insupportable. Il en résulte que les consciences individuelles se dressent les unes contre les autres. « Si la décision d'enfreindre la loi relevait

---

1. Platon l'a indiqué très clairement au second livre de *La République*, où les propres disciples de Socrate mettent « tous [leurs] efforts à louer le sort de l'homme injuste » (358 *d*) sans parvenir à se convaincre eux-mêmes (tr. Chambry, « Les Belles Lettres », *N.d.E.*).

2. Cité par Christian BAY, « Civil Disobedience », *The International Encyclopedia of the Social Sciences*, II, 486.

effectivement de l'appréciation d'une conscience individuelle, on voit mal comment, devant la loi, la décision du Dr King pourrait être jugée plus méritoire que
celle du gouverneur Ross Barnett, du Mississippi, qui
était, lui aussi, profondément convaincu de la justice
de sa cause et acceptait, pour la défendre, d'aller en
prison[1]. » Mais il existe une autre difficulté, sans doute
plus sérieuse : à supposer que cette conscience ne se
définisse que sur un plan purement profane, il faudrait penser que l'homme possède, non seulement le
don inné de distinguer le bien du mal, mais encore
qu'il s'intéresse à lui-même, car l'obligation ne peut
résulter que d'un intérêt de ce genre. Et l'on ne saurait dire qu'un tel intérêt va de soi. Nous savons bien
que les êtres humains sont capables de réfléchir – de
dialoguer avec eux-mêmes – mais combien sont-ils,
ceux qui se livrent à cette peu profitable entreprise ?
La seule chose qu'il nous soit permis d'affirmer est
que l'habitude de penser, de réfléchir au sens et aux
conséquences de ses actes ne dépend nullement de la
position sociale, de l'éducation ou de la valeur intellectuelle des individus. Comme en bien d'autres cas,
« l'homme vertueux » ne se confond nullement ici avec
« le bon citoyen », et dans d'autres sens encore que
ceux qu'Aristote attribuait à ces termes. Les hommes
de vertu et de courage ne se révèlent que dans les circonstances critiques ; on les voit alors soudainement
surgir, dans toutes les couches de la société, sans pouvoir deviner leur origine. Par contre, l'existence des
bons citoyens doit être évidente ; leur comportement

---

1. *To Establish Justice...*, *op. cit.*, p. 99.

répond à des normes, et il est possible de l'analyser
– dût-on en retirer cette peu réconfortante conviction
qu'il s'agit d'une faible minorité : en général, ces
« bons citoyens » ont bénéficié d'une excellente éducation et font partie des classes supérieures[1].

Le problème de l'importance politique qu'il convient
d'accorder aux décisions morales – décisions prises
in foro conscientiae – s'est encore très sérieusement
compliqué du fait des interférences et des associations
d'idées qui se rattachent à cette notion de conscience
et qui, en partant de la philosophie chrétienne, se sont
par la suite laïcisées. Selon la terminologie actuellement en usage, aussi bien dans le domaine moral que
dans celui du droit, la conscience morale *(conscience)*
est supposée présente en nous-mêmes d'une façon
continue, comme si elle s'identifiait au fait d'être
conscient *(consciousness)*. (Il est vrai qu'il a fallu
beaucoup de temps pour que l'anglais distingue entre
les deux termes ; dans certaines langues, le français
par exemple, un même terme, « conscience », sert
encore à désigner ces deux concepts.) La voix de la
conscience a représenté la voix de Dieu et annoncé
la loi divine, avant de devenir la *lumen naturale* qui
informe l'homme de l'existence d'une loi supérieure.
En tant que parole de Dieu, elle formulait des prescriptions positives dont la validité reposait sur le commandement divin : « Obéis à Dieu plutôt qu'aux hommes »
– commandement dont la force contraignante était
toute objective, sans aucune référence aux institutions
humaines, et qui pouvait ainsi se retourner, comme il

---

1. Wilson Carey McWilliams, *op. cit.*, p. 223.

advint au moment de la Réforme, contre l'institution de l'Église elle-même, considérée jusque-là comme inspirée de Dieu. À l'époque moderne, on serait beaucoup plus porté à voir là un « plaidoyer *pro domo* », « fort voisin du blasphème » – la présomptueuse prétention de connaître la volonté de Dieu et de se croire assuré de sa propre justification finale[1]. Pour le croyant, intimement persuadé de l'existence d'un Dieu créateur qui S'est révélé Lui-même à l'unique créature créée par Lui à Son image, le problème se présentait d'une façon toute différente. Mais on ne saurait nier le caractère anarchique de ces consciences morales qui se réclament de Dieu ; la chose est apparue très clairement aux débuts du christianisme.

En conséquence, ce fut fort tardivement et dans un nombre de pays limité que la loi finit par reconnaître l'objection de conscience d'inspiration religieuse, mais uniquement dans le cas où les objecteurs se réclamaient d'une loi divine qui était celle d'un groupement religieux reconnu, ce dont une communauté d'inspiration chrétienne pouvait difficilement se refuser à tenir compte. La crise profonde que connaissent actuellement les Églises, et le nombre croissant des objecteurs de conscience qui ne se réclament d'aucune institution religieuse, qu'ils entendent ou non justifier leurs scrupules par l'observance d'une loi divine, n'ont donc pas manqué d'être à l'origine de sérieuses difficultés. Il ne suffit pas, pour les aplanir, de substituer

---

1. Voir un commentaire de Leslie Dunbar, cité par Paul F. Power, « On Civil Disobedience in Recent American Democratic Thought », *American Political Science Review*, mars 1970.

le châtiment légal au rappel impératif d'une loi supérieure, publiquement reconnue et sanctionnée par la
religion. « L'idée qu'il suffit d'une acceptation de
la sanction imposée pour justifier une infraction à
la loi remonte, non pas à Gandhi et à ses campagnes
pour la désobéissance civile, mais à Oliver Wendell
Holmes et à la tradition du réalisme juridique... Cette
doctrine... est à l'évidence absurde... dans le domaine
du droit pénal... Comment pourrait-on imaginer que
quelqu'un ait la possibilité de se justifier d'un meurtre,
d'un viol ou d'un incendie volontaire, en acceptant de
subir la sanction prévue[1] ? » Il est fort regrettable que
tant de personnes soient persuadées que la « volonté de
se sacrifier soi-même » constitue la meilleure preuve
de « l'intensité de l'engagement[2] » et du sérieux de
« celui qui désobéit par fidélité à une loi[3] », car cette
forme de fanatisme uniquement tendu vers son objectif est en général le fait d'excentriques et, de toute
façon, a pour effet de rendre impossible une discussion rationnelle des données du problème.

D'autre part, la conscience du croyant qui écoute la
voix de Dieu ou les commandements de la *lumen naturale* et leur obéit est encore une chose très différente de
la conscience strictement profane – cette connaissance
et cet entretien avec soi-même qui, pour reprendre les
termes de Cicéron, a su témoigner, mieux que des
milliers de témoins, de faits qui seraient demeurés à
jamais ignorés. C'est cette forme de conscience qui

1. Marshall COHEN, *op. cit.*, p. 214.
2. Carl COHEN, *op. cit.*, p. 6.
3. Dans ce sens, Marshall COHEN, *op. cit.*

s'exprime de manière si magnifique dans un mono-
logue de *Richard III**. Elle ne fait que « dresser dans
l'esprit de l'homme tant d'obstacles » ; elle n'est pas
toujours présente, mais elle l'attend dans la solitude,
et son étreinte se relâche lorsque cesse le plein de la
nuit et que l'homme se retrouve au milieu des siens.
Au moment où il a cessé d'être seul avec lui-même,
alors seulement pourra-t-il dire : « La conscience est
un mot dont se servent les pleutres. Pure invention à
faire trembler les forts**. » La crainte de se retrouver face à face avec soi-même dans la solitude peut
être assez efficace pour dissuader de mal faire, mais,
de par sa nature même, cette crainte ne pourra guère
toucher les autres. Il n'est pas douteux que même une
telle objection fondée sur des scrupules de conscience
peut prendre une signification politique quand ces
scrupules se retrouvent dans un certain nombre de
consciences, et dès lors que ces objecteurs décident
de faire entendre leur voix sur la place publique. Mais
il ne s'agit plus alors de simples cas individuels, ni
d'un phénomène dont les données soient comparables
aux exemples de Socrate et de Thoreau. La décision
prise *in foro conscientiae* fait désormais partie de
l'opinion publique ; et si ceux qui appartiennent à ce
groupe spécifique pratiquant la désobéissance civile
peuvent encore se prévaloir de cette justification initiale – la voix de la conscience –, ils ne comptent plus

---

* W. SHAKESPEARE, *Richard III*, acte V, scène III.
** *Ibid.*, Richard :
Conscience is but a word that cowards use,
Devised at first to keep the strong in awe.

uniquement, en fait, sur cette seule force. Le sort qui
est réservé sur la place publique au jugement de la
conscience ressemble fort à celui que connaît la vérité
du philosophe : il est devenu une opinion, que rien ne
distingue plus des autres opinions. Et la force de l'opinion ne dépend pas de la conscience, mais du nombre
de ceux qui la partagent – « un accord unanime sur
le fait qu'une certaine chose est mauvaise... incite à
croire à sa nocivité réelle[1] ».

II

La désobéissance à la loi, tant civile que criminelle,
est devenue au cours des récentes années un phénomène de masse, non seulement en Amérique mais
aussi dans d'autres parties du monde. La contestation
de toute autorité établie, religieuse et laïque, sociale et
politique, pourrait bien être considérée un jour comme
le phénomène d'une ampleur mondiale le plus significatif de la dernière décennie. En vérité, « les lois
semblent avoir perdu leur pouvoir[2] ». Peut-on imaginer, en regardant ce phénomène de l'extérieur et dans
une perspective historique, un signe plus évident, un
témoignage plus explicite de l'instabilité et de la vulnérabilité internes des gouvernements et des systèmes
juridiques ? Ce que l'histoire peut nous apprendre
des causes des révolutions – et l'histoire, qui nous
enseigne peu de choses, nous en apprend cependant

---

1. Nicholas W. Puner, *op. cit.*, p. 714.
2. Wilson Carey McWilliams, *op. cit.*, p. 211.

beaucoup plus sur ce sujet que les considérations théoriques des sciences sociales – c'est que les révolutions sont précédées d'une désintégration des systèmes politiques, que l'érosion progressive de l'autorité gouvernementale constitue le symptôme le plus frappant de cette désintégration, et que la cause de cette érosion est l'inaptitude des rouages gouvernementaux à s'acquitter de leur fonction, ce qui conduit les citoyens à douter de leur légitimité. C'est à cet état de choses que les marxistes ont donné le nom de « situation révolutionnaire » – qui, bien entendu, ne conduit pas toujours, loin de là, à la révolution.

La très grave menace devant laquelle se trouve placé le système judiciaire des États-Unis en constitue un exemple caractéristique. Les lamentations sur « la prolifération cancéreuse des diverses formes de désobéissance[1] » n'ont pas grande signification si l'on se refuse à reconnaître que, depuis des années, les organismes chargés du maintien de l'ordre se sont avérés impuissants à faire respecter les lois et les règlements réprimant le trafic de stupéfiants, les agressions et les cambriolages. Les auteurs de tels crimes et délits ayant plus de neuf chances sur dix de ne jamais être découverts, on a tout lieu d'être surpris que la criminalité n'atteigne pas encore de plus grandes proportions. (En 1967, le rapport de la Commission présidentielle sur le maintien de l'ordre et l'administration de la justice estimait que « beaucoup plus de la moitié des crimes et des délits ne sont jamais portés à la connaissance de la police », et que, parmi ceux qui lui sont

---

1. *To Establish Justice...*, *op. cit.*, p. 89.

signalés, « moins d'un quart sont suivis d'arrestations. Près de la moitié des personnes arrêtées bénéficient d'un non-lieu[1] ». Tout se passe comme si, à l'échelon national, on avait voulu procéder à une expérience qui viserait à déterminer le nombre de criminels en puissance – c'est-à-dire de ceux que seule la crainte de la loi empêche de commettre un crime – pouvant exister dans l'ensemble d'une société. Le résultat peut ne pas paraître très encourageant pour la thèse de ceux qui estiment que les tendances criminelles représentent des aberrations, c'est-à-dire procèdent d'impulsions irrésistibles de malades mentaux, dont les actes sont la conséquence de leur affection. La vérité, aussi simple qu'effrayante, est que des personnes qui, dans des conditions normales, auraient peut-être rêvé à des crimes sans jamais nourrir l'intention de les commettre, adopteront, dans des conditions de tolérance complète de la loi et de la société, un comportement scandaleusement criminel[2].

---

1. *Law and Order Reconsidered*. Report of the Task Force on Law and Law Enforcement to the National Commission on the Causes and Prevention of Violence, n. d., p. 266.
2. D'horribles exemples de cette vérité ont été révélés en Allemagne au cours du « procès d'Auschwitz ». (Voir, à ce propos, l'ouvrage de Bernd NAUMANN, *Auschwitz*, New York, 1966.) Les accusés « n'étaient qu'une poignée de S.S. aux dossiers particulièrement chargés », choisis parmi environ 2 000 S.S., affectés dans le camp de 1940 à 1945. Tous étaient accusés d'assassinat, seul crime qui, quand le procès commença, en 1963, n'était pas couvert par la prescription. Auschwitz était un camp d'extermination systématique, mais les atrocités commises par presque tous les accusés n'avaient rien à voir avec l'ordre concernant la « solution finale ». Leurs crimes étaient justiciables du droit nazi et,

Dans la société actuelle, tant les délinquants en puissance (c'est-à-dire les criminels qui ne sont pas des professionnels organisés) que les citoyens qui respectent la loi n'ont pas besoin d'être grands clercs pour se persuader que des actes criminels ont les meilleures chances – autrement dit des chances prévisibles – de ne jamais être sanctionnés par la loi. Nous avons appris, à nos dépens, que les criminels organisés sont moins redoutables que les voyous occasionnels qui profitent des circonstances et, d'une manière fort justifiée, « sans aucunement se soucier des sanctions » ; les études sur « la confiance du public dans le fonctionnement de la justice américaine » se montrent incapables de modifier ou de clarifier cet état de choses[1]. Ce ne sont pas les procédures judiciaires qui

---

dans certains cas, assez rares, avaient réellement été sanctionnés par les autorités nazies. Ces accusés n'avaient nullement été choisis spécialement pour servir dans un camp d'extermination ; leur inaptitude au service armé était l'unique motif de leur affectation à Auschwitz. Bien peu avaient eu auparavant affaire à la justice, et aucun d'entre eux n'avait encouru de condamnation pour cause de sadisme ou pour assassinat. Avant leur affectation à Auschwitz, et au cours des dix-huit années qu'ils avaient vécues dans l'Allemagne de l'après-guerre, ils avaient été des citoyens respectables et respectés, que rien ne permettait de différencier de leurs voisins.

1. Allusion à une subvention se montant à un million de dollars allouée par la fondation Ford afin d'étudier « la confiance du public dans le fonctionnement de la justice américaine » ; on comparera avec une « étude des agents chargés du maintien de l'ordre » effectuée sans le concours d'une équipe de chercheurs, par Fred P. Graham, du *New York Times* et aboutissant à la conclusion évidente selon laquelle « le fait que les criminels n'ont guère de raisons de redouter d'être punis a provoqué dans l'immédiat

sont ici en cause, mais le simple fait que les actes criminels n'ont généralement aucune conséquence juridique, que la procédure judiciaire ne leur est pas appliquée. On peut se demander, d'autre part, ce qui se produirait si les pouvoirs de la police étaient suffisamment renforcés pour qu'un pourcentage raisonnable de 60 à 70 % des actes criminels soit effectivement suivi d'arrestations et fasse l'objet d'un jugement régulier. Les tribunaux, déjà si lourdement surchargés, ne pourraient suffire à la tâche, et les conséquences en seraient désastreuses pour le système pénitentiaire, non moins lourdement encombré. Ce n'est pas seulement l'impuissance même de la police qui paraît effrayante dans la situation actuelle, mais le fait que les remèdes radicaux qui pourraient lui être apportés provoqueraient irrémédiablement la ruine des autres parties, non moins importantes, du système judiciaire.

À cette faillite d'un service public, et à d'autres du même type, le gouvernement a toujours répondu par la création de commissions d'études, dont l'extraordinaire prolifération au cours des récentes années a sans doute eu pour résultat qu'en aucun autre pays du monde on n'a effectué un aussi grand nombre d'enquêtes et de recherches. Ces commissions – après avoir passé beaucoup de temps et dépensé beaucoup d'argent pour découvrir, par exemple, « que plus l'on est pauvre, plus on a de chances de souffrir de malnutrition grave » (une de ces vérités de La Palisse à laquelle le *New York Times* a réservé l'honneur

un très grave état de crise. » Voir Tom WICKER, « Crime and the Courts », *New York Times*, 7 avril 1970.

d'une de ses « citations du jour[1] ») – finissent souvent par émettre de fort raisonnables recommanda-
tions. Celles-ci, toutefois, sont très rarement suivies
de mesures d'application, mais sont fréquemment
soumises à un autre groupe d'enquêteurs. Toutes ces
commissions ont une préoccupation commune : s'ef-
forcer de discerner quelles peuvent être les « causes
profondes » du problème étudié, quel qu'il soit, plus
particulièrement lorsqu'il s'agit de celui de la violence ; du fait même que les « causes profondes »
sont, par définition, des causes cachées, les travaux de
ces groupes de recherches n'aboutissent le plus souvent qu'à la formulation d'hypothèses ou de théories
non démontrées. Le résultat est que, non seulement la
recherche est devenue le succédané de l'action, mais
que les « causes profondes » se substituent aux causes
évidentes, qui sont souvent si simples qu'il paraît
inutile de demander à des spécialistes « sérieux » et
« bien informés » de se pencher sur elles. Découvrir
des remèdes à des maux trop évidents ne garantit
certes pas que le problème puisse être résolu ; mais
négliger de le faire prouve qu'il n'aura pas même été
convenablement défini[2]. La recherche a tendance à

---

1. Numéro du 28 avril 1970.
2. On peut penser, par exemple, à un fait bien connu, qui a
donné lieu à de nombreuses recherches : les enfants fréquentant des
écoles situées dans les quartiers les plus misérables n'apprennent
à peu près rien en classe. Or, entre autres causes assez évidentes,
ces enfants arrivent à l'école sans avoir pris de petit déjeuner et
ont très faim. Leurs mauvais résultats scolaires ont également un
certain nombre de causes « plus profondes », et il n'est pas certain
que la situation s'améliorerait si ces enfants prenaient leur petit

devenir ainsi une technique d'évasion, ce qui ne saurait aider la science à retrouver un prestige déjà bien compromis.

Le défi lancé aux autorités et le refus de leur obéir constituent une des caractéristiques frappantes de notre époque, et il peut être tentant de ne voir dans la désobéissance civile qu'un cas particulier de cette tendance générale. D'un point de vue juridique, celui qui fait acte de désobéissance civile viole la loi tout aussi bien que le délinquant de droit commun ; et il est compréhensible que le public en général, et plus particulièrement les juristes, considèrent que la désobéissance civile, précisément du fait de son caractère public, est au fond d'une nature criminelle[1] – cela en dépit des arguments et des faits qui contredisent cette opinion ; en effet les preuves qui pourraient « démontrer que des actes de désobéissance civile... ont tendance à... conduire à la criminalité », ne sont pas « insuffisantes » : elles font totalement défaut[2]. Il est vrai que les mouvements extrémistes peuvent attirer des éléments criminels, et le fait est indéniable dans le cas d'une révolution ; mais il ne serait ni juste ni raisonnable de vouloir confondre des réalités parfaitement distinctes ; les criminels sont aussi redoutables

---

déjeuner à l'école. Ce qui est certain, par contre, c'est que l'on n'obtiendrait pas de bons résultats scolaires dans une classe d'enfants affamés, même si ceux-ci étaient de petits génies.

1. Le juge Charles E. Whittaker, de même que de nombreux autres membres de la profession, « attribue cet état de crise aux idées favorables à la désobéissance civile ». Voir Wilson Carey McWilliams, *op. cit.*, p. 211.

2. *To Establish Justice...*, *op. cit.*, p. 109.

pour les mouvements politiques qu'ils peuvent l'être pour la société dans son ensemble. D'autre part, alors que la désobéissance civile peut être l'indication d'un affaiblissement significatif de l'autorité de la loi – affaiblissement qui a d'ailleurs de tout autres causes – la délinquance de droit commun n'est que le résultat inévitable de l'érosion désastreuse de la compétence et de l'efficacité de la police. On a de très bonnes raisons de redouter des projets d'étude de la « mentalité criminelle », qui utilisent soit des tests de Rorschach, soit des indicateurs ; ici encore, on est en présence de techniques d'évasion. Un flot incessant d'hypothèses plus ou moins élaborées, se référant à la mentalité – cette chose insaisissable qui n'appartient qu'à l'homme – du criminel, vient alors dissimuler ce fait indubitable que nul n'est en mesure de lui mettre la main au collet ; de même, l'hypothèse gratuite selon laquelle il existerait chez les policiers « des attitudes négatives *latentes* » ne peut servir qu'à couvrir le résultat, ouvertement négatif, de leur lutte contre la délinquance[1].

Des actes de désobéissance civile interviennent lorsqu'un certain nombre de citoyens ont acquis la conviction que les mécanismes normaux de l'évolution ne fonctionnent plus ou que leurs réclamations ne seront pas entendues ou ne seront suivies d'aucun effet – ou encore, tout au contraire, lorsqu'ils croient possible de faire changer d'attitude un gouvernement qui s'est engagé dans une action dont la légalité et la constitutionnalité sont gravement mises en doute.

---

1. *Law and Order Reconsidered*, *op. cit.*, p. 291.

Les exemples sont nombreux : sept ans de combats au Vietnam sans déclaration de guerre ; l'influence croissante des services secrets sur la conduite des affaires publiques ; les menaces ouvertes, ou à peine voilées, contre les libertés fondamentales garanties par le premier amendement ; les efforts visant à dépouiller le Sénat de ses prérogatives constitutionnelles, suivis de la décision présidentielle d'envahir le Cambodge, en contradiction évidente avec les termes de la Constitution exigeant explicitement l'approbation du Congrès pour engager la guerre ; à quoi viennent s'ajouter des allusions, peut-être plus inquiétantes encore, formulées par le vice-président à l'encontre des dissidents et des résistants, qualifiés de « vautours... et de parasites [dont] notre société peut se séparer... sans plus de regret que n'en a celui qui trie des fruits pourris sur une claie » – et qui constituent un véritable défi, non seulement aux lois en vigueur aux États-Unis, mais à tout ordre juridique[1]. Autrement dit, la désobéissance civile peut être dirigée vers des changements désirables et nécessaires, ou vers la préservation ou la restauration nécessaire et désirable du *statu quo* : la préservation des droits garantis par le premier amendement, ou la restauration d'un juste équilibre entre les institutions, menacé par l'exécutif et par la croissance énorme des pouvoirs de l'administration fédérale au détriment des droits des États. Dans l'un et l'autre cas,

---

1. Voir plus particulièrement, dans *The New Yorker*, à la rubrique « Talk of the Town », d'excellents commentaires concernant la façon dont le gouvernement manifeste presque ouvertement un mépris dédaigneux pour la légalité constitutionnelle du pays.

la désobéissance civile ne saurait être assimilée à la délinquance de droit commun.

Il existe une différence essentielle entre le criminel qui prend soin de dissimuler à tous les regards ses actes répréhensibles et celui qui fait acte de désobéissance civile en défiant les autorités et s'institue lui-même porteur d'un autre droit. Cette distinction nécessaire entre une violation ouverte et publique de la loi et une violation clandestine a un tel caractère d'évidence que le refus d'en tenir compte ne saurait provenir que d'un préjugé allié à de la mauvaise volonté. Reconnue désormais par tous les auteurs sérieux qui abordent ce sujet, cette distinction est naturellement invoquée comme un argument primordial par tous ceux qui s'efforcent de faire reconnaître que la désobéissance civile n'est pas incompatible avec les lois et les institutions publiques des États-Unis. Le délinquant de droit commun, par contre, même s'il appartient à une organisation criminelle, agit uniquement dans son propre intérêt ; il refuse de s'incliner devant la volonté du groupe, et ne cédera qu'à la violence des services chargés d'imposer le respect de la loi. Celui qui fait acte de désobéissance civile, tout en étant généralement en désaccord avec une majorité, agit au nom et en faveur d'un groupe particulier. Il lance un défi aux lois et à l'autorité établie à partir d'un désaccord fondamental, et non parce qu'il entend personnellement bénéficier d'un passe-droit. Si le groupe dont il fait partie est stable et suffisamment important, on sera tenté de le ranger parmi les membres d'une « majorité concurrente », selon l'expression de John C. Calhoun, c'est-à-dire parmi les couches de la population qui sont unanimes dans leur dissentiment. Mais ce terme porte malencontreusement la marque d'une argumentation raciste et esclavagiste et, dans le *Traité du gouvernement*, où on la trouve utilisée, ne désigne que des intérêts, et nullement les convictions et les opinions, de minorités qui se sentent menacées par des « majorités dominantes ». Il faut néanmoins en retenir qu'il s'agit, dans ce cas, de minorités organisées, suffisamment importantes, non seulement par leur nombre, mais par la *qualité de leur opinion*, pour qu'il soit dangereux de les négliger. Calhoun avait en effet certainement raison d'affirmer que pour les grands problèmes d'importance nationale « l'assentiment ou l'accord des diverses fractions de la communauté » sont indispensables au fonctionnement régulier des institutions constitutionnelles[1]. Le fait de considérer comme des traîtres et des rebelles les minorités qui font acte de désobéissance civile est donc contraire à la lettre et à l'esprit d'une Constitution dont les auteurs étaient particulièrement sensibles aux dangers que pouvait présenter le règne sans entraves de la majorité.

Parmi les différents moyens susceptibles d'être utilisés par les adeptes de la désobéissance civile, soit dans un but de persuasion, soit pour mettre en relief les problèmes, l'usage de la violence est le seul qui pourrait justifier de qualificatif de « rebelles ». De là vient sans doute le fait que la non-violence est en général considérée comme une autre caractéristique nécessaire de la désobéissance civile, d'où il résulte

---

1. *A Disquisition on Government* (1853), New York, 1947, p. 67.

que « la désobéissance civile n'est pas la révolution… Celui qui fait acte de désobéissance civile accepte les cadres de l'autorité établie et la légitimité d'ensemble du système juridique existant, alors que le révolutionnaire les rejette[1] ». Cette deuxième façon de distinguer entre celui qui fait acte de désobéissance civile et le révolutionnaire, si plausible à première vue, est en fin de compte beaucoup plus difficile à maintenir que la distinction précédente entre le premier et le délinquant de droit commun. Comme le révolutionnaire, celui qui fait acte de désobéissance civile éprouve le désir « de changer le monde », et ce sont des changements radicaux qu'il peut désirer accomplir – tels que ceux que pouvait désirer Gandhi, par exemple, dont l'action est toujours citée comme le grand exemple de non-violence. (Gandhi acceptait-il le « cadre de l'autorité établie », constituée alors par la domination coloniale britannique ? Respectait-il « la légitimité d'ensemble du système juridique » de la colonie ?)

« Les affaires de ce monde suivent un cours si changeant que rien ne demeure longtemps dans le même état[2]. » Si cette phrase, écrite par Locke il y a environ trois cents ans, l'était de nos jours, on y verrait une litote de taille. Elle peut cependant nous rappeler que le changement n'est pas un phénomène moderne, mais qu'il est inhérent à un monde habité et organisé par des êtres humains, qui y entrent à leur naissance comme des étrangers et des nouveaux venus (νέος, les

---

1. Carl COHEN, *op. cit.*, p. 3.
2. LOCKE, *Deuxième Traité du gouvernement civil*, n° 157 ; trad. fr., Vrin, Paris, 1967.

nouveaux, ainsi que les Grecs désignaient d'ordinaire la jeunesse), et le quittent au moment où ils en ont acquis l'expérience et se sont familiarisés avec lui, ce qui, dans certains cas assez rares, peut leur permettre de faire preuve de « sagesse », selon les normes de ce monde. Il est arrivé que des « sages » ont joué dans la conduite des affaires du monde un rôle varié et parfois significatif, mais il convient de remarquer qu'il s'agissait toujours d'hommes âgés, dont la vie approchait de son terme. Leur sagesse, acquise à la lumière d'une fin prochaine, ne peut diriger un monde exposé aux perpétuels assauts de ceux qui manquent d'expérience et à la « légèreté » des nouveaux arrivants ; s'il n'y avait pas eu ce rapport naturel entre la naissance et la mort, qui garantit le changement et rend impossible le règne de la sagesse, il est probable que la race humaine se serait depuis longtemps éteinte dans les affres de l'ennui le plus insupportable.

Le changement constant est inséparable de la condition humaine, mais la rapidité du changement n'est pas constante. Elle varie très sensiblement d'un siècle à l'autre, d'un pays à un autre. Si on le compare au flux régulier des générations, l'aspect du monde se transforme avec tant de lenteur qu'il paraît constituer un lieu d'habitat à peu près stable pour ceux qui viennent, s'installent, puis disparaissent. Du moins les choses se sont-elles passées ainsi durant des millénaires – y compris les premiers siècles de l'époque moderne, alors qu'apparaissait, sous le nom de progrès, la notion même du changement pour le changement. Notre siècle est sans doute le premier au cours duquel la rapidité des changements intervenus dans les

choses de ce monde dépasse les changements intervenus parmi ses habitants. (Le rétrécissement constant
de l'appréciation de la durée d'une génération est un
symptôme alarmant de ce nouvel état de choses. De la
norme traditionnelle de trois à quatre générations par
siècle, nous en sommes arrivés désormais à quatre ou
cinq.) Mais même dans cette extraordinaire conjoncture du XXe siècle, où les exhortations de Marx à changer le monde sonnent un peu à nos oreilles comme des
invitations à apporter de l'eau à la rivière, on ne peut
pas dire que le besoin de changement ait aboli chez
l'homme le besoin de stabilité. Il est bien connu que
le révolutionnaire le plus extrémiste deviendra conser-
vateur le lendemain de la révolution. À l'évidence,
l'aptitude au changement n'est pas plus illimitée dans
l'espèce humaine que sa capacité de préservation, la
première étant réduite par l'influence du passé sur le
présent – l'homme devant se former par référence
à un donné – et l'autre par le caractère imprévisible
de l'avenir. Le désir de changement et le besoin de
stabilité se sont de tous temps affrontés et équilibrés,
et la terminologie courante, qui désigne du nom de
progressistes et de conservateurs deux factions opposées, définit par là une situation où cet équilibre n'est
plus respecté.

Il n'aurait pu y avoir de civilisations – ces constructions faites de mains d'hommes pour abriter la succes-
sion des générations – en dehors de l'instauration d'un
certain cadre stable à l'intérieur duquel vient s'inscrire
le changement. Parmi les facteurs de stabilisation, plus
durables que les coutumes, les mœurs et les traditions,
figurent en premier lieu les systèmes juridiques qui

règlent notre existence dans le monde et nos rapports avec nos semblables. C'est pourquoi, dans une période de transformations rapides, il est inévitable que le droit apparaisse comme « une force de contrainte, donc une influence négative dans un monde qui admire avant tout l'action positive[1] ». Dans le temps comme dans l'espace, la variété de ces systèmes est très grande, mais ils ont tous une caractéristique commune, qui fait que nous nous servons à bon droit d'un même terme pour désigner des phénomènes aussi différents que la *lex* romaine, le *nomos* grec, la *tora* hébraïque : ils ont tous été conçus dans le but d'assurer la stabilité. (Le droit a une autre caractéristique générale : sa validité n'est pas universelle, mais est soit limitée sur le plan territorial, soit, comme dans le cas de la loi juive, restreinte à une ethnie déterminée ; mais nous n'avons pas ici à envisager ce problème. En l'absence de ces deux caractéristiques – stabilité et validité limitée – lorsque, par exemple, de prétendues lois de l'histoire ou de la nature sont invoquées par un chef d'État en faveur du maintien d'une « légalité », qui serait valable pour l'humanité tout entière tout en se modifiant de jour en jour – nous nous trouvons en fait en présence d'un ordre sans lois, mais non pas en présence de l'anarchie, car un tel ordre peut être maintenu par une organisation et par des moyens de force. Le résultat est, de toute façon, que l'ensemble de l'appareil gouvernemental tend alors à revêtir un caractère criminel, comme l'ont montré les systèmes totalitaires.)

---

1. Edward H. Levi, *op. cit.*

Du fait de la rapidité sans précédent des changements qui interviennent à notre époque et du fait du
problème crucial qui est ainsi posé à l'ordre juridique
– tant, comme nous l'avons vu, aux institutions qu'aux
citoyens qui font acte de désobéissance civile –, on
estime désormais que des changements peuvent intervenir grâce à une modification de la loi, alors que précédemment on faisait plutôt appel à la notion d'une
« action judiciaire [c'est-à-dire de décisions de la Cour
suprême] pouvant influencer les modes d'existence[1] ».
Ces deux conceptions me semblent se fonder l'une et
l'autre sur une appréciation erronée des possibilités
du droit. Celui-ci peut stabiliser et légaliser les changements lorsqu'ils sont intervenus ; mais les changements eux-mêmes résultent toujours d'une action
extra-juridique. Certes la Constitution elle-même offre
une voie quasi juridique de contestation de la loi à partir de sa violation ; mais, indépendamment de la question de savoir si de telles violations sont assimilables à
des actes de désobéissance, la Cour suprême a le droit
de choisir parmi les affaires qui lui sont soumises, et
ses choix sont inévitablement influencés par l'opinion
publique. Le projet de loi récemment voté dans le
Massachusetts en vue de trancher la question de la
légalité de la guerre du Vietnam, et à propos duquel
la Cour suprême a refusé de se prononcer, représente
un cas typique. N'est-il pas évident que cette action
juridique – certes particulièrement significative – était

1. J. D. HYMAN, « Segregation and the Fourteenth Amend-
ment », in *Essays in Constitutional Law*, publié sous la direction
de Robert G. McCloskey, New York, 1957, p. 379.

la conséquence directe des actes de désobéissance civile de ceux qui refusaient l'obligation du service militaire et qu'elle visait en fait à légaliser les refus de combattre d'hommes enrégimentés ? Toute la législation du travail désormais codifiée – le droit de négocier des conventions collectives, le droit syndical et le droit de grève – ne fut-elle pas précédée de longues périodes de désobéissance, prenant souvent des formes très violentes, à des lois qui en fin de compte se sont avérées périmées ?

L'histoire du quatorzième amendement* offre peut-être un exemple particulièrement instructif des rapports qui existent entre les lois et le changement. L'objectif était de compléter et de modifier le texte de la Constitution, de façon à tenir compte des changements intervenus à la suite de la guerre de Sécession. Ces modifications n'ont pas été acceptées par les États du Sud et, en conséquence, les dispositions concernant l'égalité raciale sont restées lettre morte pendant près de cent ans. (Un exemple encore plus frappant sans doute de l'inaptitude des dispositions légales à imposer des changements est celui du dix-huitième amendement, qui concernait la prohibition, et qui dut finalement être aboli car il s'avérait inapplicable[1].)

---

* Cet amendement, datant de 1868, déclare notamment : « ... Aucun État ne pourra... priver une personne de sa vie, de sa liberté ou de ses biens sans une procédure légale, ni refuser à quiconque relève de sa juridiction une égale protection des lois. » *(N.d.E.)*

1. On ne saurait dire toutefois que les très nombreuses transgressions de l'amendement constitutionnel concernant la prohibition constituaient réellement des cas de désobéissance civile, car

D'autre part, l'application du quatorzième amendement fut finalement imposée par l'action juridique de la Cour suprême ; mais bien que l'on ait pu prétendre que la Cour suprême « a toujours eu la responsabilité évidente de faire échec aux lois des États contraires à la règle de l'égalité raciale[1] », il est non moins évident que la Cour ne s'est résolue à le faire que lorsque les mouvements des droits civiques, qui, à l'égard des lois des États du Sud, étaient à l'évidence des mouvements de désobéissance civile, eurent conduit à des changements cruciaux dans le comportement des citoyens blancs aussi bien que dans celui de la population noire. Ce ne fut donc pas la loi, mais bien la désobéissance civile qui mit en évidence le « dilemme de l'Amérique* », et qui, pour la première fois peut-être, contraignit la nation à reconnaître l'énormité du crime, non seulement de l'esclavage lui-même, mais de la conception faisant de l'esclave un bien mobilier – « unique, parmi tous les systèmes qu'ont connus les pays civilisés[2] » – et qui, parmi tant d'excellentes choses, nous vient de l'héritage des ancêtres.

---

elles n'étaient pas pratiquées de façon publique. Voir Nicholas W. PUNER, *op. cit.*, p. 653.

1. Robert G. McCLOSKEY, in *op. cit.*, p. 352.

* Allusion au célèbre ouvrage de G. MYRDAL consacré au problème noir aux États-Unis : *An American Dilemma. The Negro Problem and Modern Democracy*, Harper and Row, New York, 1944.

2. À propos de ce point important, qui explique pourquoi, aux États-Unis, les conséquences de l'émancipation s'avérèrent aussi désastreuses, voir le remarquable ouvrage de Stanley M. ELKINS, *Slavery, A problem in American institutional and intellectual life*, The University of Chicago Press, Chicago, 1959.

III

Les perspectives d'un rythme de transformation extrêmement rapide laissent prévoir qu'« il est infiniment probable que, dans... les démocraties modernes, la désobéissance civile jouera un rôle de plus en plus important[1] ». Si « la désobéissance civile existe et n'est pas destinée à disparaître », comme beaucoup le pensent, le problème de sa compatibilité avec la loi est essentiel. La réponse qui lui sera apportée pourrait bien s'avérer décisive pour la survie des institutions de la liberté, qui devraient faire preuve de suffisamment de souplesse pour supporter l'impact des changements sans ouvrir la voie à la guerre civile et à la révolution. Les auteurs qui traitent de ce sujet ont tendance à l'aborder en partant du point de vue assez étroit du premier amendement, tout en reconnaissant qu'il est nécessaire de l'interpréter « de façon plus large », et en exprimant l'espoir que « les futures décisions de la Cour suprême établiront les bases d'une théorie nouvelle[2] ». Mais le premier amendement ne soutient sans équivoque que « la liberté de parole et de la presse », tandis que la mesure dans laquelle « le droit des citoyens de s'assembler paisiblement et d'adresser des pétitions au gouvernement pour le redressement de leurs griefs* » garantit la liberté d'action peut être discutée et critiquée. Il résulte des décisions de la Cour suprême que « la liberté d'action garantie par le

---

1. Christian BAY, *op. cit.*, p. 483.
2. Harrop A. FREEMAN, *op. cit.*, p. 23.
* Autre disposition du premier amendement. *(N.d.E.)*

premier amendement ne saurait être aussi large que la liberté de parole », et que, « contrairement à la parole, le comportement fait [naturellement] partie de la désobéissance civile[1] ».

Toutefois, ce qui nous importe principalement ici n'est pas de savoir si, et dans quelle mesure, le premier amendement est susceptible de justifier la désobéissance civile, mais bien plutôt avec quel *concept* de droit celle-ci est compatible. Je m'efforcerai, dans les pages qui vont suivre, de montrer que la désobéissance civile, tout en étant aujourd'hui un phénomène mondial, demeure, par sa nature et ses origines, spécifiquement américaine, bien qu'elle n'ait que fort récemment attiré l'attention de la philosophie du droit et de la science politique aux États-Unis, qu'en aucun autre pays et aucune autre langue il n'existe de terme pour la désigner, et enfin que le système américain est le seul qui possède au moins une chance de pouvoir y faire face – conformément non peut-être aux lois en

---

1. Nicholas W. PUNER, *op. cit.*, p. 694. À propos de la signification des garanties formulées dans le premier amendement, voir plus particulièrement Edward S. CORWIN, *The Constitution and What It Means Today*, Princeton, 1958. Quant à la question de savoir dans quelle mesure la liberté d'action est garantie par le premier amendement, Corwin indique : « Historiquement, le droit de pétition est un droit primordial, le droit de s'assembler pacifiquement, un droit accessoire ayant une valeur instrumentale... Aujourd'hui, toutefois, le droit de s'assembler pacifiquement est à rapprocher de la liberté de parole et de la liberté de la presse et n'est pas moins fondamental... La tenue de réunions ayant pour but une activité politique pacifique ne saurait être interdite. On ne saurait considérer comme des délinquants ceux qui organisent de telles réunions » (pp. 203-204).

vigueur, mais à l'*esprit* de ses institutions juridiques. Les États-Unis sont issus de la révolution américaine, et cette révolution était porteuse d'une conception nouvelle de la loi qui n'a jamais été formulée d'une façon explicite et ne procédait d'aucune théorie, mais s'était formée à la suite de l'expérience exceptionnelle des premiers colons. Découvrir une formule permettant de constitutionnaliser la désobéissance civile serait un événement d'une importance majeure, aussi significatif peut-être que la fondation, voici près de deux siècles, de la *constitutio libertatis*.

L'obligation morale de l'obéissance aux lois, qui incombe à tout citoyen, se justifie traditionnellement par l'idée qu'il a consenti à s'y soumettre ou qu'il a fait lui-même œuvre de législateur et par l'idée que, sous le règne du droit, les hommes ne sont pas soumis à une volonté étrangère mais n'obéissent qu'à eux-mêmes ; il en résulte naturellement que chacun est en même temps son propre maître et son propre esclave et que le conflit originel entre le citoyen préoccupé du bien public et l'homme privé recherchant son propre bonheur est intériorisé. Il s'agit là, pour l'essentiel, de la solution rousseauiste et kantienne du problème de l'obligation, et ce qui peut lui être reproché, à mon sens, est de faire de cette question un problème de conscience – celui d'un rapport interne entre moi et moi-même[1]. Du point de vue de la science politique

---

1. Un autre défaut important a été signalé par Hegel : « Il semble qu'il soit préférable d'être son propre maître et son propre serviteur que d'être le serviteur d'autrui. Toutefois, le rapport existant entre nature et liberté, dans le cas où... nous réprimons en

moderne, la difficulté provient de l'origine fictive du consentement : « Nombreux… sont ceux qui raisonnent comme s'il existait un contrat social, ou un quelconque fondement similaire justifiant l'obligation politique de se conformer à la volonté de la majorité », tandis que l'on préfère d'ordinaire l'argument suivant : vivant dans une démocratie, nous devons obéir aux lois parce que nous avons le droit de vote[1]. Mais c'est précisément la valeur de ce droit de vote, de l'élection libre au suffrage universel, qui, en tant que fondement d'une démocratie et des libertés publiques, a été contestée.

Cependant, la proposition avancée par Eugène Rostow et selon laquelle doit être prise en considération « l'obligation morale du citoyen *dans une société fondée sur le consentement de ses membres* » me paraît avoir une importance cruciale. Je suis, pour ma part, convaincue que Montesquieu avait raison d'estimer qu'il existait réellement un « esprit des lois », qui varie d'un pays à un autre et diffère selon les formes de gouvernement ; en ce sens nous pouvons dire que le consentement constitue l'esprit même du droit américain – non dans son sens très ancien d'une acceptation pure et simple, en distinguant la règle que s'imposent

---

nous la nature, est beaucoup plus artificiel que le rapport conforme à la loi naturelle et selon lequel la partie qui domine et ordonne est extérieure à l'individualité vivante. Dans ce dernier cas, l'individu conserve son identité autonome d'être vivant… Il se trouve confronté à un pouvoir étranger… [dans l'autre cas] son harmonie intérieure est détruite. » In *Differenz des Fichte'schen und Schelling'schen Systems der Philosophie* (1801), éd. Meiner, p. 70.

1. Christian BAY, *op. cit.*, p. 483.

eux-mêmes ceux qui l'acceptent de bon gré et la contrainte qui s'impose aux autres, mais bien dans le sens d'un soutien actif et d'une participation permanente à tous les domaines d'intérêt public. Ce consentement a été défini, d'une façon théorique, comme le résultat d'un contrat social ; il est assez facile de dénoncer comme pure fiction cette idée lorsqu'elle est présentée sous sa forme la plus simple – celle d'un contrat conclu entre un peuple et son gouvernement. Il faut cependant remarquer qu'il ne s'agissait nullement de fiction dans l'Amérique prérévolutionnaire, où fleurissaient d'innombrables accords et pactes, du pacte du *Mayflower* à la formation des treize colonies en tant qu'entité. Lorsque Locke formula sa théorie du contrat social, qui était censée fournir l'explication des origines premières des sociétés civiles, il signala par une remarque incidente le modèle auquel il se référait : « ... au Commencement, toute la terre était une *Amérique*[1] ».

Du point de vue théorique, trois types totalement différents de ces conventions primitives étaient connus au XVIIe siècle et désignés tous trois par l'expression de « contrat social ». Le *premier* exemple était celui du pacte biblique, conclu entre un peuple tout entier et son Dieu, en vertu duquel le peuple consentait à obéir à l'ensemble des lois que la toute-puissante divinité déciderait de lui révéler. Si, comme le faisait justement remarquer John Cotton, cette version puritaine du consentement s'était imposée, « elle aurait instauré la théocratie... comme la meilleure forme de

---

1. LOCKE, *op. cit.*, n° 49.

gouvernement[1] ». Il y avait, *en second lieu*, la forme conçue par Hobbes, selon laquelle tout individu conclut un accord avec les autorités purement séculières en vue d'assurer sa propre sécurité, en échange de quoi il leur abandonne tous ses droits et pouvoirs. C'est ce que je nommerai la conception verticale du contrat social. Elle est, naturellement, incompatible avec la conception américaine du gouvernement car elle exige pour celui-ci un monopole du pouvoir dans l'intérêt de tous ses sujets, qui n'ont eux-mêmes ni droits ni pouvoirs, tant que leur sécurité physique est garantie ; le système américain se fonde au contraire sur l'idée du pouvoir du peuple – l'ancienne conception romaine de la *potestas in populo* – et les autorités bénéficient, en ce sens, d'une délégation de pouvoir toujours révocable. Il y avait, *en troisième lieu*, le contrat social primitif de Locke, qui détermine la constitution, non pas d'un gouvernement, mais d'une société – terme qu'il faut comprendre dans le sens latin de *societas* : une « alliance » conclue entre tous les membres individuels qui, après être convenus entre eux de l'existence d'un lien mutuel, se sont accordés sur le choix d'un gouvernement. C'est ce que j'appellerai la version horizontale du contrat social. Ce type de contrat, tout en limitant le pouvoir de chaque membre individuel, laisse intact le pouvoir de la société ; celle-ci peut alors établir un gouvernement « sur le seul fondement

---

1. Voir notre analyse du puritanisme et de son influence sur la révolution américaine, dans *On Revolution*, 1963, New York, pp. 171 et suivantes. Trad. fr. : *Essais sur la Révolution*, Gallimard, Paris, 1967, pp. 252 et suivantes.

d'un contrat original conclu entre individus indépen-
dants[1] ».

Tous les contrats, pactes et accords sont fondés sur
un rapport de réciprocité, et le grand avantage de la
version horizontale du contrat social est que chaque
citoyen demeure uni aux autres par ce lien de réciprocité. Il s'agit de la seule forme de gouvernement où le
lien qui s'établit entre les individus n'est ni celui des
souvenirs historiques ou d'une homogénéité ethnique,
comme dans l'État-nation, ni celui du Léviathan de
Hobbes, qui unit le peuple « par sa domination »,
mais bien celui de la force d'un engagement mutuel.
Selon Locke, cela signifiait que la société demeurait intacte même lorsque « le gouvernement est dis-
sous », ou lorsque celui-ci, rompant le pacte conclu,
se transforme en tyrannie. Une fois établie et tant
qu'elle existe, la société ne peut jamais retomber
dans l'état d'anarchie, sans lois ni règles, de l'état de
nature. Selon la formule de Locke : « ... le *pouvoir
que chaque individu a donné à la société* quand il y
est entré ne saurait jamais lui faire retour, tant que
la société dure, mais la communauté en reste inves-
tie définitivement[2] ». Il s'agit en fait d'une version
nouvelle de l'ancienne *potestas in populo*, car elle
a pour conséquence, contrairement aux précédentes
théories du droit à la résistance qui considéraient que
les hommes ne pouvaient agir qu'« après qu'on les
eut enchaînés », de leur permettre, toujours selon
les termes de Locke, d'agir en vue d'« empêcher »

1. John ADAMS, *Novanglus*, *Œuvres*, vol. IV, p. 110.
2. LOCKE, *op. cit.*, n° 243.

l'imposition de chaînes[1]. Lorsque les signataires de la Déclaration d'indépendance « engagèrent mutuellement » leur existence, leur fortune et leur honneur sacré, ils se conformaient ainsi à l'esprit de ces expériences spécifiquement américaines tout aussi bien qu'aux termes des généralisations théoriques de Locke, inspirées elles-mêmes de ces expériences.

Le consentement – signifiant que chaque citoyen est censé accepter volontairement l'association communautaire – offre prise, comme le contrat primitif, à l'objection de ne constituer qu'une fiction (sauf dans le cas de la naturalisation). Sur le plan historique et juridique, l'objection est justifiée, mais non d'un point de vue théorique et existentiel. Tout homme, à sa naissance, fait partie d'une communauté particulière et ne peut survivre que s'il est accepté par elle et y trouver place. La situation de fait de chaque nouvel arrivant implique une sorte de consentement, à savoir une sorte d'acceptation des règles qui gouvernent le grand jeu du monde dans le groupe particulier auquel il appartient par sa naissance. Nous vivons et survivons tous par l'effet d'une sorte de *consentement tacite*, qu'il serait toutefois difficile de qualifier de volontaire. Comment pourrait-on vouloir ce qui existe de toute façon ? On pourra toutefois parler de consentement volontaire dans le cas où l'enfant se trouve naître dans une communauté où, parvenu à l'âge adulte, il aura en fait et en droit la possibilité d'exprimer son dissentiment. Ce dernier implique le consentement et constitue la marque caractéristique d'un régime de liberté.

---

1. *Ibid.*, n° 220.

Celui qui sait pouvoir refuser son accord sait également que, d'une certaine façon, il consent lorsqu'il s'abstient d'exprimer son désaccord.

À la base même du système de gouvernement américain et de l'esprit de ses lois se retrouve cette idée du consentement, impliquant le droit d'exprimer son désaccord – notion qui traduit et exprime le consentement tacite accordé en échange de l'accueil tacite qu'y reçoivent les nouveaux arrivants, cette immigration interne par laquelle la communauté se renouvelle constamment. Considéré dans cette perspective, le consentement tacite perd son caractère de fiction, il devient inséparable de la condition humaine. Toutefois, le consentement tacite généralisé, « l'accord tacite, sorte de *consensus universalis* », dont parlait Tocqueville[1], doit être nettement distingué du consentement à certaines lois ou à une politique déterminée, consentement qu'il n'inclut pas, même lorsque celles-ci sont le résultat de décisions majoritaires[2]. On a souvent prétendu que le consentement accordé à la Constitution, le *consensus universalis*, implique le consentement aux lois votées du fait que, dans un système représentatif, le peuple a participé à leur élaboration. Un tel consentement est à mon avis totalement fictif ; dans les circonstances actuelles, il a perdu

1. « C'est ainsi que la république existe en Amérique, sans combat, sans opposition, sans preuve, par un accord tacite, une sorte de *consensus universalis*. » A. de Tocqueville, *De la démocratie en Amérique*, Gallimard, Paris, 1967, I, p. 416.

2. Sur l'importance de cette distinction, voir Hans Morgenthau, *Truth and Power*, 1970, pp. 19 et suivantes, et *The New Republic*, 22 janvier 1966, pp. 16-18.

toute plausibilité. Le système de gouvernement représentatif connaît aujourd'hui une crise en partie parce qu'il a perdu, avec le temps, toutes les institutions qui pouvaient permettre une participation effective des citoyens et, d'autre part, parce qu'il est gravement atteint par le mal qui affecte le système des partis : la bureaucratisation et la tendance des deux partis à ne représenter que leurs appareils.

Le danger actuel de révolte aux États-Unis ne résulte pas cependant d'un désaccord ou d'une résistance envers certaines lois, certains décrets ou certaines politiques officielles. Il ne résulte pas même d'une dénonciation du « système » ou de l'« establishment », avec les habituelles références à la scandaleuse absence de moralité des gens en place et à l'atmosphère de complicité protectrice qui les entoure. Nous sommes en présence d'une crise constitutionnelle de premier ordre ; cette crise résulte en fait de deux facteurs très différents, dont la conjonction regrettable conduit à une situation d'ensemble confuse et d'une particulière violence. Les règles constitutionnelles ont trop fréquemment été battues en brèche par le pouvoir exécutif, ce qui conduit les gens à perdre confiance dans les procédures fixées par la Constitution et à retirer leur consentement. C'est au même moment qu'est devenu manifeste le refus plus radical de certains secteurs de la population de reconnaître le *consensus universalis*.

Tocqueville avait prédit, voici près de cent cinquante ans, que « le plus redoutable de tous les maux qui menacent l'avenir des États-Unis » provenait, non pas de l'esclavage, dont il prévoyait l'abolition, mais « de

la présence des noirs sur leur sol[1] ». Il pouvait ainsi
prédire, plus d'un siècle à l'avance, le sort des Noirs
et des Indiens, en se fondant sur le fait, aussi simple
qu'effrayant, que ces populations avaient été tenues à
l'écart du premier *consensus universalis* de la communauté politique américaine. Rien, dans la Constitution ou dans l'intention de ses auteurs, ne pouvait
permettre d'inclure la population esclave dans le pacte
originaire. Même les partisans de l'émancipation à
terme songeaient à une ségrégation des Noirs ou, de
préférence, à leur expulsion. Tel était le cas de Jefferson – « La liberté de ces peuples, nous la voyons écrite
avec certitude dans le livre du destin, et il n'est pas
moins certain que ces deux races, également libres,
ne peuvent vivre sous un même gouvernement » – et
de Lincoln, qui s'efforçait encore, en 1862, « de...
persuader... une délégation d'hommes de couleur
[venue le voir]... d'établir une colonie en Amérique
centrale[2] ». Le drame du mouvement abolitionniste
qui, à ses débuts, avait également proposé l'expulsion
et la fondation d'une colonie (au Libéria), fut de ne
pouvoir trouver un appui ni dans les lois en vigueur,
ni dans l'opinion publique, mais seulement dans la
conscience individuelle. Ainsi s'expliquent peut-être
sa forte tendance anti-institutionnelle, son moralisme
abstrait, condamnant comme mauvaises toutes les institutions, parce qu'elles toléraient la plaie de l'esclavage, ce qui ne favorisa certainement pas la mise en
œuvre de ces réformes dues à un souci d'humanité

---

1. Tocqueville, *op. cit.*, I, p. 356.
2. Hofstadter, *op. cit.*, p. 130 ; trad. fr., p. 180.

élémentaire, grâce auxquelles, dans tous les autres pays, les esclaves furent progressivement émancipés et intégrés dans la société libre[1].

Nous savons que ce crime originel ne put trouver de remède dans les quatorzième et quinzième amendements ; au contraire, l'inaptitude ou la mauvaise volonté mise par le gouvernement fédéral à faire appliquer ses propres lois ne put que faire ressortir cette exclusion *tacite* du consentement *tacite*. À mesure que le temps passait et qu'arrivaient les vagues successives d'immigrants, il devenait de plus en plus clair que les Noirs, désormais libres, nés et élevés dans le pays, étaient les seuls pour lesquels il était impossible de dire, comme le déclarait Bancroft, « que l'accueil de la communauté était à la mesure de toutes les peines[2] ». Nous en connaissons les résultats, et ne pouvons être surpris de constater que les efforts tardifs actuellement entrepris pour inclure explicitement les Noirs au sein du *consensus universalis* demeuré tacite pour le reste de la nation se heurtent à tant de méfiance. (Un amendement constitutionnel concernant spécifiquement les Noirs américains aurait pu souligner beaucoup plus nettement l'importance des changements intervenus dans la position même de ces populations, qui n'avaient jamais été bien accueillies, en affirmant solennellement leur caractère irréversible. Les arrêts de la Cour suprême ne font qu'interpréter la

---

1. Elkins, dans la première partie de l'ouvrage cité plus haut, fait parfaitement ressortir, dans son analyse, la stérilité du mouvement abolitionniste.

2. Voir George BANCROFT, *The History of the United States*. Édition abrégée de Russell B. Nye, Chicago, 1966, p. 44.

Constitution et l'arrêt Dred Scott, qui affirmait, en 1857, que « les Noirs ne sont pas et ne peuvent être considérés comme des citoyens au sens où l'entend la Constitution fédérale[1] » est l'un d'eux. La carence du Congrès, qui n'a jamais proposé un amendement de ce genre, apparaît d'autant plus frappante par comparaison avec un vote récent où une écrasante majorité s'est déclarée en faveur d'un amendement constitutionnel tendant à abolir les mesures discriminatoires, infiniment moins violentes, dont sont victimes les femmes.) De toute façon, les efforts poursuivis en faveur de l'intégration se heurtent souvent au refus des organisations noires, cependant qu'un bon nombre de leurs dirigeants se soucient fort peu, et de la règle de la non-violence dans les campagnes de désobéissance civile, et, souvent, des problèmes en jeu – la guerre du Vietnam, les carences spécifiques de nos institutions – leur état d'esprit étant celui d'une révolte généralisée. Toutefois, bien qu'ils aient pu rallier à leur cause les partisans les plus radicaux de la désobéissance qui, en leur absence, auraient

---

1. La Cour suprême eut à statuer sur l'affaire *Dred Scott contre Sandford* en 1856. Scott, esclave dans le Missouri, avait accompagné son maître dans l'Illinois et dans d'autres États où l'esclavage avait été aboli. Après son retour dans le Missouri, Scott introduisit une action devant les tribunaux, « soutenant que ces voyages dans des régions "libres" avaient fait de lui un homme libre ». La Cour décida que Scott ne pouvait « introduire d'instance devant les cours fédérales parce que les Noirs ne sont pas, et ne peuvent pas, être des citoyens au sens de la Constitution fédérale ». Voir Robert McCLOSKEY, *The American Supreme Court*, The University of Chicago Press, Chicago, 1960, pp. 93-95. Trad. fr., *La Cour suprême des États-Unis*, Seghers, Paris, 1965, pp. 122-123.

probablement disparu depuis longtemps, ils tiennent encore instinctivement à l'écart ces alliés qui, en dépit de leur esprit de révolte, étaient partie au contrat originel dont naquit le *consensus universalis* tacite.

Le consentement, tel qu'il est conçu en Amérique, se réfère à la version horizontale du contrat social et non aux décisions d'une majorité. (Au contraire, les auteurs de la Constitution s'étaient préoccupés de préserver les droits des minorités dissidentes.) D'ordinaire, la substance de ce consentement, semblable au contenu moral de tous les accords et contrats, consiste dans l'obligation de le respecter, obligation morale caractéristique de tous les engagements. Toutes les organisations humaines, sociales ou politiques, reposent en fin de compte sur la capacité de chaque individu de prendre des engagements et de les tenir. La seule obligation strictement morale du citoyen découle de cette double volonté de s'engager et d'assumer toutes les conséquences de cet engagement en ce qui concerne son comportement futur – ce qui constitue le préalable non politique de toutes les autres vertus spécifiquement politiques. La déclaration de Thoreau, si fréquemment invoquée : « La seule obligation qui m'incombe est de faire à toute heure ce que je crois être bien » pourrait devenir dans cette perspective : *en tant que citoyen*, la seule obligation qui m'incombe est de prendre des engagements et de les tenir.

Les engagements représentent l'unique moyen dont disposent les hommes pour organiser l'avenir, le rendre prévisible et digne de foi, dans toute la mesure où cela est humainement possible. Du fait que l'avenir ne peut jamais être entièrement prévisible, ces engagements

comportent deux limites essentielles. Nous sommes
tenus de respecter nos engagements dans la mesure
où n'interviennent pas des circonstances imprévues,
et dans la mesure où l'élément de réciprocité qu'ils
comportent n'a pas été rompu. De très nombreuses
circonstances peuvent ainsi provoquer la rupture d'un
engagement, la plus importante, de notre point de
vue, étant le changement, entendu au sens général.
De nombreux autres facteurs peuvent également être
à l'origine d'une rupture de l'élément de réciprocité.
Le seul susceptible de s'appliquer ici est l'incapacité
des autorités établies d'assurer le maintien des conditions prévues à l'origine. Les exemples de telles inca-
pacités ne sont aujourd'hui que trop nombreux : tel
est le cas d'une « guerre illégale et immorale », de la
revendication de plus en plus impatiente, par l'exécutif, d'une augmentation de son pouvoir, la tromperie
chronique, jointes à des attaques délibérées contre les
libertés garanties par le premier amendement, dont la
principale fonction politique a toujours été d'empêcher, dans toute la mesure du possible, la tromperie de
devenir *chronique* ; enfin un dernier cas, qui n'est pas
le moindre, est celui de la violation de la mission particulière des universités (recherches à caractère militaire et autres recherches effectuées à l'instigation du
gouvernement), qui était destinée à les protéger contre
les interférences politiques et les pressions sociales.
Dans les controverses sur ce dernier point, ceux qui
s'opposent à cette utilisation illégitime et ceux qui en
sont partisans s'accordent malheureusement sur un
point fondamentalement erroné, selon lequel les universités seraient le « reflet de la société dans son

ensemble ». Une remarque du président de l'université de Chicago, Edward H. Levi, répond excellemment à cette opinion : « On dit parfois que la société aura le genre d'enseignement qu'elle mérite. S'il en est ainsi, le ciel nous vienne en aide[1] ! »

L'« esprit des lois », tel que l'entendait Montesquieu, est le principe qui inspire les actes de ceux qui vivent sous un système juridique particulier et les fait agir. Le consentement, qui est l'esprit des lois américaines, est fondé sur la notion d'un contrat comportant des obligations mutuelles, qui a permis d'abord l'établissement des colonies séparées, puis leur union. Un contrat suppose au moins deux contractants, et toute association fondée sur le principe du consentement, agissant selon lui et reposant sur des engagements réciproques, comporte un élément de pluralité stable qui prend la forme d'une union – *e pluribus unum*. Si les membres individuels de la communauté ainsi constituée choisissent d'abandonner tout vestige d'autonomie, s'ils entendent se fondre dans une totale unité, telle l'union sacrée de la nation française, parler d'un rapport *moral* entre la loi et le citoyen ne sera plus que pure théorique.

*

Le consentement et le droit au désaccord sont devenus l'inspiration et les principes d'organisation et d'action qui ont enseigné aux habitants de ce

---

1. Edward H. Levi, *Point of View. Talks on Education*, Chicago, 1969, pp. 169-170.

continent l'« art de l'association en commun », qui a
été à l'origine de ces associations volontaires, dont
Tocqueville a été le premier à remarquer le rôle, avec
étonnement, admiration, et quelque appréhension ; il
y voyait la source de la force spécifique du régime
politique américain[1]. Les quelques chapitres qu'il leur
a consacrés sont encore, et de loin, les meilleurs textes
sur ce sujet parmi une littérature assez peu fournie.
La remarque qu'il formule au moment de traiter cette
question : « L'Amérique est le pays du monde où l'on
a tiré le plus de parti de l'association, et où l'on a
appliqué ce puissant moyen d'action à une plus grande
diversité d'objets » n'est pas moins vraie de nos jours
qu'elle ne l'était il y a près de cent cinquante ans ;
il en va de même de sa conclusion : « Il n'y a rien,
suivant moi, qui mérite plus d'attirer nos regards que
les associations intellectuelles et morales de l'Amérique. » Les associations volontaires ne sont pas des
partis ; ce sont des organisations fondées dans un but
à court terme bien défini et qui disparaissent quand
ce but a été atteint. Ce n'est qu'en cas d'échec pro-
longé et lorsque le but revêt une importance particulière qu'elles peuvent constituer « une nation à part
dans la nation, un gouvernement dans le gouvernement ». (C'est ce qui se produisit en 1861, trente ans
environ après que Tocqueville eut écrit ces mots, et
cela peut se produire à nouveau ; le défi lancé par le
parlement du Massachusetts à la politique extérieure

---

1. Toutes les citations suivantes de TOCQUEVILLE proviennent
de *De la démocratie en Amérique*, I, 2ᵉ partie, chap. IV, et II, 2ᵉ partie, chap. V.

du gouvernement est, en ce sens, un très clair avertissement.) Malheureusement, dans les conditions d'une société de masse, et en particulier dans les grandes villes, on ne peut plus dire que « le même esprit [d'association] se retrouve dans tous les actes de la vie sociale » ; il en est peut-être résulté une diminution certaine du nombre des menuisiers dans la population, ces innombrables Babbitts, version spécifiquement américaine du philistin. La tendance, peut-être bienvenue, à ne plus former d'associations « pour les objectifs les plus minimes » a entraîné, en contrepartie, un affaiblissement évident du goût de l'action. Car les Américains considèrent encore l'association comme « le seul moyen qu'ils aient d'agir » et cela à juste titre. Les manifestations de masse de ces dernières années à Washington, souvent improvisées en réponse à l'événement, ont montré de façon inattendue à quel point les anciennes traditions demeuraient encore vivantes. Tocqueville ne pourrait-il pas encore écrire, de nos jours : « Sitôt que plusieurs des habitants des États-Unis ont conçu un sentiment ou une idée qu'ils veulent produire dans le monde » ou perçu quelque erreur qu'ils entendent rectifier « ils se cherchent, et, quand ils se sont trouvés, ils s'unissent. *Dès lors ce ne sont plus des hommes isolés, mais une puissance qu'on voit de loin*, et dont les actions servent d'exemple ; qui parle, et qu'on écoute » (c'est nous qui soulignons) ?

Je suis profondément convaincue que la pratique de la désobéissance civile n'est pas autre chose que la forme la plus récente de l'association volontaire, et qu'elle s'accorde ainsi parfaitement avec les plus anciennes traditions du pays. Comment pourrait-on mieux décrire ce phénomène que Tocqueville : « En Amérique, les citoyens qui forment la minorité s'associent, d'abord pour constater leur nombre et affaiblir ainsi l'empire moral de la majorité » ? Certes on ne trouve plus depuis longtemps d'« associations morales et intellectuelles » parmi les associations volontaires existantes, qui, au contraire, semblent se constituer uniquement en vue de la protection d'intérêts particuliers, ceux de groupes de pression ou de ceux qui les représentent à Washington. Je suis persuadée que ces derniers méritent parfaitement leur fâcheuse réputation, de même que celle, non moins fâcheuse, des hommes politiques aux États-Unis a été fréquemment amplement méritée. Il n'en est pas moins évident que ces groupes de pression sont aussi des associations volontaires, et qu'ils sont reconnus dans la capitale, où ils jouissent de suffisamment d'influence pour qu'on ait pu les qualifier de « gouvernement adjoint[1] » ; le nombre des démarcheurs officiellement enregistrés dépasse en fait largement celui des députés[2]. L'importance de la reconnaissance publique de leur existence ne doit pas être minimisée, car leur rôle de pouvoir « adjoint » n'a pas plus été prévu dans la Constitution et son premier amendement que n'y était prévue une liberté d'association qui prendrait la forme d'une action politique[3].

---

1. Voir Carl Joachim Friedrich, *Constitutional Government and Democracy*, 1950, p. 464. Trad. fr., *La Démocratie constitutionnelle*. P.U.F., Paris, 1958, p. 471.

2. Edward S. Corwin, *loc. cit.*

3. Je ne conteste pas le fait que « la désobéissance civile constitue un moyen efficace de soumettre au jugement des tribunaux ou

Sans doute « le danger de la désobéissance civile est fondamental[1] », mais il n'est pas différent et il n'est pas plus grave que le danger d'ordre général qui résulte du droit de libre association dont, en dépit de son admiration, Tocqueville demeurait parfaitement conscient. (Dans son compte rendu du premier volume de *De la démocratie en Amérique*, John Stuart Mill résumait en ces termes l'essentiel des appréhensions de Tocqueville : « L'aptitude à coopérer en vue de la réalisation d'un objectif commun, qui était jusqu'ici entre les mains des classes supérieures un instrument de monopolisation du pouvoir, est désormais un instrument très redoutable entre les mains des classes inférieures[2]. ») Tocqueville savait bien qu'il règne « souvent dans le sein de ces associations une tyrannie plus insupportable que celle qui s'exerce dans la société au nom du gouvernement qu'on attaque ». Mais il savait également que « la liberté d'association est devenue une garantie nécessaire contre la tyrannie de la majorité », que « c'est donc un danger qu'on oppose à un danger plus à craindre » et qu'enfin « c'est donc en jouissant d'une liberté dangereuse que les Américains apprennent l'art de rendre les périls de la liberté moins grands ». En tout état de cause, « pour

---

à celui de l'opinion publique une loi que l'on estime injuste ou inconstitutionnelle ». Mais la question est simplement de savoir s'il s'agit bien là « d'un droit reconnu par le premier amendement », pour reprendre les termes de Harrop A. FREEMAN, *op. cit.*, p. 25.

1. Nicholas W. PUNER, *op. cit.*, p. 707.
2. Repris comme introduction de l'édition Schocken de Tocqueville, 1961.

que les hommes restent civilisés ou le deviennent, il faut que parmi eux l'art de s'associer se développe et se perfectionne *dans le même rapport que l'égalité des conditions s'accroît* ». (C'est nous qui soulignons.)

Il n'est pas nécessaire de rappeler les anciens débats sur les mérites et les périls de l'égalité, sur les avantages et les inconvénients de la démocratie, pour se rendre compte que tous les mauvais démons pourraient de nouveau se déchaîner si le modèle premier des contrats d'association – celui d'un engagement mutuel assorti de l'impératif moral *pacta sunt servanda* – devait être définitivement abandonné. C'est ce qui pourrait se produire, dans les circonstances actuelles, si ces groupes, ainsi d'ailleurs que les groupes analogues d'autres pays, devaient substituer à des objectifs réels des engagements de nature idéologique, politique ou autre. Quand une association n'est plus capable ou n'a plus la volonté d'unir, comme le déclarait Tocqueville, « en faisceau les efforts des esprits *divergents* », elle perd toute aptitude à l'action. La menace qui pèse sur le mouvement étudiant, le plus important aujourd'hui des groupes qui pratiquent la désobéissance civile, n'est pas uniquement le vandalisme, la violence, les emportements et les mauvaises manières, mais bien la contagion croissante des influences idéologiques (maoïstes, castristes, staliniennes, marxistes-léninistes, et ainsi de suite) qui conduisent en fait à la division et à la dissolution de l'association.

La désobéissance civile et l'association volontaire sont des phénomènes pratiquement inconnus ailleurs. (Il est très difficile de traduire la terminologie politique qui les entoure.) On a souvent prétendu que le génie du peuple anglais était de savoir se tirer d'affaire et que celui du peuple américain était de rejeter les considérations théoriques et de recourir à l'expérience et à l'action pratique. On peut en douter. Mais il est indéniable que l'analyse du phénomène de l'association volontaire a été négligée et que la notion de désobéissance civile n'a fait que tout récemment l'objet de l'attention qu'elle mérite. Contrairement à l'objecteur de conscience, celui qui pratique la désobéissance civile fait partie d'un groupe, et ce groupe, que nous le voulions ou non, est formé et animé du même esprit que celui qui a inspiré les associations volontaires. La plus grande erreur, dans ce débat, serait à mon sens d'estimer que l'on se trouve en présence d'individus qui se dressent, au nom de leur conscience et de leur subjectivité, contre les lois et les coutumes de la communauté – erreur commise tant par les défenseurs de la désobéissance civile que par ses détracteurs. Nous avons affaire en fait à des minorités organisées qui s'opposent à des majorités présumées passives, bien qu'elles ne soient nullement « silencieuses ». Il me paraît indéniable que, sous la pression des minorités, l'état d'esprit et l'opinion de ces majorités se sont considérablement modifiés. À ce propos, on peut sans doute déplorer que les récentes controverses aient été dominées par des juristes – des avocats, des juges et d'autres hommes de loi – car il doit leur être particulièrement difficile de voir dans celui qui fait acte de désobéissance civile le membre d'un groupe et non simplement celui qui viole individuellement la loi et fait déjà en puissance figure d'inculpé. En fait, le très grand mérite de la procédure judiciaire est de juger d'une façon impartiale un individu, en rejetant toute influence extérieure, sans se soucier de l'esprit du temps ou des opinions que l'inculpé peut partager avec d'autres personnes et tenter de présenter devant le tribunal. Le seul délinquant que le tribunal ne considère pas comme un criminel est l'objecteur de conscience – et le « complot* » est le seul cas où l'appartenance à un groupe retient l'attention des tribunaux : une telle accusation, à l'évidence, serait ici totalement erronée, car le complot ne se caractérise pas simplement par la « communauté d'inspiration », mais par le caractère secret de l'entreprise, alors que la désobéissance civile est publique.

Bien que la désobéissance civile soit compatible avec l'*esprit* des lois américaines, la difficulté de l'incorporer dans le système juridique américain et de lui trouver une justification purement juridique apparaît insurmontable. Mais cette difficulté provient de la nature générale du droit et non pas de l'esprit particulier du système juridique américain. À l'évidence, « le droit ne saurait justifier la violation de la loi, même si cette violation a pour objectif d'empêcher celle d'une autre loi[1] ». Tout autre est la question de savoir s'il n'existe pas une possibilité de faire une place à la désobéissance civile dans le fonctionnement de nos institutions publiques. Cette façon d'aborder le problème sur un plan politique est fortement étayée par le refus récent de la Cour suprême de se saisir de recours qui contestaient « la légalité et la constitutionnalité » de décisions gouvernementales concernant la guerre du Vietnam : la Cour a estimé

---

* Conspiracy. (*N.d.T.*)
1. Carl COHEN, *op. cit.*, p. 7.

que ces recours mettaient en cause ce qu'on nomme
la « doctrine du domaine politique », selon laquelle
certains actes des deux autres pouvoirs, le législatif
et l'exécutif, « ne peuvent faire l'objet d'un contrôle
juridictionnel. La nature et la portée exacte de cette
doctrine sont fortement discutées » si bien qu'on a pu
la comparer « à un volcan dont l'éruption, après avoir
longtemps couvé, est enfin sur le point de se produire,
donnant naissance à une controverse enflammée[1] ».
Mais la nature particulière des actes sur lesquels la Cour
refuse de statuer et qui demeurent, de ce fait, en dehors
de tout contrôle juridictionnel n'est pas douteuse. Ces
actes se caractérisent à la fois par leur « importance[2] »
et par « la nécessité exceptionnelle de ne pas remettre
en cause une décision politique devenue effective[3] ».
Graham Hughes poursuit son excellente analyse de la
doctrine du domaine politique, à laquelle j'ai beaucoup
emprunté, en ajoutant aussitôt : « ces considérations…
semblent certainement signifier : *inter arma silent
leges* et permettent de douter qu'il s'agit de l'interprétation de la Constitution ». Autrement dit, la doctrine
du domaine politique est en fait la brèche qui permet
au principe de souveraineté et à la raison d'État d'être
introduits de nouveau dans un système politique qui
les rejette par principe[4]. Quelle que soit la théorie, les

---

1. Graham HUGHES, *op. cit.*, p. 7.

2. Alexander M. BICKLE, cité par HUGHES, *op. cit.*, p. 10.

3. Arrêt de la Cour suprême, dans l'affaire *Baker contre Carr*,
citée par HUGHES, *ibid.*, p. 11.

4. Pour reprendre une fois de plus la remarque ancienne du
juge James Wilson, qui date de 1793 : « La Constitution des États-
Unis ignore totalement le terme de souveraineté. »

faits indiquent que, lorsqu'il s'agit précisément de problèmes fondamentaux, les pouvoirs de la Cour suprême ne dépassent pas ceux d'une cour internationale : l'une et l'autre sont incapables de faire exécuter des décisions susceptibles de mettre en péril les intérêts d'États souverains ; toutes deux savent parfaitement que leur autorité dépend de leur prudence – c'est-à-dire qu'elles se garderont de soulever des problèmes ou de prendre des décisions qu'elles ne pourront faire exécuter.

L'introduction de la désobéissance civile parmi nos institutions politiques pourrait constituer le meilleur remède à cette impuissance en dernier ressort du contrôle juridictionnel. Un premier pas consisterait à obtenir, pour les minorités pratiquant la désobéissance civile, la même forme de reconnaissance que celle qui est accordée à de nombreux intérêts particuliers (des intérêts de minorités, par définition) et à traiter les groupes pratiquant la désobéissance civile de la même façon que les groupes de pression qui, par l'intermédiaire de leurs représentants – dûment enregistrés – ont le droit d'influencer et d'« apporter leur aide » au Congrès en utilisant la persuasion, le poids de leur opinion et le nombre de leurs adhérents. Ces représentants d'opinions minoritaires deviendraient ainsi non seulement une puissance « qu'on voit de loin » au cours des manifestations ou d'autres modes visibles d'expression de leur point de vue, mais aussi une puissance présente en permanence et avec laquelle il faudrait compter. En second lieu, il devrait être publiquement reconnu que le premier amendement n'autorise, ni dans sa lettre, ni dans son esprit, l'exercice du droit d'association, tel qu'il est pratiqué en fait dans le pays – ce précieux privilège qui (comme le remarquait Tocqueville) « est aujourd'hui passé dans les habitudes et dans les mœurs » depuis des siècles. Si un problème exige de façon urgente le vote d'un nouvel amendement à la Constitution et vaut toute la peine que cela implique, c'est certainement celui-là.

Peut-être fallait-il une alerte pour nous permettre de faire une place à la désobéissance civile, non seulement dans notre langage politique, mais aussi dans notre système politique. Nous sommes certainement en présence d'une telle alerte lorsque nous voyons peu à peu les institutions établies d'un pays cesser de fonctionner correctement et ses autorités perdre leur pouvoir ; c'est en raison de cette situation que l'association volontaire s'est transformée aujourd'hui aux États-Unis en désobéissance civile, et que le désaccord est devenu résistance. Tout le monde sait que cette situation d'alerte, ouverte ou latente, règne – et a régné en fait depuis un certain temps – dans une bonne partie du monde. Ce qui est nouveau, c'est que notre pays ne représente plus une exception. Nous ne savons pas si nos institutions politiques pourront ou non survivre à ce siècle. « Quand les institutions échouent, a déclaré fort sagement Wilson Carey McWilliams, le sort de la communauté politique dépend des hommes, et les hommes sont de faibles roseaux prompts à s'accommoder de l'injustice, voire à la commettre[1]. » Depuis que le pacte du *Mayflower* a été rédigé et signé sous la pression d'autres urgences, les associations volontaires ont constitué le remède spécifiquement américain aux

---

1. *Op. cit.*, p. 226.

défaillances des institutions, à l'impossibilité de faire
totalement confiance aux hommes et aux incertitudes
de l'avenir. À la différence d'autres pays, et en dépit
des bouleversements dus aux changements et aux
échecs qu'elle subit actuellement, notre République
possède peut-être encore les instruments traditionnels
qui lui permettent d'envisager l'avenir avec une certaine confiance.

SUR LA VIOLENCE

I

À l'origine de ces réflexions se trouvent les événements et les discussions de ces toutes dernières années, tels qu'ils apparaissent dans la perspective d'ensemble du xxᵉ siècle, devenu en vérité, ainsi que l'avait prévu Lénine, un siècle de guerres et de révolutions, donc un siècle fait de cette violence que l'on considère habituellement comme leur dénominateur commun. La situation présente comporte en outre un autre élément caractéristique, qui n'est pas de moindre importance, bien qu'il n'ait fait l'objet d'aucune prédiction. Les instruments de la violence ont désormais atteint un tel point de perfection technique qu'il est devenu impossible de concevoir un but politique qui soit susceptible de correspondre à leur puissance destructrice ou qui puisse justifier leur utilisation au cours d'un conflit armé. Ainsi les affrontements guerriers qui, depuis des temps immémoriaux, avaient constitué l'arbitre suprême et impitoyable des conflits internationaux, ont perdu une bonne part de leur efficacité et presque tout leur fascinant prestige. La partie d'échecs « apocalyptique » qui s'est engagée entre les superpuissances, c'est-à-dire entre celles qui évoluent au niveau le plus élevé de notre civilisation, respecte la règle selon laquelle « si l'un ou l'autre "gagne", c'est la fin des deux[1] » ; il s'agit là d'un jeu qui est totalement différent des jeux guerriers des précédentes périodes. Son objectif « rationnel » n'est pas de remporter la victoire mais de provoquer un effet de dissuasion, et la course aux armements, qui n'est plus une préparation à la guerre, ne peut plus se justifier que par le fait que la dissuasion toujours renforcée de l'adversaire est la meilleure garantie de la paix. Comment pourrons-nous échapper en fin de compte à l'évidente absurdité de cette situation, voilà une question à laquelle il est impossible de répondre.

Du fait que la violence – distincte du pouvoir, de la force ou de la puissance – exige toujours des *instruments* (comme Engels l'avait autrefois souligné[2]), la révolution technologique, révolution dans la fabrication des outils, a revêtu une importance particulière dans le domaine militaire. L'action violente est elle-même inséparable du complexe des moyens et des fins, dont la principale caractéristique, s'agissant de l'action de l'homme, a toujours été que les moyens tendent à prendre une importance disproportionnée par rapport à la fin qui doit les justifier et qui, à leur défaut, ne peut pas être atteinte. Du fait qu'il est impossible de prédire valablement quelle peut être la fin d'une action humaine, en tant qu'entité distincte des moyens de sa réalisation, les moyens que l'on utilise pour atteindre

---

1. Harvey WHEELER, « The Strategic Calculators », dans Nigel CALDER, *Unless Peace Comes*, New York, 1968, p. 109 ; trad. fr., *Les Armements modernes*, Flammarion, Paris, 1970 ; « Calculateurs stratégiques », p. 118.

2. *Anti-Dühring (M. E. Dühring bouleverse la Science)*, Édit. sociales, Paris, 1971, IIe partie, chap. 3, p. 195.

des objectifs politiques revêtent le plus souvent une importance plus grande pour la construction d'un monde futur que les objectifs poursuivis.

En outre, alors que les hommes s'avèrent incapables de contrôler les conséquences de leurs actions, un surcroît d'arbitraire est inséparable de la violence elle-même ; nulle part la bonne ou la mauvaise fortune n'a pour les hommes de plus fatales conséquences que sur un champ de bataille, et il ne suffit pas de qualifier de « fait dû au hasard » de tels événements et d'en dénoncer les éléments suspects d'un point de vue scientifique pour éviter l'intrusion de l'inattendu sous sa forme la plus radicale, pas plus qu'il ne pourra suffire, pour l'éliminer, de la théorie des jeux, des scénarios, simulations et autres techniques du même genre. En cette matière il n'existe pas de certitude, pas même une certitude absolue de la destruction finale dans des circonstances données. Le fait même que ceux qui se sont efforcés de perfectionner les moyens de destruction aient réussi à leur faire atteindre un niveau de perfection technique tel que la puissance de ces moyens est sur le point de conduire à l'élimination de l'objectif poursuivi, c'est-à-dire des opérations de guerre[1], peut nous rappeler ironiquement cet élément d'imprévisibilité totale que nous rencontrons à l'instant où nous

---

1. Comme l'a précisé le général Beaufre, dans « La guerre "classique" en 1984 », la guerre n'est encore possible que « dans les régions du monde où... la dissuasion nucléaire ne joue pas », et même cette « guerre classique », en dépit de ses horreurs, est limitée en fait par la menace sans cesse présente de l'escalade qui conduirait au conflit nucléaire (N. CALDER, *op. cit.*, p. 3 ; trad. fr., p. 10).

approchons du domaine de la violence. Si la guerre est encore présente, ce n'est pas qu'il se trouve au fond de l'espèce humaine une secrète aspiration à la mort, non plus qu'un irrépressible instinct d'agression, ce n'est pas même, ce qui serait plus plausible en fin de compte, le fait que le désarmement puisse présenter, d'un point de vue économique et social, de très sérieux inconvénients[1] ; cela provient tout simplement du fait qu'on n'a pas encore vu apparaître sur la scène politique d'instance capable de se substituer à cet arbitre suprême des conflits internationaux. Hobbes n'a-t-il pas dit, fort justement, que « Sans l'épée, les pactes ne sont que des mots » ?

Il est improbable que ce nouvel arbitre apparaisse tant que l'indépendance nationale, à savoir l'absence de toute domination étrangère, sera inséparable de la souveraineté de l'État, c'est-à-dire de la volonté d'exercer dans le domaine international un pouvoir

---

1. La satire de la façon de penser de la Rand Corporation et de divers instituts de recherches, publiée à New York, en 1967, sous le titre *Report from Iron Mountain*, trad. fr. : *La Paix indésirable ? Rapport sur l'utilité des guerres*, Calmann-Lévy, Paris, 1968, est probablement plus proche de la réalité, avec « son timide clin d'œil vers le seuil de la paix », que la plupart des études prétendument « sérieuses ». Son principal argument, selon lequel la guerre est tellement indispensable au fonctionnement de nos sociétés qu'il nous faudrait pouvoir, pour l'abolir, découvrir des moyens encore plus meurtriers de résoudre nos problèmes, ne pourra choquer que ceux qui ont oublié comment la crise de chômage consécutive à la crise de 1929 n'a pu être résolue que par l'éclatement de la Seconde Guerre mondiale, ou ceux qui négligent l'importance du chômage actuel, que dissimule la pratique des effectifs pléthoriques.

sans limites et sans contrôle. (Les États-Unis font partie du très petit nombre de pays où une distinction entre souveraineté et liberté est encore, au moins théoriquement, possible, dans la mesure où les fondements mêmes de la République n'en seraient pas menacés. Selon la Constitution, les traités conclus avec l'étranger sont inséparables de la loi nationale, et comme le juge James Wilson le faisait remarquer en 1793, « la Constitution des États-Unis ignore totalement la notion de souveraineté ». Mais ce refus audacieux et lucide de la terminologie traditionnelle et du cadre conceptuel de l'État-nation européen appartient au passé ; l'héritage de la révolution américaine a été oublié ; pour le meilleur ou pour le pire, le gouvernement américain a fait sien celui de l'Europe, comme s'il s'agissait de son patrimoine propre – sans s'apercevoir, hélas, que le déclin de la puissance européenne a été précédé et accompagné d'une faillite politique : celle de l'État-nation et de sa conception de la souveraineté.) Le fait que la guerre demeure l'*ultima ratio*, l'ancienne continuation de la politique par les moyens de la violence, dans les rapports entre pays sous-développés, et qu'elle ne soit plus à la portée que de petits pays ne possédant pas d'armes nucléaires ou biologiques, ne nous apporte guère de réconfort. Ce n'est un secret pour personne que le célèbre fait dû au hasard est encore susceptible de se produire dans les parties du monde où le vieil adage : « Il n'y a pas d'autre issue que la victoire », conserve encore un haut degré de crédibilité.

Dans ces conditions, rien n'est sans doute plus effrayant que le prestige sans cesse accru qu'au cours des dernières décennies certains esprits méthodiquement scientifiques se sont acquis dans les conseils des gouvernements. Le danger est non seulement que ces esprits aient suffisamment de sang-froid pour « envisager l'impensable », mais qu'en fait ils se refusent à *penser*. Au lieu de s'abandonner à ce genre d'activité démodée qu'ignorent les ordinateurs, ils tirent les conséquences de certains ensembles de conditions hypothétiquement formulées, sans être en mesure toutefois de vérifier expérimentalement la réalité de leurs hypothèses de départ. Ces constructions hypothétiques d'éventualités à venir souffrent toujours de la même faille logique : ce qui est tout d'abord présenté comme une hypothèse – comportant, selon le degré d'élaboration, une ou plusieurs alternatives possibles – devient bientôt, généralement en l'espace de quelques paragraphes, une « réalité », qui engendre alors tout un enchaînement de « faits irréels », construits de façon similaire, avec cette conséquence que l'on oublie le caractère purement spéculatif de toute la construction. Est-il besoin de dire qu'il ne s'agit nullement là de science mais de spéculations pseudo-scientifiques, et, selon les termes de Noam Chomsky, « d'un effort désespéré des sciences sociales et des sciences du comportement pour imiter les sciences de la nature qui, elles, possèdent un contenu scientifique réellement signifiant » ? Et, ainsi que Richard N. Goodwin le précisait récemment, dans un compte rendu où il avait le rare mérite de faire ressortir « l'humour inconscient » caractéristique de la plupart de ces théories pompeuses et pseudo-scientifiques, la plus évidente et la « plus sérieuse objection qui puisse être faite à ce genre de théorie stratégique, ce n'est pas son utilité limitée mais le fait qu'elle est dangereuse, car elle peut nous inciter à croire que nous comprenons et maîtrisons le cours des événements, alors qu'il n'en est rien[1] ».

Les événements représentent, par définition, des concours de circonstances qui interrompent le déroulement des procédures et des processus habituels ; les constructions imaginatives des futurologues ne sauraient se vérifier que dans un monde où rien d'important ne se produit. Les prévisions de l'avenir ne sont jamais que les projections des automatismes et des processus du présent, autrement dit de ce qui se produira probablement si les hommes s'abstiennent d'agir et si n'intervient aucun événement imprévu ; toute action, bonne ou mauvaise, et tout accident détruisent nécessairement le cadre même des structures prévisionnelles et la réalité à laquelle elles se référaient. (La remarque incidente de Proudhon, selon laquelle « la fécondité de l'imprévu excède de beaucoup la prudence de l'homme d'État », demeure heureusement toujours vraie. Et cette fécondité dépasse d'une façon plus évidente encore tous les calculs de l'expert.) L'artifice le plus ancien qui soit utilisé ici consiste à qualifier de « faits dus au hasard », ou encore d'« ultimes soubresauts du passé », ces événements inattendus, imprévus et imprévisibles, afin de pouvoir les considérer comme

---

1. Noam CHOMSKY, in *American Power and the New Mandarins*, New York, 1969 ; trad. fr., *L'Amérique et ses nouveaux mandarins*, Éd. du Seuil, Paris, 1969 ; Richard N. GOODWIN, compte rendu de l'ouvrage de Thomas C. SCHELLING, *Arms and Influence*, Yale University Press, New Haven, 1966, *The New Yorker*, 17 février 1968.

non pertinents ou de les rejeter dans la fameuse « poubelle de l'histoire » ; ce genre d'artifice aide encore à préserver la cohérence théorique, mais en l'éloignant de plus en plus des réalités. Le danger est que non seulement ces théories sont crédibles, du fait qu'elles se fondent sur les tendances perceptibles de la conjoncture présente, mais que d'autre part elles possèdent, du fait de leur cohérence interne, une sorte de pouvoir hypnotique qui leur permet d'engourdir les facultés du sens commun, qui n'est autre chose que l'organe mental qui nous permet de percevoir, de comprendre et de réagir devant la réalité et les faits.

*

On ne saurait s'intéresser à l'histoire et à la politique sans se rendre compte du rôle immense que la violence n'a cessé de jouer dans les affaires et dans le comportement des hommes, et il paraît assez surprenant, à première vue, que la violence ait si rarement fait l'objet d'une analyse ou d'une étude particulière[1]. (Dans la dernière édition de l'*Encyclopédie des sciences sociales*, ce terme ne fait même pas l'objet d'une rubrique.) On voit par là à quel point la violence et l'arbitraire qui en est inséparable peuvent être considérés comme des choses normales et, de ce fait, négligées ; on ne se pose pas de questions à leur propos, pas plus que l'on ne va se livrer à l'examen de ce

---

1. Il existe certes une abondante littérature traitant de la guerre et des opérations de guerre ; mais toutes ces études s'intéressent aux instruments de la violence, et non à la violence elle-même.

qui revêt, aux yeux de tous, un caractère d'évidence. Ceux qui, ne voyant que violence dans les agissements des hommes, demeuraient convaincus, comme Renan, « de sa nature fortuite, inconséquente, imprécise », ou encore que Dieu se trouve toujours du côté des gros bataillons, n'avaient pas d'autre opinion à exprimer à propos de la violence ou de l'histoire. Tous ceux qui cherchaient à découvrir un sens aux événements du passé ont été presque contraints de considérer la violence comme un phénomène marginal. Que Clausewitz qualifie la guerre de « continuation de la politique par d'autres moyens », ou qu'Engels définisse la violence comme l'accélérateur du développement économique[1], c'est toujours un processus continu, une continuité politique ou économique, qui sont mis en valeur et que déterminent des éléments antérieurs à l'action violente. Ainsi, les spécialistes des relations internationales soutenaient jusqu'à une période récente qu'« une décision militaire en désaccord avec la vocation culturelle profonde d'une nation était instable par définition », ou encore, dans la terminologie d'Engels, que « …là où dans un pays… la violence intérieure de l'État entre en opposition avec son évolution économique », c'est le pouvoir politique, avec tous ses instruments de violence, qui sera vaincu[2].

Aujourd'hui tous ces anciens adages concernant les rapports entre la guerre et la politique ou la violence et le pouvoir sont devenus inapplicables. La Seconde Guerre mondiale n'a pas été suivie d'une période de

1. Voir ENGELS, *op. cit.*, IIe partie, chap. 4, pp. 210-211.
2. WHEELER, *op. cit.*, p. 107 ; trad. fr., p. 116. ENGELS, *ibid.*

paix, mais de la guerre froide et de la formation d'un complexe militaire, industriel et syndical. Parler « de la valeur prioritaire du potentiel militaire en tant que principale force structurant la société », affirmer que « les systèmes économiques, les philosophies politiques et les systèmes juridiques servent et développent le potentiel de guerre, et non l'inverse », en conclure que « la guerre elle-même constitue le système social de base, à l'intérieur duquel d'autres modes secondaires d'organisation sociale se trouvent en concordance ou en opposition » – toutes ces affirmations nous paraissent aujourd'hui beaucoup plus plausibles que les formules d'Engels ou de Clausewitz datant du XIXᵉ siècle. Le développement actuel des techniques de la guerre constitue, en cette matière, un élément beaucoup plus probant que la simple inversion de la formulation précédente proposée par l'auteur anonyme de *La Paix indésirable ?* : au lieu que la guerre constitue « un prolongement de la diplomatie (ou de la politique ou de la poursuite d'objectifs économiques) », la paix est la continuation de la guerre par d'autres moyens. Ainsi que le déclarait le physicien russe Sakharov, « Une guerre thermonucléaire serait tout autre chose qu'une simple continuation de la politique par d'autres moyens (pour reprendre l'expression de Clausewitz) : ce serait le moyen d'un suicide universel[1] ».

Nous savons, d'autre part qu' « un petit nombre d'armes peut en quelques instants détruire toutes les

---

1. Andrei D. SAKHAROV, *Progress, Coexistence, and Intellectual Freedom*, New York, 1968, p. 36 ; trad. fr., *La Liberté intellectuelle en U.R.S.S. et la coexistence*, Gallimard, Paris, 1969, p. 44.

sources de la puissance nationale[1] », que l'on a conçu des armes biologiques qui pourraient permettre « à de petits groupes d'individus… de bouleverser l'équilibre stratégique », et qui seraient assez peu onéreuses pour être produites par des « nations incapables de développer une force d'attaque nucléaire[2] », que, « dans peu d'années », des armées de robots auront rendu « le soldat complètement périmé[3] », et qu'en fin de compte, dans les opérations de guerre de type classique, les pays pauvres sont beaucoup moins vulnérables que les grandes puissances, du fait même qu'ils sont « sous-développés », et aussi du fait que la supériorité technique « risque… d'être plus néfaste qu'utile dans la lutte antiguérilla[4] ». Ce qui résulte, dans l'ensemble, de toutes ces nouveautés inconfortables, c'est un complet renversement des rapports existant entre le pouvoir et la violence, qui laisse prévoir un autre renversement, à l'avenir, dans les relations entre petites et grandes puissances. Le potentiel de violence dont un pays peut disposer ne pourra bientôt plus fournir une indication valable de sa force réelle, ni une garantie certaine contre le risque qu'une puissance nettement plus petite et plus faible ne parvienne à le détruire. On découvre là une similarité frappante avec une des idées les plus anciennes et les plus pénétrantes de la science

1. WHEELER, *ibid.*

2. Nigel CALDER, « The New Weapons », in *op. cit.*, p. 239 ; trad. fr., « Les armes nouvelles », p. 245.

3. M. W. THRING, « Robots on the March », *in* CALDER, *op. cit.*, p. 169 ; trad. fr., « La marche des robots », p. 175.

4. Vladimir DEDIJER, « The Poor Man's Power », *in* CALDER, *op. cit.*, p. 29 ; trad. fr., « La puissance des pauvres », p. 37.

politique, selon laquelle la puissance ne se mesure pas en termes de richesse, qu'une abondance de richesses est susceptible de conduire à un affaiblissement de la puissance et que les richesses sont particulièrement dangereuses pour le pouvoir et le bien-être des républiques. Pour être tombée dans l'oubli, cette idée n'a pas cessé d'être valable, particulièrement en un temps où sa validité acquiert une nouvelle dimension du fait qu'elle s'applique aussi bien à la possession de l'arsenal de la violence.

Plus la violence est devenue un instrument douteux et incertain dans les relations internationales, plus elle a paru attirante et efficace sur le plan intérieur, et particulièrement dans le domaine de la révolution. La rude phraséologie marxiste de la Nouvelle Gauche s'accompagne des progrès incessants de la conception non marxiste proclamée par Mao Tsé-toung, selon laquelle « le pouvoir est au bout du fusil ». Certes, Marx était parfaitement conscient du rôle de la violence dans l'histoire, mais ce rôle lui paraissait secondaire ; la société ancienne est conduite à sa perte non par la violence, mais par ses contradictions internes. L'apparition d'un nouveau type de société est précédée, mais non provoquée, de convulsions violentes qu'il compare aux douleurs de l'enfantement qui précèdent la naissance, mais qui, naturellement, n'en sont pas la cause. Dans la même ligne de pensée, il estimait que l'État constituait un instrument de violence au service de la classe dominante, mais cette classe n'exerce pas son pouvoir en ayant recours aux moyens de la violence. Il réside dans le rôle de la classe dirigeante dans la société, ou, plus exactement, dans le processus de production. On a souvent remarqué, et parfois déploré, que, sous l'influence des théories de Marx, la gauche révolutionnaire se refusait à utiliser les moyens de la violence ; la « dictature du prolétariat » qui, selon Marx, devait être ouvertement répressive, ne devait être instaurée qu'après la Révolution, et ne durer, comme la dictature romaine, qu'une période de temps limitée ; l'assassinat politique, à l'exception de quelques actes de terrorisme individuel accomplis par de petits groupes d'anarchistes, fut surtout utilisé par la droite, tandis que les soulèvements armés et organisés demeuraient principalement une prérogative militaire. La gauche restait néanmoins convaincue que « toutes les conspirations sont non seulement inutiles mais nuisibles. Elle [savait] trop bien que les révolutions ne se font pas d'une façon intentionnelle et arbitraire, mais qu'elles sont partout et toujours le résultat nécessaire de circonstances entièrement indépendantes de la volonté et de la direction des partis et de classes entières de la société[1] ».

On ne relevait que de rares exceptions dans le domaine de la théorie. Georges Sorel qui, au début du siècle, s'efforça d'amalgamer le marxisme et la philosophie de la vie de Bergson – le résultat ressemble étrangement, à un niveau sensiblement inférieur d'élaboration, à l'amalgame du marxisme et de l'existentialisme qui est caractéristique de Sartre – pensait la lutte de classes en termes militaires. En fin de

---

1. J'emprunte cette remarque d'Engels, extraite d'un manuscrit de 1847, à l'ouvrage de Jacob BARION, *Hegel und die marxistische Staatslehre*, Bonn, 1963.

compte, Georges Sorel n'envisageait pas de solution plus violente que celle du fameux mythe de la grève générale qui, de nos jours, serait plutôt considéré comme faisant partie de l'arsenal d'une politique de non-violence. Si modeste soit-elle, cette proposition allait lui valoir, il y a cinquante ans, une réputation de fasciste, en dépit de son approbation enthousiaste de Lénine et de la révolution russe. Sartre qui, dans sa préface aux *Damnés de la terre*, de Frantz Fanon, a été beaucoup plus loin dans l'apologie de la violence que Sorel dans ses célèbres *Réflexions sur la violence*, plus loin que Fanon lui-même dont il entend pousser l'argumentation à sa conclusion, fait encore mention des « bavardages fascistes de Sorel ». On voit ainsi à quel point, sur cette question de la violence, Sartre est loin encore de saisir qu'il est profondément en désaccord avec Marx, particulièrement lorsqu'il déclare que « cette violence irrépressible... c'est l'homme lui-même se recomposant », que par « la folie meurtrière » les « damnés de la terre » peuvent « se faire hommes ». Ces déclarations sont d'autant plus dignes de remarque que cette conception de l'homme se créant lui-même est strictement dans la tradition de la pensée de Hegel et de Marx ; elle est à la base de tout l'humanisme de gauche. Mais Hegel estime que l'homme se « produit » lui-même par l'exercice de la pensée[1], tandis que pour Marx, qui opère un véritable

---

1. Il est fort significatif que, dans ce sens, Hegel ait utilisé le terme de *sichselbstproduzieren*. Voir *Vorlesungen über die Geschichte der Philosophie*, éd. Hoffmeister, Leipzig, 1938, p. 114.

renversement de l'idéalisme hégélien, ce rôle forma-
teur est celui du travail, ce métabolisme qui permet à
l'homme d'opérer une transformation de la nature. Or,
si l'on peut estimer que le trait commun de toutes les
conceptions de l'homme se créant lui-même est une
révolte contre le donné réel de la condition humaine
– il est bien évident qu'en tant qu'individu ou en
tant que membre de l'espèce l'homme ne doit *pas* à
lui-même son existence – et dans ce sens les caractéristiques communes aux conceptions de Sartre, de
Marx et de Hegel sont plus significatives que les activités diverses qui devraient permettre cette création
immatérielle, il est cependant indéniable qu'il y a un
abîme entre les activités pacifiques de la pensée et du
travail et les actes de la violence. « Abattre un Européen, c'est faire d'une pierre deux coups, supprimer
en même temps un oppresseur et un opprimé : restent
un homme mort et un homme libre », déclare Sartre
dans sa préface. Voilà une phrase que Marx n'aurait
jamais écrite[1].

J'ai cité Sartre afin de montrer que cette orientation
nouvelle de la pensée révolutionnaire vers la violence
peut demeurer ignorée même de ses porte-parole les
plus évolués et les plus représentatifs[2] ; la chose
est d'autant plus remarquable qu'il ne s'agit pas
là d'une notion abstraite appartenant au domaine
de l'histoire des idées. (Par un retournement du
concept « idéaliste » de la pensée, on peut arriver au
concept « matérialiste » du travail ; on ne parviendra

---

1. Voir appendice I, p. 251.
2. Voir appendice II, p. 251.

jamais à la notion de la violence.) Cette orientation nouvelle a sans doute une logique qui lui est propre, mais cette logique se dégage de l'expérience et d'une expérience demeurée totalement inconnue des générations antérieures.

L'exaltation passionnée et l'élan caractéristique de la Nouvelle Gauche, sa « crédibilité », pour ainsi dire, sont en étroit rapport avec les inquiétants progrès suicidaires des armes modernes. Cette génération est la première à avoir grandi à l'ombre de la bombe atomique. Elle a retenu de l'expérience de la génération précédente l'intrusion massive de la violence criminelle dans le domaine de la politique : on lui a parlé, dans les lycées et les facultés, de l'existence des camps de concentration et d'extermination, on lui a parlé de génocide et de torture[1], de massacres massifs de civils au cours de la guerre, massacres que même l'utilisation des seules armes « classiques » ne saurait désormais permettre d'éviter. La première réaction a été un sentiment de révulsion à l'encontre de la violence sous toutes ses formes, une adhésion presque naturelle à une politique de non-violence. Le très grand succès rencontré par ce mouvement, particulièrement dans le domaine des droits civiques, fut suivi d'un mouvement de résistance contre la guerre du Vietnam, qui demeure un facteur très important de détermination de l'opinion publique aux États-Unis. Mais il est

---

1. Parmi les motifs qui conduisent à la rébellion ouverte, Noam Chomsky mentionne fort justement le refus « de rester les "bons Allemands" que nous avons tous appris à mépriser », *op. cit.*, p. 368 ; trad. fr., p. 26.

évident que les choses ont changé depuis lors et que les partisans de la non-violence se trouvent désormais sur la défensive ; et il serait vain de prétendre que les « extrémistes » sont seuls à se livrer à la glorification de la violence pour avoir découvert – comme les fellahs algériens dont Fanon évoque l'expérience – que « seule la violence paie[1] ».

Les militants de la Nouvelle Gauche ont été qualifiés d'anarchistes, de nihilistes, de fascistes rouges, de nazis, et, d'une façon beaucoup plus justifiée, de « Luddistes* destructeurs de machines[2] » ; les étudiants ont répliqué avec les slogans, tout aussi dépourvus de signification, de l'« État policier », ou de « fascisme latent du capitalisme attardé », et par celui, beaucoup

---

1. Frantz FANON, *Les Damnés de la terre*, Préface de J.-P. Sartre, F. Maspero, Paris, 1961, et (pour les références des citations) nouvelle édition, 1968. Je fais état de cet ouvrage du fait de la grande influence qu'il exerce sur les étudiants de la génération actuelle. Fanon lui-même s'est montré beaucoup plus réservé que ses admirateurs quant aux effets de la violence. Il semble que seul le premier chapitre de l'ouvrage, « De la violence », ait fait l'objet d'une large lecture. Fanon sait bien que « cette brutalité pure, totale, si elle n'est pas immédiatement combattue entraîne immanquablement la défaite du mouvement au bout de quelques semaines » (pp. 93-94).

En ce qui concerne la récente escalade de la violence dans le mouvement étudiant, voir, dans l'hebdomadaire allemand *Der Spiegel*, l'intéressante série d'articles intitulée « Gewalt » (à partir du 10 février 1969) et la série « Mit dem Latein am Ende » (nᵒˢ 26 et 27, 1969).

* Bandes d'ouvriers anglais (1811-1816) qui parcouraient le pays afin de détruire les machines. *(N.d.T.)*

2. Voir appendice III, p. 254.

plus justifié, de « société de consommation[1] ». Tout en
condamnant leur attitude, on a cherché à l'expliquer
par des facteurs sociaux et psychologiques de diverses
sortes : on a accusé l'Amérique d'un excès de laxisme
dans ses méthodes d'éducation, tandis qu'au Japon et
en Allemagne on estimait qu'il s'agissait d'une réaction explosive provoquée par un excès d'autorité ; on
a vu là, en Europe orientale, les effets d'un manque de
liberté, et, en Occident, ceux d'une liberté excessive ;
on a voulu y voir les conséquences de l'absence de
débouchés en France pour les étudiants en sociologie,
et, aux États-Unis, celles d'une surabondance de débouchés dans presque tous les domaines – toutes raisons
qui paraissent, sur un plan local, parfaitement plausibles, mais que vient contredire le fait que la révolte
étudiante a les dimensions d'un phénomène global. Il
paraît exclu que l'on puisse découvrir à ce mouvement
un commun dénominateur social ; mais il est certain

---

1. Cette dernière épithète aurait un sens si elle était utilisée
dans un sens descriptif. À l'arrière-plan, toutefois, nous voyons se
dessiner l'illusion marxienne d'une société de libres producteurs,
qui a pu être réalisée en fait, non pas par la révolution, mais par les
effets de la science et des techniques. Cette libération, d'autre part,
n'a pas été accélérée, mais bien retardée dans tous les pays où s'est
produite une révolution. Autrement dit, derrière cette dénonciation
de la consommation se découvre l'idéalisation de la production et,
avec elle, l'ancienne idolâtrie de la productivité et de la créativité.
« La joie de la destruction est une joie créatrice » – oui, parfaitement, si l'on estime que la « joie du travail » est un élément
producteur ; la destruction est sans doute le seul « travail » que
l'on puisse encore accomplir avec de simples outils, sans avoir
recours à des machines, bien que les machines, naturellement,
accomplissent l'ouvrage d'une façon beaucoup plus efficace.

que, du point de vue psychologique, cette génération paraît partout douée d'un vrai courage, d'une étonnante volonté d'agir, et d'une confiance non moins étonnante dans la possibilité d'un changement[1]. Mais ces qualités ne sont pas les causes du mouvement, et si nous nous demandons ce qui a pu conduire à ces développements surprenants et tout à fait inattendus dans toutes les universités du monde, il paraît absurde de vouloir ignorer le facteur le plus évident et sans doute le plus décisif, qui ne comporte d'ailleurs aucun précédent et aucune analogie, le simple fait que, dans différentes directions, le progrès technique nous conduit directement au désastre[2], que les sciences enseignées à cette génération et par elle non seulement sont incapables de

---

1. Ce désir d'une action efficace se remarque particulièrement lors d'entreprises relativement limitées et qui ne peuvent avoir de graves conséquences. Par exemple, l'action des étudiants protestant avec succès contre les autorités universitaires qui versaient au personnel de la cafétéria et à celui chargé de l'entretien des locaux des salaires inférieurs au minimum légal. La décision des étudiants de Berkeley de participer à la lutte entreprise pour transformer en « parc populaire » un terrain appartenant à l'université peut figurer au nombre de ces entreprises, bien que celles-ci aient provoqué jusqu'ici les pires réactions de la part des autorités. Si l'on en juge par l'affaire de Berkeley, il semble précisément que ce type d'action « non politique » a pour effet d'unifier, derrière une avant-garde extrémiste, la grande majorité des étudiants. « Un référendum étudiant, qui permit d'enregistrer la plus forte participation connue dans l'histoire de tels scrutins, donna un pourcentage de 85 % des voix en faveur de l'aménagement d'un parc populaire, sur les 15 000 participants. » Voir l'excellent article de Sheldon WOLIN et John SCHAAR, « Berkeley: The Battle of People's Park », *New York Review of Books*, 19 juin 1969.

2. Voir appendice IV, p. 256.

pallier les conséquences désastreuses de leurs applications techniques, mais qu'elles ont atteint un stade de développement où la « moindre de nos damnées inventions peut se transformer en arme de guerre[1] ». (Certes, si l'on entend préserver l'indépendance des universités – qui, comme le déclarait le sénateur Fulbright, ont trahi la confiance du public en acceptant de s'occuper de programmes de recherches patronnés et subventionnés par le gouvernement[2] – rien n'est plus important que de leur interdire rigoureusement les recherches entreprises en vue de la guerre et tout ce qui s'y rattache ; mais il serait naïf de penser que cela puisse modifier les caractéristiques de la science moderne ou ralentir l'effort de guerre, naïf également de se refuser à reconnaître que les limitations qui résulteraient de cette distinction pourraient aboutir à un abaissement du niveau de la recherche dans les universités[3]. Il est exclu toutefois qu'une telle distinction puisse conduire à la suppression généralisée des crédits du gouvernement fédéral. Comme Jerome Lettvin, du M. I. T., le faisait remarquer, « le gouvernement n'est pas en mesure de nous refuser son soutien financier[4] » – pas plus que les universités ne peuvent se permettre de refuser les crédits des autorités fédérales ; mais cela signifie simplement

---

1. Jerome Lettvin, du Massachusetts Institute of Technology, dans le *New York Times Magazine* du 18 mai 1969.

2. Voir appendice V, p. 257.

3. Il est significatif, à ce propos, que les travaux de recherche fondamentale aient de plus en plus tendance à se poursuivre dans les laboratoires d'entreprises industrielles plutôt que dans les universités.

4. Cf. *supra*, note 1.

que les universités doivent apprendre « à rendre le soutien financier stérile pour celui qui le dispense » (Henry Steele Commager), tâche difficile, mais qui, étant donné l'énorme accroissement de la puissance des universités dans les sociétés modernes, ne paraît pas irréalisable.) En somme, la prolifération apparemment irrésistible des techniques et des machines ne se contente pas de menacer certaines catégories sociales de la perte de leur emploi, mais menace l'existence de nations entières et même, à la limite, celle de toute l'humanité.

Il est tout à fait naturel que la nouvelle génération soit beaucoup plus consciente de cette possibilité de l'apocalypse que les hommes qui ont dépassé la trentaine, non du fait d'une plus grande jeunesse, mais parce qu'il s'agit, pour les plus jeunes, de la première expérience décisive du monde. (Les réalités qui sont pour nous « des problèmes » sont « la chair et le sang de cette jeunesse[1] ».) Or, quand on pose à ceux qui font partie de cette génération deux questions simples : « Dans cinquante ans, quel monde souhaiteriez-vous ? » et : « Quel genre de vie souhaiteriez-vous dans cinq ans ? », les réponses sont souvent précédées de la réflexion : « Si le monde existe encore » et « Si je suis encore en vie ». Comme le déclare George Wald, « nous nous trouvons en présence d'une génération qui n'est en aucune façon certaine d'avoir un avenir[2] ». Car l'avenir, nous dit encore Spender, « est

---

1. Stephen SPENDER, *The Year of the Young Rebels*, New York, 1969, p. 179.

2. George WALD, *The New Yorker*, 22 mars 1969.

comme une bombe à mécanisme d'horlogerie ; elle est enfouie, mais son tic-tac résonne dans le présent ». À la question que l'on entend très fréquemment poser : « Qu'est-ce donc que cette nouvelle génération ? » on sera tenté de répondre : « Ce sont ceux qui entendent ce bruit de tic-tac. » Et à une autre question : « Quels sont ceux qui entendent la répudier entièrement ? », nous pourrions encore répondre : « Ceux qui ne connaissent pas ou qui se refusent à voir les choses telles qu'elles sont. »

La révolte étudiante est un phénomène universel, mais ses manifestations varient naturellement, et dans une large mesure, d'un pays à l'autre, et fréquemment d'une université à une autre. Le fait est particulièrement évident en ce qui concerne la pratique de la violence. Quand le conflit de générations ne coïncide pas avec un évident conflit entre des intérêts tangibles de groupes, la violence demeure surtout théorique et rhétorique. On l'a vu notamment en Allemagne, où le corps enseignant titularisé avait un intérêt fondamental à rassembler un très nombreux auditoire dans les conférences et séminaires. En Amérique, le mouvement étudiant s'est fortement radicalisé chaque fois que la police est intervenue avec brutalité au cours de manifestations essentiellement non violentes : occupations d'immeubles administratifs, *sit-in*, et autres incidents du même genre. En réalité, on n'a vu se produire de véritables scènes de violence qu'après l'apparition sur les campus du mouvement des Black Panthers. Les étudiants noirs, dont la grande majorité étaient admis sans posséder le niveau de qualification normal, s'intéressaient avant tout à la défense des intérêts du groupe, se sont organisés et se sont considérés comme les représentants qualifiés des intérêts d'un groupe, la communauté noire. Ils avaient intérêt à l'abaissement du niveau des études. Ils faisaient montre de moins de témérité que les révoltés blancs, mais dès l'origine il devint évident (avant même les incidents de l'université Cornell et du Collège de la ville de New York) qu'avec eux la violence n'était pas simplement une question de pure rhétorique et de théorie. D'autre part, alors que partout ailleurs dans les pays occidentaux la révolte étudiante ne saurait compter, à l'extérieur des universités, sur le soutien d'une opinion populaire, et rencontre généralement une hostilité ouverte dès qu'elle utilise des moyens violents, les prises de position ou les actions violentes des étudiants noirs sont approuvées et obtiennent le soutien d'une importante minorité de la communauté noire[1]. En fait, pour mieux comprendre cette violence noire, il faut la rapprocher de la violence ouvrière qui s'était manifestée en Amérique il y a une génération. Bien qu'à ma connaissance Staughton Lynd ait été le seul à établir explicitement un parallèle entre les émeutes ouvrières et la révolte étudiante[2], il semble bien que les autorités universitaires, qui ont fort curieusement eu tendance à céder devant les revendications des Noirs, même si elles paraissaient stupides et injustifiables[3], beaucoup plus facilement que devant les demandes moralement désintéressées des rebelles appartenant à la communauté

---

1. Voir appendice VI, p. 260.
2. Voir appendice VII, p. 261.
3. Voir appendice VIII, p. 261.

blanche, partagent cette opinion, et qu'elles se sentent plus à l'aise quand elles se trouvent en présence de la violence mise au service d'intérêts bien déterminés que dans les cas où elles ont affaire à l'exigence, fondamentalement non violente, d'une « démocratie à base de participation ». On a fréquemment tenté d'expliquer par un certain « sentiment de culpabilité » éprouvé par la communauté blanche la facilité avec laquelle les autorités universitaires ont cédé aux exigences des étudiants noirs. Il me semble beaucoup plus probable que le corps enseignant, les autorités universitaires et les conseils d'administration étaient persuadés, d'une façon plus ou moins consciente, de la pertinence de cette conclusion, exprimée dans le *Rapport officiel sur la violence en Amérique* : « La force et la violence peuvent être des instruments efficaces de pression et de revendication sociale dans tous les cas où elles bénéficient d'un large soutien populaire[1]. »

La nouvelle et indéniable apologie de la violence par le mouvement étudiant présente une curieuse particularité. Tandis que les nouveaux militants font appel à une rhétorique qui s'inspire directement de Fanon, leur argumentation théorique ne comporte d'ordinaire qu'un mélange confus de restes du marxisme. Il y a là de quoi confondre tous ceux qui ont jamais lu Marx ou Engels. Comment une idéologie qui s'appuie sur les « désœuvrés » et les « déclassés », qui croit que « c'est... au sein du lumpenprolétariat que

---

1. Voir le rapport de la Commission nationale d'enquête sur les causes de la violence et sa prévention, juin 1969, tel qu'il est cité par le *New York Times* du 6 juin 1969.

l'insurrection va trouver son fer de lance urbain », et estime que les « bandits… constituent pour le peuple des phares »[1], peut-elle être qualifiée de marxiste ? Sartre, avec son art de la réussite verbale, a une expression remarquable pour définir cette foi nouvelle. « La violence, déclare-t-il à présent, en s'appuyant sur l'ouvrage de Fanon, comme la lance d'Achille, peut cicatriser les blessures qu'elle a faites. » Si la chose était exacte, la vengeance pourrait devenir le remède miracle à la plupart de nos maux. Ce mythe est beaucoup plus abstrait, beaucoup plus éloigné des réalités que ne le fut jamais le mythe sorélien de la grève générale. Il se compare aux pires excès de la rhétorique de Fanon, selon laquelle « avoir faim dans la dignité est préférable au pain que l'on mange dans l'esclavage ». Il n'est pas besoin de recourir à l'histoire ou à une argumentation théorique pour réfuter ce genre de déclaration : l'observateur le plus superficiel des processus organiques dans le corps humain sait que cette allégation est fausse. Mais si Fanon avait déclaré qu'il valait mieux manger son pain avec dignité que de manger du gâteau dans l'esclavage, la phrase aurait perdu tout son impact rhétorique.

À la lecture de déclarations de ce genre, emphatiques et irresponsables – et celles que j'ai citées sont assez caractéristiques, bien que Fanon sache demeurer plus proche des réalités que la plupart de ses émules – et lorsqu'on les situe dans la perspective de ce que nous pouvons savoir de l'histoire des révoltes et des révolutions, on est tenté de leur dénier toute signification

---

1. Pp. 80 et 32.

réelle, de n'y voir que la manifestation d'un mouvement d'humeur ou de l'ignorance, jointe à la noblesse de sentiments, d'hommes placés devant des événements et des développements sans précédent, dépourvus des moyens d'en prendre mentalement la mesure, et qui reprennent, de ce fait, des pensées et des émotions dont Marx avait espéré pouvoir, une fois pour toutes, libérer la révolution. Qui donc a jamais douté que les misérables rêvent de violence, et que l'opprimé « rêve en permanence » de s'installer à la place de l'oppresseur, que le pauvre rêve d'avoir ce que possède le riche, que le persécuté rêve d'« abandonner son rôle de gibier pour prendre celui de chasseur », et rêve en fin de compte du royaume où « les derniers seront les premiers et les premiers seront les derniers[1] » ? Mais le point important, comme Marx l'avait perçu, c'est que les rêves ne se transforment jamais en réalité[2]. On sait combien les révoltes d'esclaves et les soulèvements de spoliés et de déshérités sont rares ; lors des rares occasions où ils se sont produits, c'est précisément la « folie furieuse » qui a transformé les rêves en un cauchemar généralisé. En aucun cas, à ma connaissance, la force de ces explosions « volcaniques », pour reprendre les termes de Sartre, n'a été égale « à la pression qui avait été subie ». Confondre ce genre de révolte avec les mouvements de libération nationale revient à prophétiser leur échec – sans compter qu'une improbable victoire n'aurait nullement pour effet de changer le monde (ou le système), mais

---

1. Fanon, *op. cit.*, p. 19.
2. Voir appendice IX, p. 262.

d'en changer les dirigeants. Penser, en fin de compte, qu'il existe réellement une « unité du tiers-monde », à laquelle pourrait s'adresser le nouveau slogan de l'ère de la décolonisation : « Indigènes de tous les pays sous-développés, unissez-vous ! » n'est-ce pas, à une beaucoup plus vaste échelle, retomber dans les pires illusions de Marx, et d'une façon encore beaucoup moins justifiée ? Le tiers-monde n'est pas une réalité, mais une idéologie[1].

*

On peut encore se demander comment il se fait que tant de ces nouveaux prédicateurs de la violence semblent ignorer qu'ils sont entièrement en désaccord avec les enseignements de Karl Marx ou, autrement dit, pourquoi ils s'attachent avec tant d'acharnement à soutenir des conceptions doctrinales qui, non seulement

---

1. En porte-à-faux entre les deux superpuissances, et déçus par le comportement de l'Est comme par celui de l'Ouest, les étudiants « sont inévitablement à la recherche d'un autre type d'idéologie, celle du Cuba de Castro ou celle de la Chine de Mao » (SPENDER, *op. cit.*, p. 92). Leurs appels montent vers Mao, vers Castro, Che Guevara et Hô Chi Minh, comme des incantations religieuses invoquant un sauveur venant d'un autre monde ; ils s'adresseraient aussi bien à Tito si la Yougoslavie était plus lointaine et moins aisément approchable. Il en va différemment dans le cas du « black power » ; pour ce mouvement, la solidarité idéologique avec une inexistante « unité du tiers-monde » est tout autre chose qu'une absurdité romantique. Il a un intérêt évident à l'établissement d'une dichotomie entre les Noirs et les Blancs ; à l'évidence, il s'agit encore d'une idéologie d'évasion, d'évasion dans un rêve où les Noirs constitueraient l'écrasante majorité de la population mondiale.

ont été réfutées par la réalité des faits, mais qui sont à l'évidence en contradiction avec leur propre action politique. Le seul slogan politique ayant une valeur positive que ce mouvement ait formulé, la revendication d'une « démocratie à base de participation », a éveillé des échos dans le monde entier, et il représente le dénominateur commun le plus significatif des rébellions, à l'Est comme à l'Ouest. Il procède du meilleur de la tradition révolutionnaire, le système des conseils, produit authentique de toutes les révolutions depuis le XVIIIᵉ siècle, mais toujours vaincu. Néanmoins, on chercherait en vain dans les enseignements de Marx et de Lénine une quelconque référence à un objectif de ce genre ; l'un et l'autre, au contraire, voulaient parvenir à un type de société où « dépériraient », en même temps que l'État, la nécessité de l'action civique et de la participation aux affaires publiques[1]. Dans le domaine théorique, la Nouvelle Gauche a fait preuve

---

1. Il semble que l'on puisse reprocher à Marx aussi bien qu'à Lénine un certain manque de logique dans leurs prises de position en cette matière. Marx n'a-t-il pas chanté les louanges de la Commune de Paris, et Lénine n'a-t-il pas voulu donner « tout le pouvoir aux soviets » ? Mais pour Marx, la Commune ne pouvait représenter qu'un organe de transition de l'action révolutionnaire : « un levier pour renverser les bases économiques [de]... la domination de classe », cela même qu'Engels allait fort justement appeler « la dictature du prolétariat », qui devait être elle aussi transitoire. (Voir *The Civil War in France*, in Karl MARX et F. ENGELS, *Selected Works*, Londres, 1950, vol. I, respectivement pp. 474 et 440. *La Guerre civile en France*, Édit. sociales, 1968, p. 67, et, pour la citation d'Engels, introduction, p. 25. Le cas de Lénine est plus complexe. C'est cependant lui qui a stérilisé le rôle des soviets pour conférer tout le pouvoir au parti.

d'une curieuse timidité, contrastant vivement avec le
courage et la hardiesse dont elle faisait montre dans la
pratique, et le slogan précité est demeuré à un stade
déclamatoire, invoqué de façon quelque peu incohé-
rente en face de la démocratie occidentale fondée sur la
représentation (qui est sur le point de résigner jusqu'à
sa fonction représentative au profit des lourds appareils des partis qui « représentent » non l'ensemble
de leurs membres mais leurs rouages administratifs)
ou encore, dans les pays de l'Est, à l'encontre de la
bureaucratie du parti unique, qui, par principe, exclut
toute participation.

Plus surprenant encore, dans la perspective de cette
étrange fidélité aux conceptions du passé, est le fait
que la Nouvelle Gauche paraît ignorer à quel point le
caractère moral de la révolte – largement reconnu à
l'heure actuelle[1] – est en contradiction avec son utilisation de la rhétorique marxienne. En fait, rien n'est plus

---

1. « Leur idéal révolutionnaire est une passion morale », déclare
SPENDER (*op. cit.*, p. 114). Noam CHOMSKY (*op. cit.*, p. 368 ; trad.
fr., p. 26) apporte des faits : « À vrai dire, sur un millier de cartes
militaires remises au ministère de la Justice, le 20 octobre 1967,
la plupart appartenaient à des hommes qui n'étaient pas soumis
au service militaire, mais qui tenaient à se solidariser avec ceux
qu'appelait l'armée. » Il en fut de même dans le cas de toutes
les manifestations contre le service militaire et des très nombreux
sit-in dans les collèges et les universités. Dans d'autres pays, la
situation a un caractère similaire. Par exemple, le *Spiegel* décrit
en ces termes les déceptions et souvent les humiliations qui ont
été subies en Allemagne par les assistants de recherche : « Ange-
sichts dieser Verhältnisse nimmt es gerade zu Wunder, dass die
Assistenten nicht in der vordersten Front der Radikalen stehen »
(23 juin 1969, p. 58, en allemand dans le texte). Partout la même

frappant, dans ce mouvement, que son caractère désin-
téressé. Peter Steinfels, dans un remarquable article
sur « La révolution française de 1968 », publié dans
Commonweal du 26 juillet 1968, déclarait fort justement : « Péguy aurait pu être le chef de file de cette
révolution culturelle, avec le mépris qu'il professait
pour le mandarinat sorbonnard [et] sa maxime : "La
révolution sociale sera morale ou elle ne sera pas." »
Certes tous les mouvements révolutionnaires ont eu
pour instigateurs des hommes désintéressés, mus par
la compassion ou par un goût passionné pour la justice, et Marx et Lénine ne font pas exception. Mais
Marx, nous le savons, avait effectivement rejeté ce
genre de motivations « sentimentales » – lorsque, de
nos jours, les autorités établies rejettent les arguments
de la morale, en les taxant de « sentimentalisme »,
elles sont beaucoup plus proches que les rebelles de
l'idéologie marxiste – et il pensait avoir résolu ce problème du « désintéressement » des chefs, en les consi-
dérant comme l'avant-garde de l'humanité, incarnant
l'intérêt supérieur de l'histoire humaine[1]. En premier
lieu, ils devaient se consacrer à la défense des intérêts
purement matériels et terre à terre de la classe ouvrière
et s'identifier à elle ; cela suffisait à leur donner de
solides assises, extérieures aux cadres de la société. Et
c'est précisément une telle assise qui, dès l'origine, a
fait défaut aux rebelles de notre époque ; en dépit de
leurs efforts désespérés pour découvrir des alliés en

---

histoire se répète : les groupes d'intérêts se refusent à rejoindre
les rebelles.
    1. Voir appendice X, p. 263.

dehors des universités, ils ne sont pas parvenus à les obtenir. L'hostilité des ouvriers à leur égard, dans tous les pays, est une réalité indiscutable[1], et, aux États-Unis, l'échec complet de toute coopération avec le mouvement du « black power », dont les participants demeurent solidement liés à leur communauté d'origine et de ce fait en meilleure position pour exercer une pression sur les autorités universitaires, a été pour les rebelles blancs la cause d'une très amère déception. (Était-il sage, pour les gens du « black power », de se refuser à jouer le rôle du prolétariat pour des leaders « désintéressés » de couleur différente ? C'est une autre question.) On ne saurait être surpris qu'en Allemagne, qui fut toujours le pays de prédilection des mouvements de jeunesse, un groupe d'étudiants se propose, à l'heure actuelle, de réaliser l'union organique de tous les groupements de jeunes[2]. Il s'agit évidemment d'une proposition absurde.

Je ne sais trop comment pourraient s'expliquer, en fin de compte, ces inconséquences, mais il me semble que ces témoignages de fidélité à une doctrine caractéristique du XIXᵉ siècle ne sont pas sans

---

1. La Tchécoslovaquie paraît faire exception. Toutefois, le mouvement réformiste, au sein duquel les étudiants combattirent au premier rang, avait le soutien de toute la nation, sans aucune distinction de classe. Le soutien que reçoivent là les étudiants, comme probablement dans tous les pays de l'Est, de la part des diverses couches de la nation est beaucoup trop largement unanime pour qu'il soit possible de l'expliquer dans le cadre de la théorie marxiste.

2. Voir l'interview de Christoph EHMANN, publiée dans le *Spiegel* du 10 février 1969.

rapports avec le concept de Progrès, avec le refus
de renoncer à une idée qui avait réussi à rassembler
dans le mouvement de « la Gauche » le libéralisme, le
socialisme et le communisme, mais qui n'a jamais pu
atteindre le niveau d'élaboration et de vraisemblance
que nous découvrons dans l'œuvre doctrinale de Karl
Marx. (Le défaut de cohérence logique a toujours été
le talon d'Achille de la pensée libérale ; celle-ci, tout
en demeurant inébranlablement fidèle à l'idée de Progrès, s'est toujours rigoureusement refusée à se livrer
à une glorification de l'histoire sur le mode marxiste
ou hégélien, qui seule était capable de fonder et de
justifier cette idée de Progrès.)

L'idée de l'existence d'un progrès de l'humanité
dans son ensemble, inconnue avant le XVIIe siècle, fut
communément partagée par les hommes de lettres au
cours du XVIIIe siècle ; le XIXe allait l'élever au rang
d'un dogme, presque universellement accepté. Mais
il existe, entre les premières conceptions et leur élaboration à leur dernier stade, une différence capitale.
Le XVIIe siècle, en ce sens parfaitement représenté
par Pascal et par Fontenelle, avait conçu le progrès
sous la forme d'une accumulation des connaissances
acquises au cours des siècles, tandis que le même
terme impliquait, pour les hommes du XVIIIe siècle,
une « éducation de l'humanité » (l'*Erziehung des
Menschengeschlechts*, de Lessing) dont le terme
devait coïncider avec le temps de la pleine maturité
de l'homme. Le progrès ne devait pas se prolonger
indéfiniment, et la société sans classes de Marx, définie comme le règne de la liberté qui devait marquer
la fin de l'histoire – souvent considérée comme une

laïcisation de l'eschatologie chrétienne ou du messianisme juif – porte en réalité l'empreinte du siècle des Lumières. Toutefois, dès le début du XIXᵉ siècle, de telles limitations cessèrent d'être distinctement perçues. Dans la terminologie de Proudhon, le mouvement est le « fait primitif », et « seules les lois du mouvement sont éternelles ». Celui-ci n'a ni commencement ni fin : « Le mouvement est ; voilà tout ! » Quant à l'homme, tout ce que nous pouvons dire, c'est « que nous sommes nés perfectibles, mais que nous ne serons jamais parfaits[1] ». L'idée de Marx, empruntée à Hegel, selon laquelle toute société ancienne porte en elle le germe de celles qui lui succéderont, de la même façon que tout organisme vivant est porteur du germe de sa progéniture, est sans aucun doute non seulement la plus ingénieuse mais l'unique garantie conceptuelle de la perpétuelle continuité du progrès dans l'histoire ; et puisque l'évolution de ce progrès est supposée se produire du fait de l'affrontement de forces antagonistes, on pourra découvrir dans toute « régression » un retard nécessaire, mais temporaire.

En fin de compte, on ne saurait découvrir dans ces spéculations autre chose que le développement d'une métaphore, ce qui ne constitue pas, assurément, la base la plus solide pour l'édification d'une doctrine ; mais le marxisme partage cette infortune avec de nombreuses théories philosophiques. Il possède d'ailleurs

---

1. P. J. PROUDHON, *Philosophie du Progrès* (1853), 1946, pp. 27-30 et 49 ; et *De la justice* (1858), 1930, I, p. 238. Voir également William H. HARBOLD, « Progressive Humanity in the Philosophy of P. J. Proudhon », *Review of Politics*, janvier 1969.

de sérieux avantages qui apparaissent clairement lorsqu'on le compare à d'autres conceptions de l'histoire
– telles que celle de l'« éternel retour », celle de l'ascension et de la chute des empires, celle d'une suite
d'événements incohérents que gouverne le hasard –
qui toutes peuvent être soutenues et justifiées par des
exemples, mais dont aucune ne peut apporter la garantie
d'un développement continu et d'un incessant progrès
dans l'histoire. Et dans ce domaine, la seule conception rivale, l'ancienne notion d'un âge d'or, situé à
l'origine et d'où procède toute l'évolution postérieure,
implique l'évidence assez déplaisante d'un continuel
déclin. Certes, l'idée réconfortante que nous n'avons
qu'à marcher vers l'avenir, ce que de toute façon nous
ne pouvons éviter, pour découvrir un monde meilleur,
comporte encore quelques conséquences marginales
moins réjouissantes. Il y a, en premier lieu, cette simple
constatation que l'avenir de l'humanité n'a rien à apporter à l'existence de l'individu, dont la mort demeure le
seul avenir certain. Et si nous laissons de côté ce point
de vue pour n'envisager que la perspective d'ensemble,
nous voyons encore apparaître un argument qui peut
être opposé à la notion de progrès, le fait que, comme
le déclarait Herzen : « Le progrès de l'humanité représente une sorte d'injustice chronologique, puisque
les derniers venus bénéficient de l'avantage de pouvoir profiter du travail accompli par leurs prédéces-
seurs, sans être contraints d'en acquitter le prix[1] » ; ou

---

1. Cette citation d'Alexandre Herzen est tirée de l'introduction
d'Isaiah Berlin à l'ouvrage de Franco VENTURI, *Roots of Revolution*, New York, 1966.

encore, comme le disait Kant : « Il paraîtra toujours troublant... que les premières générations paraissent accomplir leurs lourds travaux au bénéfice de celles qui vont les suivre... et que ces dernières seront les seules à pouvoir habiter l'édifice [achevé][1]. »

Néanmoins ces inconvénients, qui n'ont été qu'assez rarement remarqués, sont plus que compensés par un avantage considérable : non seulement la notion de progrès peut permettre d'expliquer le passé sans rupture dans le déroulement continu du temps, mais elle sert à guider l'action en direction de l'avenir. C'est ce que Marx a découvert quand il a opéré le renversement de la pensée hégélienne : il a conduit l'historien à changer la direction de son regard. Au lieu de se tourner vers le passé, celui-ci peut désormais se tourner, plein de confiance, vers l'avenir. Le progrès permet de répondre à cette troublante question : que faire à présent ? La réponse, à son plus simple niveau, est : améliorons, élargissons ce que nous possédons déjà, et ainsi de suite. (La foi, à première vue irrationnelle, des libéraux dans la croissance, si caractéristique de toutes les théories politiques et économiques actuelles, procède de cette conception.) Sur le plan des doctrines de gauche les plus élaborées, elle nous commande de faire évoluer les contradictions du présent et de réaliser la synthèse inhérente à leur nature. Elle nous assure, dans les deux cas, que nous n'avons pas à redouter qu'il se produise quelque chose d'entièrement nouveau

1. « Idea for a Universal History with Cosmopolitan Intent », Troisième Principe, in *The Philosophy of Kant*, Modern Library, 1949.

et inattendu ; rien ne peut intervenir que les conséquences « nécessaires » de tout ce qui nous est déjà
connu[1]. N'est-il pas infiniment rassurant de savoir,
selon l'expression de Hegel, que « rien ne peut se
produire que ce qui existait déjà[2] » ?

Ai-je besoin d'ajouter que toutes nos expériences
de ce siècle, qui nous ont constamment placés en
face de l'inattendu le plus total, sont en flagrante
contradiction avec ces idées et ces doctrines, dont la
popularité semble provenir du fait qu'elles offrent,
face à la réalité, un refuge confortable, spéculatif ou
pseudo-scientifique ? Une révolte étudiante qui s'inspire presque exclusivement de considérations morales
figure, sans aucun doute, au nombre des événements
totalement inattendus de notre temps. Cette dernière
génération, qui n'a guère connu, comme celles qui
l'ont précédée, que les diverses variétés de théories
sociales et politiques fondées sur des revendications
classiques, nous donne ainsi une leçon que nous
ferions bien de ne pas oublier. Les hommes peuvent
être « manipulés » par la contrainte physique, la torture ou la privation de nourriture, et leurs opinions
peuvent être arbitrairement formées par l'organisation d'une information délibérément fausse, mais
non pas par l'action de la « persuasion clandestine »,
de la publicité, de la télévision, ou d'autres moyens

1. Voir une excellente analyse des erreurs caractéristiques de
cette position dans un article de Robert A. NISBET, « The Year
2000 and All That », dans *Commentary*, juin 1968, ainsi que les
remarques critiques assez acrimonieuses contenues dans le numéro
de septembre.

2. HEGEL, *op. cit.*, p. 100 et suivantes.

d'action psychologique utilisés dans une société libre. Malheureusement, faire appel aux réalités en vue de réfuter les erreurs de la théorie s'est toujours avéré, au mieux, une tâche aléatoire et de longue haleine. Les obsédés de la manipulation, ceux qui mettent en elle leur espoir aussi bien que ceux qui la redoutent, ne savent guère à quel moment la manœuvre est susceptible de réussir. (Un des plus savoureux exemples de vues théoriques sombrant dans l'absurdité nous est fourni par un incident qui se produisit au cours des manifestations pour le « parc populaire » à l'université de Berkeley. Quand la police et la Garde nationale, avec des fusils, baïonnette au canon, et des hélicoptères répandant du gaz lacrymogène, attaquèrent les groupes d'étudiants sans armes, dont la plupart, « en fait de projectiles dangereux, ne lançaient guère que des épithètes », quelques gardes nationaux se mirent ouvertement à fraterniser avec leurs « ennemis », et l'un d'eux jeta ses armes en criant : « Je n'en peux plus. » Que se produisit-il ? À l'époque éclairée où nous vivons, son geste ne pouvait s'expliquer que par la folie. « On l'emmena aussitôt afin de le soumettre à un examen psychiatrique, [et] le diagnostic établit que cet homme souffrait de "tendances agressives refoulées"[1]. »)

Le progrès, n'en doutons pas, est un article plus complexe et plus sérieux que l'on peut se procurer

---

1. Cet incident a été rapporté sans commentaires par WOLIN et SCHAAR, *op. cit.* Voir également le compte rendu de Peter Barnes, « "An Outcry": Thoughts on Being Tear Gassed », *Newsweek*, 2 juin 1969.

à la grande foire aux superstitions de notre temps[1]. La foi irrationnelle du XIXᵉ siècle en un progrès *illimité* a trouvé une audience universelle, surtout par suite de l'étonnante progression des sciences de la nature, qui, depuis le début des temps modernes, sont réellement devenues des sciences « universelles » et qui peuvent ainsi envisager la tâche infinie de l'exploration des profondeurs de l'univers. Bien que la science ne se limite plus désormais à la connaissance de la nature et du monde fini, elle n'est nullement assurée d'un progrès indéfini. Il est évident que la recherche strictement scientifique dans le domaine des sciences de l'homme, ce que l'on a nommé les *Geisteswissenschaften*, qui s'attache à la connaissance des produits de l'esprit humain, doit comporter des limites. Dans de nombreux domaines où l'on ne saurait faire preuve que d'érudition, l'exigence perpétuelle et dépourvue de sens d'une recherche originale n'a abouti qu'à l'absence pure et simple de pertinence, la fameuse connaissance de tout à propos de rien, ou encore à une forme de pseudo-recherche destructrice, en fait, de son objet[2]. Il vaut la peine de remarquer

---

1. Spender rapporte (*op. cit.*, p. 45) qu'au cours des événements de mai 1968 à Paris, les étudiants français « ont rejeté catégoriquement l'idéologie du "rendement", du "progrès", et autres billevesées et pseudo-forces ». Ce n'est pas encore le cas en Amérique, tout au moins en ce qui concerne la notion de progrès. On ne cesse d'y entendre parler de forces « progressives » ou « régressives », de « tolérance progressive ou répressive », et autres expressions du même genre.

2. On trouvera des exemples particulièrement convaincants de ce genre d'entreprises, non seulement superflues mais pernicieuses,

que la révolte de la jeunesse, dans la mesure où ses motivations ne sont pas exclusivement d'ordre moral et politique, s'est surtout attaquée à la glorification par les universitaires de la recherche et de la science, qui, l'une comme l'autre, mais pour des raisons différentes, se trouvent gravement compromises à ses yeux. Et il est vrai que, dans les deux cas, il n'est nullement exclu que nous soyons arrivés à un tournant décisif, à partir duquel le rendement devient négatif. Non seulement le progrès de la science a cessé de coïncider avec le progrès de l'humanité (quel que soit le sens donné à cette expression), mais il pourrait bien sonner le glas de l'humanité, de même que le progrès de la recherche pourrait fort bien se terminer par la destruction de tout ce qui faisait pour nous le prix de la recherche. Autrement dit, la notion de progrès ne peut plus nous servir d'étalon pour apprécier la valeur du processus de changement désastreusement rapide que nous avons nous-mêmes déchaîné.

Puisque nous nous préoccupons ici plus particulièrement de la violence, je dois formuler une mise en garde contre la tentation d'un malentendu. Lorsqu'on découvre dans l'histoire un processus chronologique continu, dont le progrès est, en outre, inévitable, la violence, sous forme de guerres et de révolutions, peut apparaître comme l'unique moyen d'interrompre le processus. S'il n'existait vraiment pas d'autre moyen que la pratique de la violence pour mettre un terme aux processus automatiques dans les affaires de

dans l'ouvrage d'Edmund WILSON, *The Fruits of the MLA*, New York, 1968.

l'humanité, les prêcheurs de violence auraient marqué un point important. (Ce point n'a jamais été marqué, pour autant que je le sache, sur le plan de la théorie, mais il ne me paraît guère contestable que les activités perturbatrices des étudiants, au cours des dernières années, aient été en fait fondées sur cette conviction.) C'est le rôle de toute action, distincte en ce sens du simple comportement, de venir interrompre tout ce qui aurait dû autrement se poursuivre d'une façon automatique et, en ce sens, prévisible.

II

C'est dans le contexte général de ces expériences que je me propose d'envisager le problème de la violence dans le domaine politique. L'entreprise est incommode ; la remarque que Georges Sorel formulait voici soixante ans : « Les problèmes de la violence sont demeurés jusqu'ici très obscurs[1] », n'est pas moins exacte de nos jours qu'elle ne l'était alors. J'ai signalé que, d'une façon générale, on avait toujours hésité à traiter de la violence comme d'un phénomène particulier ; il me faut à présent compléter et justifier cette affirmation. Si nous examinons les affrontements d'idées auxquels a donné lieu le phénomène du pouvoir, nous ne tardons pas à découvrir que tous les théoriciens politiques, aussi bien de droite que de gauche, s'accordent à reconnaître

---

1. Georges SOREL, *Réflexions sur la violence*, avant-propos de la première publication, Librairie Marcel Rivière, 1946, p. 65.

que la violence n'est rien autre que la manifestation la plus évidente du pouvoir. « Toute politique est une lutte pour le pouvoir ; or le pouvoir sous la forme ultime, c'est la violence », déclarait C. Wright Mills, faisant écho apparemment à Max Weber, qui définissait l'État comme « un rapport de *domination* de l'homme sur l'homme fondé sur le moyen de la violence légitime (c'est-à-dire sur la violence qui est considérée comme légitime)[1] ». Cet accord général est fort étrange, car assimiler le pouvoir politique à « l'organisation de la violence » ne peut avoir un sens que si l'on estime, avec Marx, que l'État constitue un instrument d'oppression entre les mains de la classe dominante. Tournons-nous alors vers des auteurs qui ne pensent pas que l'organisme politique, avec ses lois et ses institutions, soit une simple superstructure oppressive, expression indirecte de diverses forces sous-jacentes. Voyons, par exemple, le livre de Bertrand de Jouvenel, *Du pouvoir*, sans doute le plus remarquable et en tout cas le plus intéressant des ouvrages récents traitant de ce sujet : « Accident aux yeux de l'homme qui vit exclusivement dans son temps, la guerre apparaît à celui qui contemple le déroulement des époques

---

1. C. Wright MILLS, *The Power Elite*, New York, 1956, p. 171 ; trad. fr. : *L'Élite du pouvoir*, F. Maspero, Paris, 1969, p. 176. Max WEBER, *Le Métier et la vocation d'homme politique* (1919), trad. fr., Plon, Paris, 1959, p. 113. Weber semble avoir été très conscient que son opinion concordait sur ce point avec celle de la gauche. Il cite dans ce contexte la remarque de Trotski à Brest-Litovsk : « Tout État est fondé sur la force », en ajoutant : « En effet, cela est vrai. »

comme une activité *essentielle* des États[1]. » Nous
pourrions alors nous demander si la fin des activités
guerrières ne doit pas également marquer la fin des
États. La disparition de la violence dans les rapports
entre États ne sonnerait-elle pas le glas du pouvoir ?

La réponse dépendra, semble-t-il, de ce que nous
entendons par pouvoir. Et le pouvoir est, dans la pratique, l'instrument de celui qui gouverne, alors que le
gouvernement, nous dit-on, doit son existence à « l'instinct de domination[2] ». Nous pensons aussitôt aux propos de Sartre sur la violence quand nous lisons, dans
Jouvenel, que « l'homme se sent plus homme quand il
s'impose, fait d'autres les instruments de sa volonté »,
ce qui lui procure une « joie… incomparable[3] ». « Le
pouvoir, disait Voltaire, c'est la possibilité de faire
faire à d'autres ce qui me plaît. » Il est présent chaque
fois que je puis avoir la chance de « faire prévaloir
ma volonté sur la résistance d'autrui », assurait Max
Weber, qui nous rappelle ainsi la définition de la
guerre par Clausewitz : « Un acte de violence visant
à contraindre l'adversaire à exécuter notre volonté. »
Ce terme, nous dit Strausz-Hupé, signifie « le pouvoir
que l'homme exerce sur l'homme[4] ». Et pour revenir

---

1. *Du pouvoir. Histoire naturelle de sa croissance*, Édit. du
Cheval ailé, Constant Bourquin, Genève, 1947, p. 169. (Souligné
par nous.) Cet ouvrage vient d'être réédité (Hachette, 1972).

2. *Ibid.*, p. 128.

3. *Ibid.*, p. 153.

4. Voir Carl von Clausewitz, *De la guerre* (1832) ; trad.
fr., *De la guerre*, Édit. de Minuit, 1959, chap. I, p. 51. Robert
Strausz-Hupé, *Power and Community*, New York, 1956, p. 4 ; la
citation de Max Weber, *Macht bedeutet jede Chance, innerhalb*

à Jouvenel, « ...commander et être obéi : ce qui est la condition nécessaire pour qu'il y ait Pouvoir ; et la condition suffisante... ce sans quoi il n'existe pas : cette essence, c'est le commandement[1]. » Si la caractéristique essentielle du pouvoir réside dans l'efficacité du commandement, il n'y aura pas alors de plus grand pouvoir que celui qui sort du canon du fusil, et il sera bien difficile de dire en quoi « l'ordre donné par l'agent de police est différent de celui donné par un homme armé ». J'emprunte cette citation à l'important ouvrage, *La Notion de l'État*, d'Alexandre Passerin d'Entrèves, seul auteur, à ma connaissance, qui soit convaincu de l'importance qu'il y a à établir une distinction entre la violence et le pouvoir : « Il nous faut décider si et dans quel sens le "pouvoir" peut se distinguer de la "force", il nous faut examiner

---

einer sozialen Beziehung den eigenen Willen auch gegen Widerstand durchzusetzen, a été empruntée à l'ouvrage de Strausz-Hupé.
   1. *Op. cit.*, p. 124. J'ai choisi ces exemples un peu au hasard, car il importe assez peu en cette matière que l'on fasse appel à un auteur plutôt qu'à un autre. On entend bien rarement une voix discordante. Ainsi : « Le pouvoir de contrainte, déclare R. M. McIver, appartient à l'État, mais il n'en constitue pas l'essence... Il est vrai qu'il ne saurait y avoir d'État si n'existe pas une force capable de s'imposer... mais ce n'est pas l'usage de la force qui constitue l'État » (in *The Modern State*, Londres, 1926, pp. 222-225). Les efforts que fait Rousseau pour échapper à cette conception traditionnelle ne font que démontrer sa solidité. Cherchant à définir une forme de gouvernement non autoritaire, il ne trouve pas de meilleure formule que : « ...une forme d'association... par laquelle chacun, s'unissant à tous, n'obéit pourtant qu'à lui-même... ». L'exigence de l'obéissance, et par là du commandement, est toujours là.

si le fait d'employer la force en conformité avec le droit modifie la nature de la force elle-même et nous donne une image totalement différente des relations humaines », puisque « la force, du fait même de recevoir une qualification, cesse d'être la force ». Mais même cette distinction, qui est de loin la plus réfléchie et la plus élaborée que l'on puisse découvrir en cette matière, ne va pas à la racine des choses. Le pouvoir, dans l'optique de Passerin d'Entrèves, est une force « qualifiée » ou « institutionnalisée ». Autrement dit, alors que les auteurs précédemment cités définissent la violence comme la plus flagrante manifestation du pouvoir, Passerin d'Entrèves définit le pouvoir comme une sorte de violence mitigée. Mais au fond cela revient au même[1]. Comment concevoir que, de la droite à la gauche, de Bertrand de Jouvenel à Mao Tsé-toung, tous les auteurs se retrouvent d'accord sur une question de philosophie politique aussi importante que celle de la nature du pouvoir ?

Dans la perspective de la pensée politique traditionnelle, ces définitions peuvent s'appuyer sur de solides fondements. Elles se réfèrent, non seulement à l'ancienne notion de pouvoir absolu, inséparable de la constitution des États-nations souverains de l'Europe, dont les premiers et encore les plus remarquables

1. Alexandre PASSERIN D'ENTRÈVES, *The Notion of the State. An Introduction to Political Theory.* Oxford University Press, Oxford, 1967. Trad. fr., *La Notion de l'État*, Sirey, Paris, 1967. La première version de l'ouvrage a été publiée en italien en 1962. Le texte anglais n'est pas une simple traduction ; écrit par l'auteur lui-même, il représente l'édition définitive. Pour les citations, voir pp. 79 et 86 de l'édition française.

interprètes ont été Jean Bodin, dans la France du
XVIᵉ siècle, et Thomas Hobbes en Angleterre au XVIIᵉ,
mais elles sont fidèles, d'autre part, à une terminologie
qui, depuis la Grèce antique, sert à définir les formes
de gouvernement, en tant que systèmes de domination
de l'homme sur l'homme – domination d'un seul ou
d'un petit nombre dans la monarchie et l'oligarchie,
domination des meilleurs dans l'aristocratie, règne
de la majorité en démocratie. De nos jours, il nous
faudrait ajouter la dernière forme, peut-être la plus
impressionnante de toutes ces hégémonies : la bureaucratie, pouvoir d'un système complexe de bureaux où
ni un seul, ni les meilleurs, ni le petit nombre, ni la
majorité, personne ne peut être tenu pour responsable,
et que l'on peut fort justement qualifier de règne de
l'Anonyme. (Si nous qualifions de tyrannie, conformément à la pensée politique traditionnelle, un gouvernement qui n'est pas tenu de rendre compte de ses
actes, le règne de l'Anonyme est sans conteste le plus
tyrannique de tous, puisqu'on ne voit en fin de compte
personne qui soit susceptible de répondre de ce qui a
été accompli. Cet état de choses, qui rend impossible
la localisation de la responsabilité et l'identification
de l'adversaire, figure parmi les causes essentielles de
l'agitation séditieuse qui s'est répandue sur le monde
entier ; il peut en expliquer le caractère chaotique et
la dangereuse tendance à échapper à tout contrôle et à
sombrer dans une sorte de fureur absurde.)

D'autre part, la valeur de cette ancienne terminologie a été assez bizarrement confirmée et affer-
mie par les apports de la tradition judéo-chrétienne
et par sa « conception impérative de la loi ». Cette

conception n'a pas été inventée par les « réalistes politiques », mais procède, par extension, de la notion beaucoup plus ancienne du pouvoir contraignant des « Commandements » de Dieu, selon laquelle « le rapport du commandement et de l'obéissance » suffirait à caractériser l'essence même de la loi[1]. En fin de compte, ces conceptions politiques et juridiques traditionnelles ont été renforcées par des théories scientifiques et philosophiques plus modernes concernant la nature de l'homme. Les nombreuses découvertes récentes concernant l'existence, dans l'être humain, d'un instinct animal de domination et de tendances agressives innées, avaient été précédées par des considérations philosophiques aboutissant à des conclusions similaires. Pour John Stuart Mill, « le premier enseignement de la civilisation [est] celui de l'obéissance », et il fait état de « … deux inclinations très différentes en elles-mêmes,… l'une est le désir de commander, l'autre est la répugnance à subir le commandement[2] ». Si nous nous référons à notre expérience en la matière, nous pourrons constater que l'instinct de soumission, un ardent désir de se laisser diriger et d'obéir à un homme fort, tient dans la psychologie de l'homme une place au moins aussi importante que la volonté de puissance, et, d'un point de vue politique, peut-être plus significative. Le vieux dicton : « How fit he is to sway/That can so well obey » (fait pour obéir,

---

1. Cf. *ibid.*, p. 162.

2. *Considerations on Representative Government* (1861), Liberal Arts Library, pp. 59 et 65 ; trad. fr., *Le Gouvernement représentatif*, Guillaumin, 2ᵉ éd., 1865, pp. 86 et 95.

fait pour commander) dont il semble que l'on puisse
retrouver quelques variantes à toutes les époques et
dans tous les pays du monde[1], se fonde sans doute sur
une certaine réalité psychologique : celle de l'existence d'un rapport étroit entre la volonté de dominer et
le désir de se soumettre. « La prompte soumission à la
tyrannie », pour reprendre encore une fois une expression de Stuart Mill, n'a pas toujours pour cause une
« passivité excessive ». Par contre, une forte tendance
à la désobéissance s'accompagne souvent d'une incli-
nation non moins vive à la domination et au commandement. Sur un plan historique, il serait impossible
d'expliquer sur la base de la théorie psychologique de
Stuart Mill la très ancienne institution d'une économie
fondée sur l'esclavage. Elle avait explicitement pour
objectif de décharger les citoyens du fardeau des obligations domestiques et de leur permettre de participer
sur une base d'égalité à la vie publique de la communauté ; s'il était exact que rien ne peut être plus appré-
cié que la possibilité de diriger et de se faire obéir, le
maître n'aurait jamais consenti à confier à d'autres la
direction de sa propre maison.

Il existe cependant une autre tradition et une autre
terminologie non moins anciennes et vénérables.
Lorsque les anciens Grecs qualifiaient d'isonomie la
règle constitutionnelle de la cité, ou que les Romains
désignaient du nom de *civitas* la forme de leur

---

1. John M. WALLACE, *Destiny His Choice: The Loyalism of
Andrew Marwell*, Cambridge, 1968, pp. 88-89. (Je suis redevable
de cette référence à une aimable suggestion de Gregory Desjar-
dins.)

gouvernement, ils se référaient à une conception du pouvoir et du droit qui n'était pas essentiellement fondée sur le lien entre le commandement et l'obéissance et ne considérait pas comme identiques le pouvoir, le règne du droit et le commandement. Ce furent à de tels exemples que songèrent les instigateurs des révolutions du XVIIIe siècle quand ils firent appel aux documents de l'Antiquité pour tracer le modèle d'un gouvernement, d'une république, où le règne du droit, fondé sur la volonté du peuple, mettrait un terme à la domination de l'homme par l'homme qui, estimaient-ils, était un mode de gouvernement « bon pour des esclaves ». Malheureusement ils parlaient encore, eux aussi, d'obéissance, d'une obéissance aux lois au lieu d'une obéissance aux hommes ; mais ils entendaient en réalité le soutien à des lois auxquelles la communauté des citoyens avait donné son consentement[1]. Un tel soutien n'est jamais inconditionnel, et s'il demeure solidement garanti, il ne saurait pour autant être assimilé à l'« obéissance sans conditions » qui peut être imposée par un acte de violence : l'obéissance sur laquelle peut compter le bandit qui me dérobe mon portefeuille sous la menace d'un couteau, ou qui, revolver au poing, cambriole une banque. C'est le soutien populaire qui donne leur pouvoir aux institutions d'un pays, et ce soutien n'est que la suite naturelle du consentement qui a commencé par donner naissance aux lois existantes. Dans un système de gouvernement représentatif, le peuple est supposé avoir la haute main sur ceux qui le gouvernent. Le pouvoir se manifeste et se concrétise dans toutes les

---

1. Voir appendice XI, p. 263.

institutions politiques, qui vieillissent et se paralysent dès que la force vive du pouvoir populaire cesse de leur apporter son soutien. C'est bien ainsi que l'entendait Madison lorsqu'il déclarait : « Tout gouvernement repose sur l'opinion », affirmation qui ne s'applique pas moins aux divers types de monarchies qu'aux démocraties. (« C'est une singulière illusion, déclare Bertrand de Jouvenel, que la loi de la majorité ne fonctionne qu'en démocratie. Le roi, un homme tout seul, a plus qu'aucun gouvernement besoin que la majorité des forces sociales penche en sa faveur[1]. » Même le tyran, celui qui règne seul contre la volonté générale, a besoin d'aides pour s'imposer par la violence, bien que ces aides puissent être en nombre fort restreint.) Toutefois, la force de l'opinion, c'est-à-dire le pouvoir du gouvernement, est un problème numérique, « elle est en proportion du nombre de ceux avec lesquels elle est associée[2] », et la tyrannie, comme l'avait indiqué Montesquieu, est ainsi la plus violente et la plus fragile des formes de gouvernement. En fait, une des différences les plus caractéristiques qui permettent de distinguer le pouvoir de la violence est que le pouvoir a toujours besoin de s'appuyer sur la force du nombre, tandis que la violence peut s'en passer, dans une certaine mesure, du fait que pour s'imposer elle peut recourir à des instruments. Le règne de la majorité sans aucune restriction juridique, qui est celui d'une

---

1. *Op. cit.*, p. 135.
2. *The Federalist*, n° 49 ; trad. fr., *Le Fédéraliste*, Librairie générale de droit et de jurisprudence (reproduction de l'édition de 1901), 1957, p. 418.

démocratie privée de Constitution, peut avoir pour effet
redoutable la suppression de tous les droits des minorités, et, sans avoir recours à la violence, peut s'avérer
très efficace dans la répression des oppositions. Mais
il n'en résulte pas que le pouvoir et la violence soient
une seule et même chose.

« Tous contre un », telle est la forme extrême du
pouvoir, alors que celle de la violence est « Un contre
tous ». Et cette dernière a toujours besoin d'instruments. Il est, dans ces conditions, fallacieux de prétendre, comme cela est souvent le cas, qu'une faible
minorité d'étudiants non armés empêche le déroulement des cours contre la volonté de l'écrasante
majorité, favorable à la poursuite normale de l'enseignement – et cela par l'utilisation de divers moyens de
violence : cris, battements de pieds, etc. (Dans un cas
récent d'incidents dans une université allemande, on
précisait même qu'un unique manifestant avait réussi
à remporter cette étrange victoire sur plusieurs centaines d'étudiants.) Il se passe en réalité, dans des cas
semblables, une chose beaucoup plus grave : la majorité refuse, à l'évidence, d'utiliser son pouvoir pour
réduire à l'impuissance les fauteurs de troubles. Le
processus normal de l'enseignement est interrompu du
fait que personne ne s'est soucié de lever le doigt pour
voter en faveur du *statu quo*. Les autorités universitaires se trouvent placées en face de l'« immense unité
négative » dont parle Stephen Spender dans un autre
contexte. Tout cela prouve simplement qu'une minorité peut disposer d'un pouvoir beaucoup plus grand
que celui auquel on pouvait s'attendre en se conten-
tant de compter les voix obtenues dans les sondages

d'opinion. La majorité purement spectatrice, qui s'amuse à regarder le spectacle d'un affrontement verbal entre quelques étudiants et le professeur, se comporte déjà comme l'alliée en puissance de la minorité. (Il suffit de se demander ce qui aurait pu se passer dans l'Allemagne de la période pré-hitlérienne, si quelques Juifs non armés s'étaient avisés de perturber le cours d'un professeur antisémite, pour comprendre qu'il est absurde de parler de petites « minorités de militants ».)

*

Il me paraît assez triste de constater qu'à son stade actuel la terminologie de notre science politique est incapable de faire nettement la distinction entre divers mots clefs, tels que « pouvoir », « puissance », « force », « autorité », et finalement « violence », dont chacun se réfère à des phénomènes distincts et différents. « "Puissance", "pouvoir", "autorité", nous dit Passerin d'Entrèves, ce sont là des mots auxquels un sens exact n'est pas attribué dans le langage courant ; les plus grands penseurs eux-mêmes les utilisent parfois au hasard. Il est cependant plausible de présumer que ces mots se réfèrent à des qualités différentes, et leur sens devrait donc être soigneusement examiné et déterminé... L'usage correct de ces mots n'est pas seulement une question de grammaire, mais aussi de perspective historique[1]. » Les utiliser

___

1. *Op. cit.*, p. 10, cf. également p. 213, où, discutant de la signification exacte des termes « nation » et « nationalité », il précise

comme s'il s'agissait simplement de synonymes, non seulement dénote une certaine insensibilité à leur signification linguistique, ce qui paraît assez grave, mais témoigne en outre d'une ignorance regrettable des réalités auxquelles ce langage se réfère. Il est toujours tentant, en ce cas, de proposer des définitions nouvelles ; mais même s'il m'arrive de céder quelque peu à cette tentation, il me semble qu'ici il ne s'agit pas simplement d'une inattention du langage. Au-delà d'une confusion apparente demeure la ferme conviction que des distinctions terminologiques plus précises seraient, au mieux, d'une importance mineure : la conviction que le problème politique essentiel est et a toujours été de savoir qui domine et qui est dominé. Pouvoir, puissance, force, autorité, violence : ce ne sont là que des mots indicateurs des moyens que l'homme utilise afin de dominer l'homme ; on les tient pour synonymes du fait qu'ils ont la même fonction. Ce n'est que lorsqu'on aura cessé de ramener la conduite des affaires publiques à une simple question de domination que les caractères originaux des problèmes de l'homme pourront apparaître, ou plutôt réapparaître, dans toute leur authentique diversité.

Ces caractères, dans le contexte de cet ouvrage, peuvent se définir de la façon suivante :

---

fort justement que « les seuls guides compétents dans cette jungle de tant d'opinions divergentes sont les linguistes et les historiens, et c'est vers eux que nous devons nous tourner afin qu'ils nous viennent à l'aide ». Et en distinguant l'autorité du pouvoir, il revient à la maxime de Cicéron : *potestas in populo, auctoritas in senatu.*

Le *pouvoir* correspond à l'aptitude de l'homme à agir, et à agir de façon concertée. Le pouvoir n'est jamais une propriété individuelle ; il appartient à un groupe et continue à lui appartenir aussi longtemps que ce groupe n'est pas divisé. Lorsque nous déclarons que quelqu'un est « au pouvoir », nous entendons par là qu'il a reçu d'un certain nombre de personnes le pouvoir d'agir en leur nom. Lorsque le groupe d'où le pouvoir émanait à l'origine se dissout (*potestas in populo* – s'il n'y a pas de peuple ou de groupe, il ne saurait y avoir de pouvoir), « son pouvoir » se dissipe également. Dans le langage courant, lorsqu'il nous arrive de parler du « pouvoir d'un homme », du « pouvoir d'une personnalité », nous conférons déjà au mot « pouvoir » un sens métaphorique : nous faisons en fait, et sans métaphore, allusion à sa « puissance ».

La *puissance* désigne sans équivoque un élément caractéristique d'une entité individuelle ; elle est la propriété d'un objet ou d'une personne et fait partie de sa nature ; elle peut se manifester dans une relation avec diverses personnes ou choses, mais elle en demeure essentiellement distincte. La plus puissante individualité pourra toujours être accablée par le nombre, par tous ceux qui peuvent s'unir dans l'unique but d'abattre cette puissance, à cause justement de sa nature indépendante et singulière. L'hostilité presque instinctive du nombre à l'égard de l'homme seul a toujours été attribuée, de Platon jusqu'à Nietzsche, au ressentiment, à l'envie qu'éprouve le faible à l'égard du fort, mais cette explication psychologique ne va pas au fond des choses. Cette hostilité est inséparable de la nature même du groupe, et du pouvoir qu'il possède de s'attaquer à l'autonomie qui constitue la caractéristique même de la puissance individuelle.

La *force*, terme que le langage courant utilise souvent comme synonyme de la violence, particulièrement quand la violence est utilisée comme moyen de contrainte, devrait être réservée, dans cette terminologie, à la désignation des « forces de la nature » ou de celles des « circonstances » *(la force des choses)**, c'est-à-dire à la qualification d'une énergie qui se libère au cours de mouvements physiques ou sociaux.

L'*autorité*, qui désigne le plus impalpable de ces phénomènes, et qui de ce fait est fréquemment l'occasion d'abus de langage[1], peut s'appliquer à la personne – on peut parler d'autorité personnelle, par exemple dans les rapports entre parents et enfants, entre professeurs et élèves – ou encore elle peut constituer un attribut des institutions, comme, par exemple, dans le cas du sénat romain *(auctoritas in senatu)* ou de la hiérarchie de l'Église (un prêtre en état d'ivresse peut valablement donner l'absolution). Sa caractéristique essentielle est que ceux dont l'obéissance est requise la

---

* En français dans le texte.

1. Il existe des gouvernements autoritaires qui, assurément, n'ont rien de commun avec la tyrannie, la dictature ou le pouvoir totalitaire. En ce qui concerne l'arrière-plan historique et la signification politique du terme, voir le chapitre, « What is Authority? », dans notre ouvrage : *Between Past and Future: Exercises in Political Thought, op. cit.* ; trad. fr., *La Crise de la culture, op. cit.*, chap. III : « Qu'est-ce que l'autorité ? » ; ainsi que la première partie de l'excellente étude de Karl HEINZ LÜBKE, *Auctoritas bei Augustin*, Stuttgart, 1968, accompagnée d'une abondante bibliographie.

reconnaissent inconditionnellement ; il n'est en ce cas nul besoin de contrainte ou de persuasion. (Un père peut perdre son autorité, soit en battant son fils, soit en acceptant de discuter avec lui, c'est-à-dire soit en se conduisant comme un tyran, soit en le traitant en égal.) L'autorité ne peut se maintenir qu'autant que l'institution ou la personne dont elle émane sont respectées. Le mépris est ainsi le plus grand ennemi de l'autorité, et le rire est pour elle la menace la plus redoutable[1].

---

1. WOLIN et SCHAAR, *op. cit.*, déclarent fort justement : « Les règlements ne sont plus observés parce qu'un grand nombre d'étudiants ne respectent plus les autorités universitaires, les administrateurs et même les professeurs. » Ils concluent alors : « Quand l'autorité disparaît, le pouvoir entre en scène. » Cela est également vrai, mais, je le crains, pas exactement dans le sens où ils l'entendent. Ce qui, en premier lieu, est entré en scène à Berkeley, c'est le pouvoir étudiant, à l'évidence pouvoir dominant sur tous les campus, simplement du fait que les étudiants y sont supérieurs en nombre. C'est pour briser ce pouvoir que les autorités eurent recours à la violence, et c'est précisément parce que l'université est essentiellement une institution fondée sur l'autorité et, dans ce sens, a besoin d'être respectée, qu'il lui est si difficile de récuser ce pouvoir par une procédure non violente. L'université, de nos jours, fait appel à la police pour assurer sa protection, exactement comme l'Église catholique avait coutume de le faire avant que la séparation de l'Église et de l'État la contraigne à ne plus compter que sur la seule autorité. Peut-être doit-on à plus qu'une singularité le fait que la crise la plus grave qui touche l'Église en tant qu'institution coïncide avec la crise la plus grave de toute l'histoire de l'université – seule institution laïque à être encore fondée sur l'autorité. Cette double crise ne peut-elle être attribuée « à la désintégration en chaîne du noyau atomique de l' "obéissance" dont la stabilité était considérée comme immuable », ainsi que le remarquait Heinrich Böll à propos de la crise que connaissent les Églises. Voir « Es wird immer später », dans *Antwort an Sacharov*, Zurich, 1969.

La *violence*, finalement, se distingue, comme nous l'avons vu, par son caractère instrumental. Sous son aspect phénoménologique, elle s'apparente à la puissance, car ses instruments, comme tous les autres outils, sont conçus et utilisés en vue de multiplier la puissance naturelle, jusqu'à ce qu'au dernier stade de leur développement ils soient à même de la remplacer.

Sans doute est-il nécessaire d'ajouter que ces distinctions, tout en n'étant nullement arbitraires, ne correspondent pas, dans le monde réel auquel elles se réfèrent cependant, à des compartiments aux cloisons étanches. Ainsi, dans les communautés organisées, le pouvoir institutionalisé prend souvent le masque de l'autorité, exigeant une reconnaissance immédiate et inconditionnelle ; à défaut, aucune société ne pourrait fonctionner. (Un petit incident, encore isolé, qui s'est déroulé à New York, indique ce qui se produirait si, dans les relations sociales, l'autorité authentique s'effondrait, au point de ne plus pouvoir assurer même son rôle dérivé purement fonctionnel. Un incident mécanique mineur dans une rame du métropolitain – le système de fermeture automatique des portes fonctionnait mal – s'est transformé en un sérieux arrêt de la circulation sur la ligne, qui dura plus de quatre heures, avec un embouteillage de plus de 50 000 usagers, du fait que, lorsque les autorités chargées de la sécurité du transport demandèrent aux passagers de descendre de la rame défectueuse, ceux-ci refusèrent simplement d'obéir[1]. De plus, comme nous le verrons,

---

1. Voir le *New York Times*, du 4 janvier 1969, pp. 1 et 29.

rien n'est plus fréquent que l'association du pouvoir et de la violence ; il est extrêmement rare de les trouver séparés l'un de l'autre et sous leur forme pure et donc extrême. Il n'en résulte pas cependant que l'autorité, le pouvoir et la violence ne soient qu'une seule et même chose.

Il faut néanmoins reconnaître qu'il est particulièrement tentant de penser le pouvoir en termes de commandement et d'obéissance, et donc de confondre pouvoir et violence, dans l'analyse de ce qui n'est, en réalité, que l'une des manifestations caractéristiques du pouvoir, c'est-à-dire le pouvoir du gouvernement. Du fait que, dans les relations internationales aussi bien que dans les affaires intérieures, la violence ne se manifeste qu'en dernier ressort, dans le but de maintenir l'intégrité de la structure du pouvoir à l'encontre de ceux qui la contestent – l'ennemi extérieur ou le criminel – il semble qu'en réalité la violence constitue la condition indispensable du pouvoir, et que celui-ci ne soit qu'une façade, le gant de velours dissimulant la main de fer, sous peine de devenir « tigre de papier ». À l'examiner de plus près, cependant, cette conception du pouvoir paraît beaucoup plus contestable. Le fossé qui, dans ces circonstances, sépare la théorie de la réalité, apparaît en pleine lumière quand on examine le phénomène de la révolution.

Depuis le début du siècle, les théoriciens de la révolution n'ont cessé d'affirmer que les chances de réussite d'une révolution s'étaient constamment affaiblies en proportion de l'accroissement de la puissance destructive des armes qui sont à la disposition exclusive des gouvernements[1]. L'histoire de ces soixante-dix dernières années, marquée par la réussite ou par l'échec d'un nombre étonnant de révolutions, ne confirme pas cette thèse. Ceux qui tentaient l'aventure, dans des conditions aussi manifestement défavorables, étaient-ils des fous ? Sans tenir compte même de certains exemples de totale réussite, comment est-il possible, dans ces conditions, d'expliquer des succès temporaires ? Le fait est qu'il existe une telle différence entre la puissance des moyens de violence qui sont à la disposition de l'État et ceux que le peuple peut lui-même rassembler – allant des bouteilles de bière aux fusils et aux cocktails Molotov – que les progrès techniques ne modifient guère

---

1. C'est ainsi que Frank Borkenau déclare dans ses réflexions sur les causes de la défaite subie par la révolution espagnole : « L'écart démesuré, par rapport aux révolutions précédentes, traduit un fait nouveau. Jusqu'à ces dernières années, la contre-révolution s'appuyait généralement sur les forces réactionnaires techniquement et intellectuellement inférieures aux forces de la révolution. La situation a changé avec l'avènement du fascisme. Désormais, toute révolution devra très probablement affronter l'appareil le plus moderne, le plus efficace, le plus impitoyable qui ait jamais existé. Cela signifie la fin de l'âge où les révolutions évoluaient librement, selon leurs propres lois. » Il y a plus de trente ans que ces lignes ont été écrites (*The Spanish Cockpit*, Londres, 1937 ; Ann Arbor, 1963, pp. 288-289) et elles suscitent encore l'approbation de Chomsky, qui les cite dans son récent ouvrage (*op. cit.*, p. 310 ; trad. fr., p. 196). Chomsky estime que les interventions françaises et américaines dans la guerre civile du Vietnam prouvent l'exactitude des prédictions de Borkenau, « "fascisme" étant remplacé par "impérialisme libéral" ». Il me semble que ce dernier exemple prouve tout le contraire.

en cette matière la situation existante. Les manuels qui ont la prétention d'indiquer « comment accomplir une révolution », à partir d'une évolution graduelle, passant de la contestation au complot, de la résistance au soulèvement armé, sont tous fondés sur cette idée fausse qu'il est possible de « faire » une révolution. Dans une confrontation où la violence seule s'oppose à la violence, le gouvernement a toujours bénéficié d'une supériorité absolue ; mais cette supériorité n'existe que pour autant que la structure du pouvoir gouvernemental demeure intacte – c'est-à-dire aussi longtemps que l'on obéit aux ordres et que l'armée, ou les forces de la police, sont prêtes à faire usage de leurs armes. Quand ce n'est plus le cas, la situation se renverse brusquement. Non seulement la rébellion n'est plus réprimée, mais les armes elles-mêmes changent de mains – parfois, comme dans le cas de la révolution hongroise, en l'espace de quelques heures. (Les États-Unis, après des années de combats inutiles au Vietnam, devraient cependant se souvenir de ce fait qu'avant de recevoir une aide massive de la part de la Russie, le Front national de libération a combattu longtemps avec des armes qui avaient été fabriquées en Amérique.) C'est seulement après de tels événements, quand la désintégration du pouvoir gouvernemental permet aux rebelles de s'armer, que l'on peut parler de « soulèvement armé » ; fréquemment, celui-ci ne se produit pas du tout ou survient lorsqu'il n'est plus nécessaire. Les moyens de la violence deviennent inutiles quand on n'obéit plus aux ordres, et le facteur décisif n'est plus alors une question d'obéissance au

commandement, mais un problème d'opinion : celle
du nombre plus ou moins grand de ceux qui sont du
même avis. Tout dépend du pouvoir que la violence
parvient à rassembler. Les effondrements dramatiques
du pouvoir, qui se produisent au cours des révolutions, révèlent soudainement à quel point l'obéissance
civile – aux lois, aux gouvernants, aux institutions –
n'est que la manifestation extérieure du soutien et du
consentement.

Lorsque le pouvoir se désintègre, les révolutions
deviennent possibles, mais non fatales. Les exemples
sont nombreux de régimes totalement impuissants
qui ont pu néanmoins survivre pendant de longues
périodes de temps, soit que personne ne se soit avisé
d'éprouver leur force et de révéler leur faiblesse, soit
qu'ils aient été assez heureux pour ne pas s'engager
dans une guerre et subir une défaite. La désintégration ne se révèle souvent qu'au cours d'un affrontement direct ; et même en ce cas, alors que le pouvoir
est déjà dans la rue, il faut encore que quelque groupe
d'hommes, préparé à cette action, s'en empare et en
assume les responsabilités. Récemment, nous avons
pu voir que la révolte des étudiants en France, relativement bénigne et non violente pour l'essentiel,
a suffi à révéler la vulnérabilité de tout le régime
politique, qui s'est désintégré rapidement sous les
regards étonnés des jeunes révoltés. Ils l'avaient mis
à l'épreuve, sans le savoir ; ils entendaient simplement défier un régime universitaire sclérosé ; et voici
que toute la structure du pouvoir gouvernemental
s'effondrait, en même temps que se produisait « une

sorte de désintégration de toutes les hiérarchies[1] ».
Ce fut là un cas exemplaire d'une situation révolutionnaire[2] qui ne déboucha pas sur une révolution,
parce que personne, et les étudiants moins que quiconque, n'était prêt à s'emparer du pouvoir et des
responsabilités qui en découlent. Personne évidemment, à l'exception de de Gaulle. Rien ne pouvait
mieux témoigner de la gravité de la situation que
son appel à l'armée, son voyage en Allemagne pour
y rencontrer Massu et les autres généraux, voyage à
Canossa s'il en fût, si l'on considère ce qui s'était
passé quelques années auparavant. Mais ce qu'il
cherchait, et qu'il obtint, ce ne fut pas l'obéissance
mais le soutien, et il ne l'obtint pas en donnant des
ordres, mais en faisant des concessions[3]. Si les ordres
avaient pu suffire, il n'aurait jamais eu besoin de
quitter Paris.

Il n'y a jamais eu de gouvernement qui soit exclusivement fondé sur l'emploi des moyens de la violence.
Même le chef d'un régime totalitaire, dont la torture
est le premier instrument de gouvernement, a besoin,
pour son pouvoir, d'une base : la police secrète et son

1. Raymond ARON, *La Révolution introuvable*, Fayard, Paris,
1968, p. 41.
2. Stephen SPENDER (*op. cit.*, p. 56) exprime un avis différent :
« L'aspect non révolutionnaire de la situation était beaucoup plus
évident que son aspect révolutionnaire. Il est bien difficile de penser que l'on est en train d'assister à une révolution quand tout le
monde paraît être d'une aussi excellente humeur. » Mais n'est-ce
pas justement là ce qui se passe au début des révolutions – au
moment d'une première ivresse de la fraternisation ?
3. Voir appendice XII, p. 265.

réseau d'indicateurs. Seule la constitution d'une armée de robots, qui éliminerait complètement, comme nous l'avons indiqué, le facteur humain, et permettrait à un homme de détruire quiconque en pressant simplement sur un bouton, pourrait permettre de modifier cette prééminence fondamentale du pouvoir sur la violence. Le genre de domination le plus despotique que l'on ait pu concevoir, celui des maîtres sur leurs esclaves, qui leur furent toujours très supérieurs en nombre, ne reposait pas lui-même sur des moyens de contrainte particulièrement puissants, mais sur la supériorité de l'organisation du pouvoir – c'est-à-dire sur la solidarité organisée des maîtres[1]. Les hommes isolés, qui ne peuvent avoir recours à l'appui de leurs semblables, n'ont jamais disposé d'un pouvoir suffisant pour se servir avec succès de la violence. Ainsi, dans le domaine des affaires intérieures, la violence constitue-t-elle la dernière instance du pouvoir contre les criminels ou les rebelles – c'est-à-dire contre des individus isolés qui, pour ainsi dire, refusent de se soumettre aux décisions de la majorité. Quant aux opérations de guerre, nous avons pu voir, au Vietnam, qu'une énorme supériorité dans les moyens de la violence peut s'avérer impuissante face à un ennemi mal équipé, mais fort bien organisé et disposant d'une puissance supérieure. Cette leçon n'est pas nouvelle ; c'est celle de toutes les

---

1. Dans la Grèce antique, l'organisation était fondée sur la *polis* dont, selon Xénophon, le principal mérite était le suivant : « Les concitoyens se gardent mutuellement, sans solde, contre les esclaves et ils se gardent contre les malfaiteurs pour qu'aucun citoyen ne meure de mort violente » (Hiéron, IV, 3).

guerres qui prennent la forme d'opérations de guéril-las, leçon au moins aussi ancienne que la défaite subie en Espagne par les armées de Napoléon, jusqu'alors invaincues.

Pour reprendre un instant le langage conceptuel, nous dirons que le pouvoir, mais non la violence, est l'élément essentiel de toute forme de gouvernement. La violence est, par nature, instrumentale ; comme tous les instruments, elle doit toujours être dirigée et justifiée par les fins qu'elle entend servir. Ce qui exige ainsi une justification extérieure ne saurait représenter le principe constitutif essentiel. Dans les deux sens du terme, la fin de la guerre est la paix ou la victoire, mais il est impossible de dire ce que devra être la fin de la paix. La paix est un absolu, en dépit du fait que les périodes de guerre, au cours de l'histoire, aient presque toujours dépassé la durée des périodes de paix. Le pouvoir appartient à la même catégorie : on peut dire qu'il trouve « en lui-même sa propre fin ». (Certes, cela n'empêche pas les gouver-nements d'avoir une certaine politique et de se servir de leur pouvoir en vue d'atteindre les objectifs qu'ils se sont fixés. Mais la structure du pouvoir lui-même est antérieure à tous ces buts et leur survit, de sorte que, loin d'être un moyen en vue d'une fin, le pouvoir est en fait la condition même qui peut permettre à un groupe de personnes de penser et d'agir en termes de fins et de moyens.) Et comme le gouvernement est essentiellement un pouvoir organisé et institutionna-lisé, la question que l'on entend poser fréquemment : « Quelle est la raison d'être du gouvernement ? » n'a en fin de compte guère de sens. On pourra donner

une réponse qui appellera elle-même d'autres questions, comme lorsqu'on dit qu'il s'agit de permettre
aux hommes de vivre ensemble, ou encore qui sera
dangereusement utopique, comme de promouvoir le
bonheur, ou de réaliser une société sans classes, ou
quelque autre type d'idéal non politique qui, si l'on
cherche à le réaliser pour de bon, conduira inévitablement à la tyrannie.

Le pouvoir peut se passer de toute justification du
fait qu'il est inséparable de l'existence des communautés politiques ; mais ce qui lui est indispensable,
c'est la légitimité. Vouloir faire de ces deux termes
des synonymes est une source d'erreurs et de confusions non moins graves que le fait de confondre, ce
qui est courant, le soutien avec l'obéissance. Aussitôt
que plusieurs personnes se rassemblent et agissent de
concert, le pouvoir est manifeste, mais il tire sa légitimité du fait initial du rassemblement plutôt que de
l'action qui est susceptible de le suivre. Lorsque la
légitimité est contestée, elle cherche à faire appel au
passé, tandis que la justification se réfère à un objectif
dont la réalisation se situe dans le futur. La violence
peut être justifiable, mais elle ne sera jamais légitime.
Plus les objectifs invoqués se trouvent à lointaine
échéance, moins la justification paraîtra convaincante.
Nul ne conteste l'utilisation de la violence dans le cas
de la légitime défense, car le danger est non seulement
évident, mais immédiat, et la fin justifiant les moyens
est évidente.

Le pouvoir et la violence, tout en étant des phénomènes distincts, ont habituellement des manifestations
communes. Dans tous les cas où l'on voit apparaître

cette combinaison, le pouvoir est, comme nous l'avons vu, le facteur premier et prédominant. La situation est cependant totalement différente lorsqu'on se trouve en face de ces deux phénomènes à l'état pur – par exemple en cas d'invasion étrangère et d'occupation. Nous avons vu que l'assimilation courante du pouvoir et de la violence procède du fait que le gouvernement est défini par la domination de l'homme sur l'homme par les moyens de la violence. Si le conquérant étranger ne trouve en face de lui qu'un gouvernement faible et une nation inaccoutumée à l'exercice du pouvoir politique, il lui sera facile d'imposer une telle domination. Dans tous les autres cas, cela s'avérera d'une difficulté extrême, et l'envahisseur-occupant s'efforcera immédiatement d'installer un gouvernement à sa dévotion, c'est-à-dire de trouver un pouvoir autochtone susceptible de soutenir sa domination. La confrontation récente entre les chars russes et la résistance, totalement non violente, du peuple tchécoslovaque constitue un exemple typique de l'opposition entre la violence et le pouvoir à l'état pur. Mais si, dans un tel cas, la domination est difficile à établir, les difficultés ne sont cependant pas insurmontables. Rappelons-nous que la violence ne dépend ni de l'opinion, ni du nombre, mais des instruments dont elle peut disposer, et, comme nous l'indiquions plus haut, les instruments de la violence, comme tous les autres outils, accroissent et multiplient les forces humaines. Ceux qui s'opposent à la violence avec les seules ressources du pouvoir ne tardent pas à découvrir qu'il leur faut affronter, non pas des hommes mais des engins faits de main d'homme, dont l'efficacité destructrice et inhumaine s'accroît en proportion de la distance qui sépare les antagonistes. Le pouvoir peut toujours être détruit par la violence ; l'ordre le plus efficace est celui que vient appuyer le canon du fusil, qui impose l'obéissance immédiate la plus complète. Mais il ne peut jamais être la source du pouvoir.

L'issue d'un affrontement direct entre la violence et le pouvoir est à peu près certaine. Si la stratégie de la résistance non violente, fondée sur le pouvoir des masses, qui a été utilisée avec succès par Gandhi, avait trouvé en face d'elle, au lieu de l'Angleterre, la Russie de Staline, l'Allemagne de Hitler, ou même le Japon d'avant-guerre, elle ne se serait pas terminée par la décolonisation, mais bien par les massacres et la soumission. Toutefois, l'Angleterre en Inde, ou la France en Algérie, avaient de bonnes raisons pour ne pas aller jusqu'aux extrêmes limites de la force. Le règne de la pure violence s'instaure quand le pouvoir commence à se perdre. La « solution » imposée du problème tchécoslovaque a précisément rendu manifeste l'affaiblissement intérieur et extérieur du gouvernement russe – de même que l'alternative entre la décolonisation et le massacre a fait apparaître, de façon évidente, l'affaiblissement du pouvoir de l'impérialisme européen. On peut obtenir la victoire en se servant de la violence comme d'un substitut du pouvoir, mais le prix qu'il faut payer est très élevé ; car il n'est pas payé seulement par le vaincu, mais également par le vainqueur, qui voit s'affaiblir son propre pouvoir. Tel est plus particulièrement le cas lorsque le vainqueur bénéficie, sur le plan intérieur, d'un régime constitutionnel. « Si nous voulons bouleverser l'ordre international et détruire la paix du monde, déclare fort justement Henry Steele Commager, il nous faut d'abord inévitablement bouleverser et détruire nos propres institutions politiques[1]. » Si l'on redoutait, à l'époque impérialiste, que le « gouvernement des races soumises », selon l'expression de lord Cromer, puisse avoir un effet de boomerang sur le gouvernement de la métropole, c'était du fait que l'on estimait alors que la domination par la violence, exercée dans des pays lointains, pouvait avoir des répercussions en Angleterre même, et que les Anglais finiraient par devenir la dernière des « races soumises ». La récente action de la Garde nationale sur le campus de Berkeley, où furent utilisés, non seulement des gaz lacrymogènes, mais encore un autre type de gaz, « interdit par la convention de Genève, et que l'armée utilise au Vietnam contre les guérillas », cependant que des gardes nationaux, revêtus de leur masque à gaz, bloquaient les issues et empêchaient quiconque de fuir la zone infectée – voilà qui représente un exemple typique de ce phénomène de « choc en retour ». On a souvent dit que l'impuissance engendre la violence, et c'est tout à fait exact sur un plan psychologique, tout au moins dans le cas d'individus possédant une certaine force, physique ou morale. Ce qu'il faut remarquer, dans le domaine politique, c'est qu'un pouvoir qui se sent diminué est tenté de compenser par la violence cette perte de pouvoir : pendant la convention démocrate de Chicago, en 1968, on a pu observer sur les écrans

---

1. « Can We Limit Presidential Power? », dans *The New Republic*, 6 avril 1968.

de télévision le développement de ce processus[1], et
s'apercevoir que la violence conduit elle-même à l'impuissance. Lorsque la violence n'est plus soutenue ni
limitée par le pouvoir, on assiste à ce retournement
bien connu, où les moyens deviennent leur propre
fin. La fin est alors déterminée par les moyens – les
moyens de la destruction – et la conséquence est que
cette fin conduit à la destruction de tout pouvoir.

Le facteur de désagrégation interne dont s'accompagne la victoire de la violence sur le pouvoir est particulièrement évident dans le cas où la terreur est utilisée
pour maintenir une domination ; nous savons, mieux
peut-être qu'aucune génération antérieure, à quelles
étranges réussites et finalement à quels échecs peut
aboutir ce processus. La terreur ne se ramène pas à
la violence ; il s'agit de la forme de gouvernement
qui s'instaure lorsque la violence, après avoir abouti
à la destruction de tout pouvoir, se refuse à abdiquer
et affirme au contraire son emprise. On a souvent
remarqué que l'efficacité de la terreur dépend presque
totalement du degré d'atomisation de la société. Toute
forme d'opposition organisée doit disparaître avant que
la terreur n'atteigne à son plus violent déchaînement.
Cette atomisation – terme déplorablement académique
et faible pour suggérer l'horreur qu'il comporte – est
imposée et intensifiée grâce à l'ubiquité des indicateurs, qui deviennent littéralement omniprésents,
du fait qu'il ne s'agit pas simplement d'indicateurs
professionnels, mais pratiquement de presque toutes
les personnes que l'on peut être appelé à rencontrer.

---

1. Voir appendice XIII, p. 265.

Nous pouvons désormais savoir comment s'instaure cette forme pleinement évoluée de l'État policier et comment elle fonctionne – ou plutôt comment rien ne fonctionne plus quand elle a réussi à s'imposer – en lisant l'ouvrage d'Aleksandre I. Soljenitsyne, *Le Premier Cercle*, qui sans doute demeurera parmi les chefs-d'œuvre de la littérature du xxᵉ siècle, et qui constitue assurément le meilleur témoignage existant sur le régime stalinien[1]. La différence fondamentale entre une domination totalitaire, fondée sur la violence, et des dictatures et des tyrannies, établies par la violence, est que la première s'attaque non seulement à ses adversaires, mais tout aussi bien à ses amis et partisans, car tout pouvoir l'effraie, même celui que peuvent détenir ses alliés. La terreur atteint son point culminant lorsque l'État policier commence à dévorer ses propres enfants, lorsque le bourreau d'hier devient la victime du jour. Et c'est aussi le moment où le pouvoir disparaît totalement. De nombreuses explications plus ou moins plausibles du phénomène de la déstalinisation en Russie ont été avancées, mais aucune ne me paraît plus probante que le fait que les cadres staliniens eux-mêmes avaient compris que, si ce régime se prolongeait, il conduirait immanquablement non pas à une insurrection, contre quoi la terreur offre la meilleure garantie, mais à la paralysie du pays tout entier.

En résumé, il ne suffit pas de dire que, dans le domaine politique, il ne faut pas confondre pouvoir et violence. Le pouvoir et la violence s'opposent par leur nature même ; lorsque l'un des deux prédomine

---

1. Voir appendice XIV, p. 267.

de façon absolue, l'autre est éliminé. La violence se manifeste lorsque le pouvoir est menacé, mais si on la laisse se développer, elle provoquera finalement la disparition du pouvoir. Il en résulte que la non-violence ne devrait pas être considérée comme le contraire de la violence. Parler d'un pouvoir non violent est en fait une tautologie. La violence peut détruire le pouvoir, elle est parfaitement incapable de le créer. La confiance qu'avaient mise Marx et Hegel dans le « pouvoir dialectique de la négation », grâce auquel les oppositions, loin de se détruire, se développent l'une par rapport à l'autre du fait que les contradictions favorisent le développement au lieu de le paralyser, repose finalement sur un postulat philosophique beaucoup plus ancien, et selon lequel le mal ne serait qu'un mode négatif du bien, et le bien pourrait procéder du mal ; le mal, en un mot, ne serait que la manifestation temporaire d'un bien encore dissimulé. Ces vénérables conceptions, que bien des gens qui n'ont jamais entendu parler de Marx ou de Hegel partagent, sont devenues dangereuses pour la simple raison qu'elles dissipent la peur et suscitent l'espoir – un espoir fallacieux utilisé pour combattre une peur légitime. Je n'entends nullement par là assimiler la violence au mal ; je veux simplement indiquer qu'on ne doit pas faire dériver la violence de son contraire, le pouvoir, et que, pour bien comprendre et pouvoir définir la première, il nous faut en examiner l'origine et la nature.

III

Il doit paraître présomptueux de discourir en ces termes de la nature et des causes de la violence, au moment même où un flot abondant de subventions provenant des fondations vient soutenir divers projets de recherches sociologiques sur ce thème, où un nombre considérable d'ouvrages traitant de ce sujet ont déjà été publiés tandis que d'éminents spécialistes des sciences de la nature – biologistes, physiologues, spécialistes de l'étude du comportement des animaux, et zoologistes – sont en train de joindre leurs efforts afin de résoudre l'énigme de l'« agressivité » dans le comportement de l'homme, et que l'on a même vu apparaître et se définir une science nouvelle, portant le nom de « polémologie ». Je puis néanmoins invoquer deux excuses.

En premier lieu, je conçois mal que les travaux des zoologistes, qui présentent certes dans l'ensemble un intérêt fascinant, soient susceptibles de s'appliquer à notre problème. Avons-nous besoin de découvrir chez les fourmis, les poissons ou les singes, des instincts d'attachement « au territoire du groupe », pour savoir que des peuples sont disposés à se battre pour leur terre natale ? Et avions-nous besoin d'expériences pratiquées sur des rats pour apprendre que le surpeuplement donne lieu à des phénomènes d'irritation et d'agressivité ? Une journée passée dans les taudis de n'importe quelle grande ville aurait dû suffire. Il m'arrive d'être surprise, et souvent charmée, de m'apercevoir que certains animaux se comportent comme les hommes ; mais je ne conçois pas comment ce fait serait susceptible soit de justifier, soit de condamner le comportement humain. Je comprends mal que l'on me demande « de bien vouloir reconnaître que l'attitude de l'homme se rapproche beaucoup de celle de certaines espèces occupant un territoire », et non l'inverse, à savoir que le comportement de certaines espèces animales est assez semblable à celui de l'homme[1]. (Si l'on en croit Adolf Portmann, ces observations nouvelles sur le comportement des animaux ne sont pas susceptibles de combler le fossé qui sépare l'homme de l'animal ; elles ne font que prouver que « ce que nous pouvons connaître de nous-mêmes se retrouve chez les animaux dans une proportion beaucoup plus importante que nous ne l'avions d'abord pensé[2] ».) Après avoir « éliminé » tout anthropomorphisme de la psychologie animale (y sommes-nous réellement parvenus ? C'est un autre problème), pourquoi nous efforcerions-nous à présent de découvrir « à quel point l'homme peut être "zoomorphe[3]" » ? Dans les sciences

---

1. Nikolas TINBERGEN, « On War and Peace in Animals and Man », in *Science*, 160, p. 1411, 28 juin 1968.

2. *Das Tier als soziales Wesen*, Zurich, 1953, pp. 237-238 : « *Wer sich in die Tatsachen vertieft... der wird feststellen, dass die neuen Einblicke in die Differenziertheit tierischen Treibens uns zwingen, mit allzu einfachen Vorstellungen von höheren Tieren ganz entschieden aufzuräumen. Damit wird aber nicht etwa – wie zuweilen leichthin gefolgert wird – das Tierische dem Menschlichen immer mehr genähert. Es zeigt sich lediglich, dass viel mehr von dem, was wir von uns selbst kennen, auch beim Tier vorkommt.* »

3. Voir Erich VON HOLST, *Zur Verhaltensphysiologie bei Tieren und Menschen*, Gesammelte Abhandlungen, vol. I, Munich, 1969, p. 239.

du comportement, anthropomorphisme et zoomor-
phisme ne représentent-ils pas deux aspects d'une
même « erreur » ? De plus, si nous considérons que
l'espèce humaine fait partie du règne animal, pourquoi
voudrions-nous qu'elle emprunte ses types de comportements à telle ou telle autre espèce ? Il me semble que
la réponse est malheureusement fort simple : il est plus
facile d'expérimenter sur l'animal que sur l'homme,
et cela non seulement pour des raisons humanitaires,
à savoir que la mise en cage est à proscrire ; l'ennui
est que les hommes peuvent tricher.

En second lieu, les recherches, aussi bien dans le
domaine des sciences sociales que dans celui des sciences
de la nature, tendent à démontrer que le comportement
violent est une conduite beaucoup plus « naturelle » que
nous n'aurions été disposés à le reconnaître. Considérée comme une pulsion instinctive, l'agressivité, nous
dit-on, jouerait le même rôle fonctionnel dans l'économie de la nature que les instincts nutritifs et sexuels
dans les processus vitaux des individus et de l'espèce.
Mais à la différence de ces instincts qui agissent par
suite, soit de pressantes stimulations somatiques, soit
de sollicitations extérieures, les instincts d'agressivité,
dans le règne animal, ne semblent nullement dépendre
de ces formes de provocation ; tout au contraire, l'absence de provocation semble avoir pour conséquence
des frustrations, une agressivité « refoulée » qui, si l'on
en croit les psychologues, provoque une accumulation
d'« énergie » dont l'explosion finale sera d'autant plus
dangereuse. (Comme si, en quelque sorte, l'humanité devait éprouver une *sensation* de faim croissante
à mesure que diminuerait le nombre des personnes

affamées[1].) Selon cette conception, la violence sans provocation est « naturelle » ; lorsqu'elle perd sa raison d'être initiale, son rôle fondamental de sauvegarde et préservation, elle devient « irrationnelle » ; et c'est pourquoi, nous assure-t-on, les hommes peuvent surpasser en « bestialité » tous les autres animaux. (Dans la littérature spécialisée, on trouve fréquemment des allusions au généreux comportement des loups qui ne tuent pas, eux, leur ennemi vaincu.)

Indépendamment de la fallacieuse utilisation d'une terminologie empruntée à la physique, comme les mots « énergie » et « force », qui ne saurait avoir de sens en biologie et en zoologie du fait que leur mesure quantitative y est inapplicable[2], je crains de voir se dessiner, à l'arrière-plan de ces dernières « découvertes », la plus ancienne des définitions de la nature de l'homme – celle qui en fait un « animal doué de raison », que

---

1. Pour remédier au caractère absurde de cette conception, on établit une distinction entre les instincts endogènes ou spontanés, tels que l'agressivité, et les impulsions réactionnelles, comme la faim. Mais, dans une analyse des impulsions de caractère inné, vouloir distinguer entre spontanéité et aptitude à réagir n'a aucun sens. À proprement parler, il n'existe pas de spontanéité dans la nature, et les instincts ou tendances naturelles ne représentent que la façon extrêmement complexe dont les organismes vivants, y compris l'homme, s'adaptent à ses processus.

2. Le caractère hypothétique des conceptions exposées par Konrad LORENZ dans son ouvrage *On Aggression*, New York, 1966 ; trad. fr., *L'Agression. Une histoire naturelle du mal*, Flammarion, Paris, 1969, a été mis en lumière dans l'intéressant recueil d'essais sur l'agression et l'adaptation publié sous la direction d'Alexander MITSCHERLICH, *Bis hierher und nicht weiter. Ist die menschliche Aggression unbefriedbar ?*, Munich, 1968.

seul cet attribut complémentaire permettrait de distinguer des autres espèces animales. La science moderne, en partant de cette ancienne conception, acceptée sans examen critique, est allée très loin dans cette voie, en s'efforçant de « prouver » que l'homme possède toutes les autres caractéristiques du règne animal, et qu'en outre ce don additionnel de la « raison » avait fait de lui une bête plus particulièrement redoutable. C'est l'usage de la raison qui fait de nous des êtres redoutablement « irrationnels », du fait que cette raison appartient à un « être originellement dominé par ses instincts[1] ». Les hommes de science savent fort bien, évidemment, que c'est l'homme, en tant que fabricant d'outils, qui est l'inventeur de ces armes à longue portée qui lui ont permis de se libérer des contraintes « naturelles » qui sont caractéristiques des autres espèces du monde animal, et que la fabrication des outils nécessite une activité *mentale* hautement complexe[2]. Ainsi faisons-nous appel à la science pour

---

1. Von HOLST, *op. cit.*, p. 283 : « *Nicht, weil wir Verstandeswesen, sondern weil wir ausserdem ganz urtümliche Triebwesen sind, ist unser Dasein im Zeitalter der Technik gefährdet.* »

2. Ces armes à longue portée qui, de l'avis des polémologues, ont si bien libéré l'homme de ses instincts agressifs que les automatismes chargés d'assurer la préservation de l'espèce ne fonctionnent plus (voir TINBERGEN, *op. cit.)*, Otto KLINEBERG (« Fears of a Psychologist », *in* CALDER, *op. cit.*, p. 208 ; trad. fr., « Craintes d'un psychologue », p. 214) voudrait y voir plutôt l'indication que « l'agressivité ne « jouait [pas] un rôle important dans les motivations d'une guerre ». On pourrait aller plus loin dans le sens de cet argument, et faire remarquer que les vrais soldats ne sont pas des tueurs, et que les tueurs – ceux qui possèdent une agressivité personnelle – ne sont probablement même pas capables de faire de bons soldats.

nous préserver des conséquences indirectes de la raison, en nous efforçant d'utiliser et de dominer nos instincts, généralement en leur procurant des possibilités d'assouvissement sans danger, alors que leur fonction originelle de « préservation de la vie » est devenue sans objet. Les normes du comportement sont encore conçues d'après d'autres espèces animales chez lesquelles la fonction des instincts vitaux n'a pas été abolie par les interventions de la raison humaine. Ce n'est plus alors la raison au sens strict (la *lumen naturale* de l'animal humain) qui permet de distinguer spécifiquement l'homme de la bête, mais bien la science, la connaissance de ces normes et de leurs techniques d'application. Dans cette perspective, l'homme agit de façon irrationnelle et se conduit comme une bête lorsqu'il refuse de suivre les hommes de science, ou prétend ignorer leurs dernières découvertes. À l'encontre de ces théories et de leurs implications, je m'efforcerai de montrer, dans les pages qui vont suivre, que la violence n'est pas plus bestiale qu'irrationnelle – que l'on entende ces qualificatifs dans le sens que leur donnent d'ordinaire les humanistes, ou dans celui des théories scientifiques.

Dire que la violence procède souvent de la fureur est un lieu commun, et certes la fureur peut avoir un caractère irrationnel et pathologique, mais il en va de même de toute émotion humaine. On peut certainement créer des conditions susceptibles d'aboutir à une déshumanisation de l'homme – comme les camps de concentration, la torture, la famine – mais cela ne signifie pas qu'il puisse par là devenir semblable à un animal ; dans des conditions de ce genre, ce ne sont pas la fureur et la violence, mais leur absence évidente, qui devient le signe le plus clair de la déshumanisation. La fureur n'est en aucune façon une réaction automatique en face de la misère et de la souffrance en tant que telles ; personne ne se met en fureur devant une maladie incurable ou un tremblement de terre, ou en face de conditions sociales qu'il paraît impossible de modifier. C'est seulement au cas où l'on a de bonnes raisons de croire que ces conditions pourraient être changées, et qu'elles ne le sont pas, que la fureur éclate. Nous ne manifestons une réaction de fureur que lorsque notre sens de la justice est bafoué ; cette réaction ne se produit nullement parce que nous avons le sentiment d'être personnellement victimes de l'injustice, comme peut le prouver toute l'histoire des révolutions, où le mouvement commença à l'initiative de membres des classes supérieures qui conduisirent la révolte des opprimés et des misérables. En face d'événements ou de conditions sociales révoltantes, il est terriblement tentant d'avoir recours à la violence, du fait de sa promptitude et de son immédiateté propre. Agir avec une rapidité *délibérée*, c'est aller en fait contre les caractéristiques naturelles de la fureur et de la violence, mais cela ne les rend pas irrationnelles. Au contraire, on peut se trouver, dans la vie publique comme dans la vie privée, en face de situations où la rapidité même d'un acte violent peut constituer la seule réponse appropriée. Ce n'est pas la décharge affective qui importe en ces cas, et que l'on aurait pu tout aussi bien obtenir en frappant sur la table ou en faisant claquer la porte. L'important est qu'en certaines circonstances, la violence – l'acte accompli sans raisonner, sans parler, et sans réfléchir aux conséquences – devient l'unique façon de rééquilibrer les plateaux de la justice. (Billy Budd, abattant d'un coup de poing l'homme qui portait contre lui un faux témoignage, en est un exemple classique.) Dans ce sens, la fureur, et la violence dont elle s'accompagne parfois – mais pas toujours –, font partie des émotions *humaines* « naturelles », et vouloir en guérir l'homme n'aboutirait qu'à le déshumaniser ou à le déviriliser. Il est indéniable que des actes de cette espèce, où des hommes s'arrogent le droit de se faire eux-mêmes justice, sont en opposition formelle avec les lois qui régissent les sociétés civilisées ; mais leur caractère antipolitique, qui a été si bien mis en lumière dans l'admirable roman de Melville, ne signifie pas que ces actes soient inhumains, ou « purement » émotifs.

L'absence d'émotion n'est pas à l'origine de la rationalité, et ne peut la renforcer. Face à une « tragédie insupportable, le "détachement et la sérénité" peuvent vraiment paraître "terrifiants"[1] », c'est-à-dire lorsqu'ils ne sont pas le fruit du contrôle de soi, mais le résultat d'une évidente incompréhension. Pour réagir de façon raisonnable, il faut en premier lieu avoir été « touché par l'émotion » ; et ce qui s'oppose à l'« émotionnel », ce n'est en aucune façon le « rationnel » quel que soit le sens du terme, mais bien l'insensibilité, qui est

---

1. Je paraphrase ici un passage de Noam CHOMSKY *(op. cit.)* qui critique parfaitement la « façade d'esprit de décision et de pseudo-science » et le « vide » intellectuel qui est à sa base, particulièrement dans les débats relatifs à la guerre du Vietnam.

fréquemment un phénomène pathologique, ou encore la sentimentalité, qui représente une perversion du sentiment. La fureur et la violence ne deviennent irrationnelles qu'à l'instant où elles s'en prennent à des leurres – et c'est là, précisément, ce que recommandent les polémologues et les psychiatres qui s'intéressent à l'agression humaine et qui, malheureusement, correspond à certaines humeurs et certains comportements irréfléchis que l'on observe dans la société. Nous savons fort bien, par exemple, que, devant les revendications des Noirs, il était de mode, chez les libéraux blancs, de s'écrier : « Nous sommes tous coupables », et le « black power » a été trop heureux de se prévaloir de cet « aveu » pour attiser la « fureur des Noirs ». Si tout le monde est coupable, il n'y a plus de coupables ; les aveux de responsabilité collective constituent la meilleure des sauvegardes contre la découverte des responsables, et l'ampleur même du crime la meilleure des excuses pour ne rien entreprendre. De plus, dans ce cas particulier, nous voyons apparaître un déplacement du racisme, riche de confusions et de dangers, vers des domaines plus élevés où ses manifestations seraient moins repérables. Le fossé réel qui sépare les Blancs et les Noirs est bien loin d'être comblé par le fait qu'il est exprimé en termes de culpabilité ou d'innocence collective. Dire que « tous les Blancs sont coupables » est non seulement une dangereuse absurdité, mais la manifestation d'un racisme à rebours ; c'est d'autre part un moyen très efficace pour que la population noire, qui éprouve un sentiment d'injustice parfaitement justifié, s'écarte des réalités pour devenir la proie de l'irrationnel.

D'autre part, si nous cherchons à voir comment, au cours de l'histoire, des hommes engagés* ont pu devenir positivement des enragés*, la cause principale n'en est pas simplement l'injustice, mais bien l'hypocrisie. L'importance de l'hypocrisie pendant la dernière période de la Révolution française, lorsque la décision de Robespierre d'en extirper les racines transforma le « despotisme de la liberté » en règne de la Terreur, est trop connue pour que nous ayons à y revenir ici ; mais rappelons-nous que, longtemps auparavant, la guerre à l'hypocrisie avait été déclarée par les moralistes français qui la considéraient comme le pire de tous les vices et la voyaient régner en maître sur la « bonne société », qui devint plus tard la « société bourgeoise ». Peu d'auteurs connus ont fait l'apologie de la violence pour elle-même ; mais ceux qui l'ont faite – Sorel, Pareto, Fanon – étaient animés d'une haine plus profonde de la société bourgeoise, d'un refus de ses normes de moralité beaucoup plus radical que celui de la gauche classique, inspirée surtout par la compassion et par un désir brûlant de justice. Arracher le masque d'hypocrisie dont l'adversaire couvre son visage, révéler les tortueuses machinations et les manipulations qui lui permettent de dominer sans utiliser les moyens de la violence – c'est-à-dire se lancer dans l'action au risque d'être écrasé pour proclamer la vérité – telles sont aujourd'hui encore les plus fortes motivations de la violence, telle que nous la voyons

---

* En français dans le texte.

se manifester sur les campus ou dans la rue[1]. Et cette violence, répétons-le, n'est nullement irrationnelle. Les hommes vivent dans un monde d'apparences, et les rapports qu'ils entretiennent avec lui dépendent de tout ce qui s'y trouve manifesté ; dans ces conditions, les comportements hypocrites – distincts en ce sens des expédients et des ruses qui sont dévoilés en temps utile – ne peuvent trouver leur réponse dans des conduites soi-disant raisonnables. On ne saurait ajouter foi aux paroles que lorsque l'on est persuadé que leur objectif est de révéler et non de dissimuler. C'est la fausse apparence d'un comportement rationnel, beaucoup plus que les intérêts qu'il entend couvrir, qui provoque la fureur. Il n'est certainement pas « rationnel » d'agir raisonnablement, lorsque la raison elle-même est utilisée comme un piège ; de même il n'est pas « irrationnel » de se servir d'un fusil pour se défendre. Cette réaction violente à l'encontre de l'hypocrisie, quelles que soient ses raisons et ses justifications propres, perd sa raison d'être lorsqu'elle

---

1. « On s'aperçoit, à la lecture des publications du S.D.S. (Students for a Democratic Society) que les provocations à l'égard de la police ont été fréquemment recommandées, en tant que moyen tactique de "démasquer" la violence des autorités. » SPENDER (*op. cit.*, p. 92) déclare que cette forme de violence conduit alors « à un double jeu, où le provocateur joue en même temps le rôle de l'assaillant et celui de la victime ». Le combat contre l'hypocrisie comporte de ce fait même un certain nombre de risques graves, dont certains ont été brièvement exposés dans notre précédent ouvrage : *On Revolution, op. cit.*, pp. 91-101 ; trad. fr. : *Essai sur la Révolution, op. cit.*, pp. 137-152.

s'efforce d'élaborer une stratégie particulière pouvant lui permettre d'atteindre ses propres buts ; elle devient « irrationnelle » au moment même où elle est « rationalisée » – c'est-à-dire, lorsque au cours d'un affrontement, la réaction se transforme en une action concertée, et que commence la chasse aux suspects, qui s'accompagne de la recherche des motivations psychologiques inavouées[1].

*

Comme je l'ai indiqué précédemment, même si l'efficacité de la violence ne dépend pas de la force du nombre – un homme utilisant une mitrailleuse peut tenir en respect tout un groupe organisé –, ses caractéristiques les plus dangereusement attirantes se manifestent toutefois à l'occasion du recours à la violence collective, et cela indépendamment de la sécurité que procure le nombre. Il est parfaitement exact qu'au cours d'une action révolutionnaire, de même que pendant une opération militaire, « l'individualisme est la première valeur à disparaître[2] » ; vient s'y substituer un certain esprit de groupe, plus intensément ressenti, qui établit entre les participants un lien beaucoup plus fort, bien que moins durable, que toutes les formes de l'amitié, publique ou privée[3]. Il est certain qu'un

---

1. Voir appendice XV, p. 268.

2. Fanon, *op. cit.*, p. 14.

3. On trouvera, à ce propos, des données particulièrement frappantes et instructives dans *The Warriors* de J. Glenn Gray, New York, 1959. La lecture de cet ouvrage est à recommander à tous

groupe qui se livre à des activités illégales, criminelles ou politiques, devra, pour sa propre sécurité, exiger que « chaque individu réalise un acte irréversible », afin de couper les ponts entre lui et la bonne société avant d'être admis dans la communauté de la violence. Mais une fois intégré, l'attrait grisant de la violence le saisit. « Cette praxis violente est totalisante, puisque chacun se fait maillon violent de la grande chaîne, du grand organisme violent surgi comme réaction à la violence première du colonialiste[1]. »

Ces paroles de Fanon nous rappellent ici le phénomène bien connu de la fraternité des champs de bataille, où les actes de dévouement et d'abnégation sont souvent quotidiens. La présence de la mort apparaît alors comme le plus puissant des facteurs égalitaires, à tout le moins dans certaines situations exceptionnelles où elle peut jouer un rôle politique. L'expérience de la mort, dans la disparition de l'individu ou dans la prise de conscience de sa propre condition mortelle, est sans doute aux antipodes de toute réflexion politique. Elle signifie que nous devrons quitter ce monde des apparences et nous séparer des hommes, nos compagnons, qui sont la condition de toute politique. La mort, dans l'expérience humaine, est la limite extrême de la solitude et de l'impuissance. Mais regardée en face et dans l'action collective, la mort change d'aspect ; notre vitalité paraît alors s'intensifier à l'extrême du fait même de son voisinage. Une réalité dont nous

---

ceux qui s'intéressent à l'étude de la violence telle qu'elle est pratiquée.

1. FANON, *op. cit.*, respectivement pp. 44 et 51.

sommes d'ordinaire à peine conscients, à savoir que notre propre mort s'accompagne de l'immortalité potentielle du groupe auquel nous appartenons et, en fin de compte, de l'espèce humaine, va s'inscrire alors au centre de notre expérience. Tout se passe comme si la vie elle-même, l'immortelle existence de l'espèce, nourrie pour ainsi dire par la mort continuelle de ses membres vivants, « surgissait dans toute sa force », et devenait une réalité grâce à la pratique de la violence.

On aurait tort, il me semble, de parler simplement, à ce propos, de sentiments. Une des caractéristiques essentielles de la condition humaine trouve après tout ici une expérience à sa mesure. Toutefois, dans la perspective de cette étude, l'essentiel est de constater que ces expériences, dont la force élémentaire ne saurait être mise en doute, n'ont jamais abouti à une forme d'expression politique ou institutionnelle, et qu'en matière de philosophie politique le rôle égalisateur de la mort est à peu près ignoré, bien que la fragilité humaine – le fait que les hommes soient des « mortels », comme disaient les Grecs – ait toujours passé, dans la pensée politique pré-philosophique, pour constituer un des plus puissants ressorts de l'action politique. La certitude de la mort a fait que de tout temps les hommes ont cherché à acquérir une immortelle renommée par leurs actes et leurs paroles, et c'est elle encore qui les a incités à instituer un corps politique immortel en puissance. Ainsi la politique était-elle un moyen d'échapper à l'égalité devant la mort par une distinction assurant une mesure d'immortalité. (Hobbes est le seul penseur politique dans l'œuvre duquel la mort, sous la forme de la peur de la mort violente, joue un rôle crucial. Mais l'élément décisif, aux yeux de Hobbes, n'est pas l'égalité devant la mort ; c'est la peur, que tous partagent et qui procède d'une égale aptitude au meurtre que possède chacun, qui persuade finalement les hommes de renoncer à l'état de nature pour s'engager dans les liens d'une communauté étatique.) À ma connaissance, jamais une institution politique ne s'est fondée sur la reconnaissance de l'égalité devant la mort et sur sa réalisation dans la pratique de la violence ; il serait difficile de qualifier d'organisations politiques les groupes d'opérations-suicide qui, au cours de l'histoire, étaient organisés sur ce principe, et qui s'appelaient souvent eux-mêmes, en conséquence, des « fraternités ». Mais il est indéniable que la force des sentiments fraternels provoqués par la violence collective a conduit un grand nombre d'hommes généreux à entretenir le fallacieux espoir qu'elle engendrerait une communauté nouvelle et un « nouvel homme ». Cette espérance est illusoire pour la simple raison qu'aucune relation humaine ne s'avère plus transitoire que cette forme de fraternité, qui ne se réalise effectivement que dans l'instant où doit être partagé un péril grave et pressant.

Ce n'est là, toutefois, qu'un aspect de la question. Fanon conclut son éloge de la pratique de la violence en remarquant que, dans cette forme de lutte, le peuple se rend compte que « la vie est un combat sans fin » et que la violence est un des éléments de la vie. Cette façon de voir ne paraît-elle pas plausible ? Les hommes n'ont-ils pas toujours considéré la mort comme l'« éternel repos » ? Et n'en résulte-t-il pas que la vie est toute agitation et combat ? La tranquillité n'est-elle pas le signe le plus clair du défaut de vitalité ou du déclin ? L'action violente n'est-elle pas une des prérogatives de la jeunesse – de ceux qui apparemment sont pleins de vie ? Dans ces conditions, faire l'éloge de la vie n'est-ce pas aussi faire l'éloge de la violence ? Sorel à tout le moins l'avait pensé, voici une soixantaine d'années. Il avait prédit, avant Spengler, le « déclin de l'Occident », après avoir observé les signes très clairs d'un relâchement de la lutte des classes en Europe. La bourgeoisie, estimait-il, n'avait plus assez d'« énergie » pour continuer à jouer son rôle dans la lutte des classes ; l'Europe ne pourrait être sauvée de la barbarie que s'il était possible de persuader le prolétariat d'avoir recours à la violence, réaffirmant ainsi l'existence des distinctions de classe et réveillant l'ardeur combative de la bourgeoisie[1].

Ainsi, longtemps avant que Konrad Lorenz ait découvert que l'agression jouait, dans le règne animal, un rôle vital essentiel, Sorel reconnaissait dans la violence l'expression d'une force vitale spécifiquement créatrice. S'inspirant de la philosophie bergsonnienne de l'élan vital, il recherchait une philosophie de la créativité, à l'usage des « producteurs », dirigée polémiquement contre la société de consommation et ses intellectuels, ces deux derniers groupes ne représentant, à son avis, que des parasites. En face du prototype du bourgeois, pacifique, satisfait de lui-même, hypocrite, jouisseur, peu tenté par le pouvoir, produit tardif du capitalisme plutôt que son représentant

---

1. G. SOREL, *op. cit.*, chap. II : « La décadence bourgeoise et la violence. »

qualifié, et de celui de l'intellectuel, dont les théories sont des « descriptions de choses » au lieu d'être des « expressions de volonté[1] », Sorel met tous ses espoirs dans l'image qu'il trace du travailleur. Il voit dans le travailleur le « producteur » qui va créer les nouvelles « qualités morales nécessaires pour perfectionner la production », détruire les « assemblées délibérantes [puisque] le régime parlementaire est aussi truqué que les réunions d'actionnaires[2] » ; et il oppose à « l'image du Progrès… l'image de la catastrophe totale », alors qu'« une sorte de flot irrésistible passera sur l'ancienne civilisation[3] ». Ces nouvelles valeurs, en fin de compte, ne sont pas tellement nouvelles. Il s'agit du sens de l'honneur, d'un désir de gloire et de renommée, de la volonté de combattre sans haine et « sans esprit de revanche » et de l'indifférence aux avantages matériels. Ce sont cependant des vertus qui font notoirement défaut à la société bourgeoise[4]. « La guerre sociale, en faisant appel à l'honneur qui se développe si naturellement dans toute armée organisée, peut éliminer les mauvais sentiments contre lesquels la morale serait demeurée impuissante. Quand il n'y aurait que cette raison… cette raison me paraîtrait bien décisive en faveur des apologistes de la violence[5]. »

Nous pouvons, à la lecture de Sorel, beaucoup apprendre sur les motivations qui poussent les hommes

1. *Ibid.*, Introduction, Lettre à Daniel Halévy, IV, p. 46.
2. *Ibid.*, chap. VII : « La morale des producteurs », I, p. 342.
3. *Ibid.*, chap. IV : « La grève prolétarienne », II, p. 201.
4. *Ibid.*, voir particulièrement le chapitre V, III, et le chapitre III : « Les préjugés contre la violence », III.
5. *Ibid.*, appendice II, « Apologie de la violence », p. 435.

à faire, dans l'abstrait, l'éloge de la violence, et nous en apprendrons plus encore du talentueux auteur italien qui fut son contemporain, Vilfredo Pareto, lui aussi de formation française. Fanon, qui a été mêlé de beaucoup plus près que ces deux auteurs à la pratique de la violence, a été fortement influencé par Sorel, et il s'est même servi de ses catégories, alors que de toute évidence elles se trouvaient en contradiction avec sa propre expérience[1]. L'expérience décisive qui conduisit Sorel, aussi bien que Pareto, à mettre l'accent sur le rôle de la violence dans les révolutions, fut, en

---

1. Ce point a été récemment précisé par Barbara DEMING, dans un plaidoyer en faveur d'une action non violente : « On Revolution and Equilibrium », in *Revolution: Violent and Nonviolent*, publié dans *Libération*, février 1968. Elle déclare, à propos de Fanon (p. 3) : « Je suis convaincue que son argumentation pourrait tout aussi bien être utilisée dans un sens favorable à la non-violence… Il suffirait de substituer au terme "violence", chaque fois qu'il apparaît chez lui, "action radicalement inflexible". J'affirme qu'à l'exception d'un très petit nombre de passages, cette substitution est possible, et que l'action à laquelle il invite pourrait tout aussi bien être une action non violente. » De manière plus importante encore à notre point de vue, Barbara Deming s'efforce de distinguer clairement la violence du pouvoir, et reconnaît qu'un « mouvement non violent comporte une épreuve de force… il s'agit même de ce que l'on ne saurait nommer autrement que la force physique » (p. 6). Toutefois, elle sous-estime curieusement les effets de cette force de rupture, qui s'arrête au seuil des blessures physiques, lorsqu'elle déclare : « Les droits de l'homme sont respectés chez l'adversaire » (p. 7). À l'exception de droit de l'adversaire à la vie, aucun des droits de l'homme n'est en ce cas respecté. Il en est de même dans les cas de « violence contre les choses », que certains entendent opposer à la « violence contre les personnes ».

France, l'affaire Dreyfus, quand ils furent stupéfaits, comme le déclare Pareto, « de voir [les dreyfusards] utiliser contre leurs adversaires les mêmes abominables méthodes qu'ils avaient eux-mêmes dénoncées[1] ». Ils découvrirent alors ce que nous appelons de nos jours l'« establishment », que l'on avait appelé auparavant le « système », et cette découverte devait les conduire à l'éloge de l'action violente, et amener Pareto à désespérer de l'avenir de la classe ouvrière. (Pareto comprenait que la rapide intégration politique et sociale des travailleurs dans la nation allait aboutir à « l'alliance de la bourgeoisie et de la classe ouvrière », à l'« embourgeoisement » des ouvriers, ce qui, selon lui, allait donner naissance à un nouveau « système » qu'il appela la « plouto-démocratie » – une forme mixte de gouvernement, la ploutocratie désignant le régime bourgeois, et la démocratie celui des ouvriers.) Si Sorel est demeuré fidèle à sa foi marxiste dans la classe ouvrière, c'est qu'il voyait dans les ouvriers des « producteurs », seule force créatrice dans la société, ceux qui avaient la charge, selon Marx, de libérer les forces productives de l'humanité. Malheureusement, aussitôt que les ouvriers purent bénéficier de conditions satisfaisantes de vie et de travail, ils ont refusé obstinément de demeurer des prolétaires et de jouer le rôle révolutionnaire qui leur avait été attribué.

Une autre réalité, qui devait devenir pleinement manifeste quelques décennies après la mort de Sorel

---

1. Citation empruntée à l'intéressant essai de S. E. FINER, « Pareto and Plouto-Democracy: The Retreat to Galápagos », *American Political Science Review*, juin 1968.

230   *Du mensonge à la violence*

et de Pareto, allait s'avérer beaucoup plus fâcheuse encore pour l'avenir de cette conception. L'énorme accroissement de la capacité productrice dans le monde moderne n'a été en aucune façon la conséquence d'une augmentation de la productivité des travailleurs, mais elle a été exclusivement liée au développement de la technologie, qui ne dépendait ni de la classe ouvrière ni de la bourgeoisie, mais des savants. Les « intellectuels », si méprisés par Sorel et par Pareto, ont soudain cessé de constituer un groupe marginal et sont devenus une nouvelle élite dont l'apport qui, en quelques décennies, avait transformé d'une façon presque inconcevable les conditions de la vie humaine, est demeuré indispensable au fonctionnement de la société. De nombreuses raisons peuvent expliquer que ce nouveau groupe ne soit pas devenu, du moins pas encore, une élite détentrice du pouvoir ; mais on a les meilleures raisons d'estimer, avec Daniel Bell, que « non seulement les talents qui se seront le plus distingués, mais sans doute l'ensemble du prestige et de la position sociale trouveront leurs assises dans les communautés scientifiques et intellectuelles[1] ». Les membres de ces groupes sont plus dispersés et moins clairement liés par les intérêts communs que ce n'était le cas dans l'ancien système de classes ; ils sont ainsi moins portés à s'organiser et ils manquent d'expérience dans tout ce qui touche à l'exercice du pouvoir. Se rattachant d'autre part plus étroitement aux traditions culturelles, dont la tradition

1. « Notes on the Post-Industrial Society », *The Public Interest*, n° 6, 1967.

révolutionnaire fait partie, ils demeurent beaucoup plus tenacement attachés aux catégories du passé qui les empêchent de bien comprendre la réalité présente et le rôle qui leur appartient. N'est-il pas touchant de voir avec quelle nostalgique espérance les étudiants, qui sont à la pointe de la révolte, attendent que le « véritable » élan révolutionnaire vienne de ces catégories sociales qui ne cessent de dénoncer leur action, avec d'autant plus de véhémence qu'elles redoutent plus vivement tout ce qui est susceptible de perturber le fonctionnement régulier de la société de consommation. Pour le meilleur ou pour le pire – et il me semble que la conjoncture fournit aussi bien des raisons de craintes que d'espoir –, la classe sociale réellement nouvelle et potentiellement révolutionnaire sera composée d'intellectuels, et son pouvoir potentiel, qui ne s'est pas encore matérialisé, est considérable, peut-être trop considérable pour le bien de l'humanité[1]. Mais ce ne sont là que spéculations.

Quoi qu'il en soit, nous sommes particulièrement intéressés, dans cette perspective, par l'étonnant renouveau que connaissent les philosophies de la vie de Bergson et de Nietzsche dans leur interprétation sorélienne. Nous savons tous quelle est la place qu'occupe, dans l'esprit des révoltés de la nouvelle génération, cet ancien amalgame de force vitale, de violence et de créativité. Il est hors de doute que la façon dont cette génération a mis l'accent sur la pure réalité de l'existence, et voit dans l'accomplissement de l'acte sexuel sa plus glorieuse manifestation, est une réponse

---

1. Voir appendice XVI, p. 269.

à cette éventualité trop réelle de la construction d'une machine infernale, capable d'éliminer toute trace de vie à la surface de la terre. Mais les catégories à l'intérieur desquelles ces nouveaux apologistes de la vie entendent eux-mêmes se situer ne sont pas nouvelles. Marx ne voyait-il pas dans le pouvoir producteur de la société l'expression de l'« activité créatrice » de la vie ? Nietzsche ne concevait-il pas la violence comme l'élément essentiel de la force vitale ? Bergson n'était-il pas convaincu que le bien le plus précieux de l'homme était l'exercice de ses facultés créatrices ?

D'autre part, la justification biologique de la violence, apparemment toute nouvelle, est encore très fortement liée aux traditions les plus anciennes et les plus pernicieuses de la pensée politique. Selon la conception traditionnelle du pouvoir, confondu, comme nous l'avons vu, avec la violence, celui-ci serait expansionniste par nature. « ... son appétit le porte à se gonfler » et il est créateur du fait qu'il tend, « par un instinct intime, à grandir[1] ». De même que, dans le domaine de la vie organique, tout est croissance, ou sinon déclin et mort, de même, dans le domaine des affaires publiques, le pouvoir, estime-t-on, ne se soutient que de sa propre expansion ; à défaut, il s'affaiblit et meurt. « Ce qui cesse de croître commence à pourrir », déclare une maxime russe qui vient de l'entourage de la Grande Catherine. « Ils sont morts, ces rois, nous dit le même auteur, non de leur tyrannie, mais de leur faiblesse. Les peuples dressent l'échafaud non comme la punition morale du despotisme mais comme la sanction *biologique* de

---

1. B. de Jouvenel, *op. cit.*, respectivement pp. 151 et 159.

l'impuissance. » (C'est nous qui soulignons.) « Ces révolutions n'ont été qu'en apparence des révolutions contre le Pouvoir. En substance, elles ont donné au Pouvoir une vigueur et un aplomb nouveaux, elles ont ruiné les obstacles qui s'opposaient de longue date à son développement[1]. » Lorsque Fanon parle de la « folie créatrice » qui se manifeste dans l'action violente, sa pensée ne s'écarte pas de cette ligne traditionnelle[2].

Dans le domaine théorique, rien à mon avis n'est plus dangereux que cette conception organique, traditionnelle en matière politique, qui interprète en termes biologiques le pouvoir et la violence. Selon le sens que l'on donne actuellement à ces termes, la vie et la prétendue créativité vitale en constitueraient les caractéristiques communes, de sorte que la violence serait justifiée en vertu de son pouvoir créateur. Les métaphores organiques, que l'on voit revenir sans cesse au cours des discussions concernant ces problèmes – notamment, au sujet des émeutes, la notion d'une « maladie sociale » dont elles constitueraient le symptôme de même que la fièvre est le symptôme de la maladie – ne font, en fin de compte, que fournir de nouveaux arguments en faveur de la violence. Ainsi, le débat entre ceux qui préconisent de restaurer « la loi et l'ordre » par des moyens violents et ceux qui recommandent des réformes non violentes commence à ressembler terriblement à une discussion entre deux médecins, dont l'un serait partisan de recourir à la chirurgie pour traiter le malade, et l'autre de

1. *Ibid.*, pp. 266 et 268 respectivement.
2. FANON, *op. cit.*, p. 53.

se contenter des ressources de la médecine. Plus le mal est estimé profond, plus il apparaît probable que le chirurgien aura le dernier mot. En outre, dans la mesure où nous employons une terminologie biologique et non politique, les apologistes de la violence peuvent s'appuyer sur cette indéniable constatation que, dans le domaine de la nature, la destruction et la création ne sont que le double aspect d'un même phénomène naturel, de sorte que la violence collective, indépendamment de l'attrait qu'elle possède en propre, pourra paraître aussi naturellement nécessaire à la vie collective de l'humanité que la lutte pour la vie dans le règne animal, où la mort violente est la condition même de la poursuite de la vie.

Le danger de se laisser prendre à la plausibilité trompeuse des métaphores organiques est particulièrement redoutable en ce qui concerne le problème racial. Le racisme, blanc ou noir, est par définition porteur de ferments de violence, du fait qu'il s'attaque à des réalités physiologiques naturelles – la couleur blanche ou noire de la peau – dont on ne peut modifier l'aspect ni par la persuasion ni par l'intervention du pouvoir : en tel cas, il n'est d'autre recours que d'exterminer les porteurs de la marque infamante. Le racisme, qu'il convient de bien distinguer des caractéristiques de la race, n'est pas une réalité objective, mais une idéologie, et les actes auxquels il peut conduire ne sont pas de purs réflexes, mais des actes délibérés, qui se fondent sur des théories pseudo-scientifiques. Dans la lutte inter-raciale, la violence est toujours meurtrière ; mais elle n'est pas « irrationnelle » ; elle est la conséquence rationnelle et logique du racisme ; je n'entends pas désigner par ce terme quelques préjugés réciproques plus ou moins flous, mais un système idéologique explicite. Les préjugés, qu'il faut distinguer à la fois des intérêts et des idéologies, peuvent céder à la pression du pouvoir – comme nous avons pu le voir à l'occasion du mouvement des droits civiques, qui fut totalement non violent et couronné de succès. (« À partir de 1964... la majorité des Américains a dû se convaincre que la soumission, et, à un degré moindre, la ségrégation étaient illégitimes[1]. ») Mais tandis que boycottages, *sit-in* et manifestations diverses parvenaient à obtenir dans le Sud l'abolition des lois et décrets discriminatoires, le mouvement s'avérait incapable d'apporter un changement quelconque aux conditions de vie des grands centres urbains, ou aboutissait même à un résultat contraire ; l'évidence de la misère des ghettos noirs se trouvait là en opposition, en ce qui concerne les problèmes de l'enseignement et du logement, avec les intérêts dominants des groupes blancs à revenus modestes. Tout ce que pouvait faire le mouvement, et ce qu'il fit réellement, fut de révéler quelles étaient ces conditions, de les étaler dans la rue, où se trouva dangereusement mis en relief le caractère fondamentalement inconciliable d'intérêts opposés.

Mais même ces manifestations de la violence que nous connaissons actuellement, les émeutes des Noirs et la riposte violente que peut laisser prévoir l'état d'esprit des populations blanches ne doivent pas encore être

_____

1. Robert M. Fogelson, « Violence as Protest », in *Urban Riots: Violence and Social Change*, Proceedings of the Academy of Political Science, Columbia University, 1968.

considérées comme l'expression d'idéologies racistes et de leur logique meurtrière. (Les émeutes, comme le déclarait récemment R. M. Fogelson, sont « des protestations spécifiques ayant des motifs bien déterminés[1] », « en fait leur caractère limité, sélectif ou… rationnel apparaît comme particulièrement évident[2] ». Et on pourrait en dire tout autant de la réaction des Blancs qui, contrairement à toutes les prédictions, n'a pas à ce jour revêtu un caractère de violence. Il s'agit de la réaction, tout à fait rationnelle, de certains groupes d'intérêts qui protestent avec véhémence parce qu'il leur faut supporter tout le poids d'une politique d'intégration mal conçue, dont les responsables peuvent éviter aisément de subir eux-mêmes les conséquences[3].) Le plus grand danger vient d'ailleurs ; la violence recherche toujours une justification, et une escalade de la violence dans la rue pourrait fort bien susciter l'apparition d'une véritable idéologie raciste qui se chargerait de la justifier. Le racisme noir, qui apparaît avec une telle évidence dans le *Manifeste* de James Forman, est sans doute moins la cause des émeutes chaotiques de ces dernières années que la réaction à celles-ci. Il pourrait évidemment susciter une violente riposte de la part des Blancs, avec le danger que tous les préjugés existants se trouvent transposés en termes d'une véritable idéologie raciste, tandis que l'exigence de « la restauration de l'ordre »

---

1. *Ibid.*

2. *Ibid.* Voir également, dans le même recueil, un excellent article d'Allan A. Silver, « Official Interpretations of Racial Riots ».

3. Voir appendice XVII, p. 270.

ne serait plus qu'une simple façade. Si cette éventualité, qui ne paraît pas encore probable, se produisait, l'opinion publique de la nation en serait perturbée au point que la majorité des citoyens pourrait être disposée à tolérer l'invisible terreur que fait régner un État policier pour obtenir l'ordre dans la rue. Ce que nous voyons se produire à l'heure actuelle, une vive réaction policière, brutale et parfaitement visible, est totalement différent.

Le comportement des groupes sociaux qu'opposent des conflits d'intérêts, tout aussi bien que les arguments qu'ils utilisent, a toujours été notoirement « irrationnel ». La réalité est venue constamment apporter les plus cinglants démentis aux espoirs fondés sur « l'intérêt bien compris des intéressés », soit au sens littéral de cette expression, soit dans celui, plus élaboré, de l'interprétation marxiste. Par contre, l'expérience et un peu de réflexion peuvent nous enseigner que l'intérêt personnel s'oppose tout naturellement à être « bien compris ». Prenons par exemple le conflit qui se produit constamment dans la vie quotidienne, entre les intérêts du locataire et ceux du propriétaire : l'intérêt général bien compris ferait ressortir le besoin d'un habitat décent, mais ce n'est pas là l'intérêt personnel du propriétaire, qui cherche à obtenir un gros bénéfice, ni celui du locataire, qui veut payer un faible loyer. L'intérêt de l'un et de l'autre est dans la plupart des cas à l'opposé. Un arbitre, qui se ferait alors le porte-parole de l'intérêt général « bien compris », pourrait prétendre qu'un immeuble de qualité présente *à la longue* des avantages *réels* aussi bien pour le propriétaire que pour le locataire ; mais cette réponse néglige ainsi l'importance du temps dans l'optique de l'une et l'autre partie. L'intérêt est avant tout *personnel*, et la personne, en ce cas, peut mourir, déménager, ou vendre l'immeuble, du fait de sa condition instable et changeante, c'est-à-dire qu'en dernier ressort et par suite de cette réalité de la mort, inséparable de la condition humaine, la personne en tant que telle ne peut pas raisonner sur la base de ses intérêts à long terme, à savoir des intérêts d'un monde qui doit survivre à ses habitants. Il faut un certain nombre d'années pour qu'un immeuble se détériore ; une augmentation des loyers ou un trop faible bénéfice sont des réalités du jour ou du lendemain. Et, *mutatis mutandis*, il en va de même pour les conflits entre employeurs et salariés et d'autres conflits similaires. Quand on demande aux intérêts personnels de s'incliner devant les intérêts « véritables » – c'est-à-dire devant l'intérêt du monde distinct de celui de la personne – la réponse est invariablement : « Charité bien ordonnée commence par soi-même. » Cette attitude n'est peut-être pas très raisonnable, mais elle est tout à fait réaliste ; la réaction, qui manque sans doute de noblesse, correspond exactement à la différence que chacun établit distinctement entre sa propre existence personnelle et l'espérance de vie, toute différente, du monde qui l'entoure. Il n'est, dans ces conditions, ni réaliste ni raisonnable d'attendre que des hommes n'ayant pas la moindre notion de l'intérêt véritable de la *res publica*, des affaires publiques, soient sensibles à des arguments rationnels et s'abstiennent de toute action violente, alors que leur intérêt personnel est en jeu.

*

La violence, instrumentale par sa nature même, est rationnelle dans la mesure où elle atteint le but qu'elle s'était fixé et qui doit la justifier. Or, du fait que nous ne pouvons jamais prévoir avec certitude les conséquences finales de nos actes, la violence ne saurait être rationnelle que si elle se fixe des objectifs à très court terme. La violence est incapable de soutenir des causes, de conduire la marche de l'histoire, de promouvoir la révolution, de défendre le progrès ou la réaction ; mais par la dramatisation des griefs, elle sollicite très vivement l'attention du public. Ainsi que le faisait remarquer, au « Théâtre des idées », à l'occasion d'un débat sur la légitimité de la violence, Conor Cruise O'Brien, en citant une formule de l'agitateur irlandais du XIXe siècle William O'Brien, agrarien et nationaliste : « Il peut arriver que la violence soit l'unique moyen de faire entendre la voix de la modération. » Exiger l'impossible afin de pouvoir obtenir le possible s'avère parfois rentable. En fait, la violence, à l'encontre de ce dont ses prophètes s'efforcent de nous persuader, est beaucoup plus l'arme des réformes que celle de la révolution. Le système d'enseignement périmé qui existait en France n'aurait pas été modifié par une loi, la plus novatrice depuis Napoléon, s'il n'y avait pas eu la révolte étudiante de mai 1968 ; l'administration de l'université Columbia n'aurait jamais accepté de procéder à des réformes si des manifestations violentes n'avaient pas eu lieu au cours du printemps 1968[1] ; et nous n'avons aucune raison de mettre

1. Fred HECHINGER rapportait, par exemple, dans le *New York Times* (« The Week in Review ») du 4 mai 1969, « qu'avant

en doute le fait qu'en Allemagne « on ne remarque même pas l'existence de minorités dissidentes si elles n'ont pas recours à des actes de provocation[1] ». Sans aucun doute, « la violence est payante », mais il est fâcheux qu'elle puisse tout aussi bien conduire à l'organisation de cours destinés uniquement aux Noirs et à celle de cours de swahili qu'à des réformes véritables. Du fait même que les tactiques de choc et de violence ne peuvent guère se fixer que des objectifs à court terme, les pouvoirs établis céderont plus facilement à des demandes déraisonnables, et nocives à l'évidence comme on a pu le constater récemment aux États-Unis, pourvu qu'il soit relativement aisé de procéder à ces « réformes » – telles que l'admission dans les universités d'étudiants non pourvus des qualifications nécessaires et la création de disciplines sans objet – alors

---

les révoltes de l'année précédente, à l'université Columbia, une enquête sur les conditions de vie des étudiants, ainsi qu'un rapport sur le logement des enseignants, dormaient dans un tiroir du bureau du président ».

1. Rudi Dutschke, cité dans le *Spiegel*, du 10 février 1969, p. 27. Günter Grass soulignait, dans le même sens et après l'attentat dont fut victime Rudi Dutschke au cours du printemps 1968, les rapports manifestes entre les réformes et la violence : « Le mouvement de protestation de la jeunesse a mis en évidence la faiblesse de notre démocratie, dont les assises demeurent insuffisantes. En ce sens ce fut une réussite ; mais on ne saurait dire encore quelles pourront être les conséquences de cette réussite. Verrons-nous enfin aboutir des réformes depuis trop longtemps attendues… ou… verrons-nous les incertitudes désormais mises à jour utilisées par de faux prophètes, disposant de marchés prometteurs et d'une publicité gratuite ? » Voir « Violence Rehabilitated », in *Speak Out!*, New York, 1969.

que la violence s'avérera inefficace dans le cas de la poursuite d'objectifs à plus long terme ou dans celui d'une demande de modification des structures[1]. En outre, lors même que la violence se propose simplement d'atteindre des objectifs à court terme dans le cadre d'une idéologie non extrémiste, le danger n'en demeure pas moins que les moyens prennent le pas sur la fin. Si les objectifs ne sont pas rapidement atteints, les conséquences n'en seront pas seulement la défaite du mouvement, mais l'introduction de la pratique de la violence dans l'ensemble du corps politique. Les actes sont irréversibles, et, en cas d'échec, le retour au *statu quo* est toujours improbable. Comme n'importe quelle action, la pratique de la violence peut changer le monde, mais il est infiniment probable que ce changement nous conduise vers un monde plus violent.

En fin de compte – pour en revenir aux premières dénonciations du « système » en tant que tel par Sorel et Pareto –, plus la vie publique a tendance à se

---

1. Un autre problème, que nous ne pouvons envisager ici, serait de savoir dans quelle mesure le système universitaire est capable, dans son ensemble, de se réformer lui-même. Cette question, il me semble, ne comporte pas de réponse d'ordre général. Bien que la révolte étudiante représente un phénomène global, les régimes universitaires ne sont en aucune façon uniformes et varient, non seulement d'un pays à l'autre mais d'un établissement à l'autre ; toutes les solutions du problème doivent être conçues à partir des conditions locales auxquelles elles doivent strictement correspondre. C'est ainsi que, dans certains pays, la crise de l'université pourrait s'élargir aux dimensions d'une crise de gouvernement – ainsi que le *Spiegel*, discutant la situation des universités allemandes, en envisageait la possibilité (numéro du 23 juin 1969).

bureaucratiser et plus s'accroît la tentation du recours à la violence. Dans un régime totalement bureaucratisé, on ne trouve plus personne avec qui il soit possible de discuter, à qui on puisse soumettre des revendications, ou sur qui la pression du pouvoir puisse avoir prise. La bureaucratie est une forme de gouvernement où chacun est entièrement privé de la liberté politique et du pouvoir d'agir. Ce n'est plus en effet être gouverné que d'être gouverné par l'Anonyme, et quand tous se trouvent également privés de pouvoir, nous sommes devant une tyrannie sans tyran. La caractéristique la plus frappante des révoltes étudiantes à travers le monde est qu'elles sont toutes dirigées contre le règne de la bureaucratie. Ainsi s'explique ce qui, à première vue, paraît si troublant, à savoir que, dans les pays de l'Est, les rebelles réclament précisément cette liberté de pensée et de parole que les jeunes révoltés occidentaux méprisent et déclarent tout à fait dénuée de sens. Si l'on s'en tient à l'idéologie, ce fait paraît déroutant ; il n'en est plus de même si l'on veut bien voir que l'énorme machinerie politique des partis a réussi, un peu partout, à étouffer la voix des citoyens, même dans les pays où la liberté de parole et d'association demeure encore intacte. À l'Est, les dissidents et les résistants réclament la liberté de pensée et de parole en tant que condition préliminaire de toute action politique ; en Occident, les rebelles vivent dans des conditions où ces libertés ne sont plus susceptibles d'ouvrir la voie à une action qui permette le plein exercice de la liberté. En réalité, ce qui importe à leurs yeux, c'est ce qu'un étudiant allemand, Jens Litten, appelait fort

justement « Praxisentzug », la paralysie de l'action[1].
La transformation du système politique en administration, ou des républiques en bureaucraties, et la désastreuse réduction du champ de l'action publique dont elle s'accompagne, s'est poursuivie tout au long des temps modernes par un développement incessant et complexe ; au cours des cent dernières années, le processus s'est fortement accéléré avec l'avènement de la bureaucratie des partis. (Voici soixante-dix ans, Pareto reconnaissait déjà que « la liberté, par quoi j'entends le pouvoir d'agir, se réduit chaque jour, excepté pour les criminels, dans les pays prétendument libres et démocratiques[2] ».) C'est la possibilité d'action qui fait de l'homme un être politique ; elle lui permet d'entrer en contact avec ses semblables, d'agir de concert, de poursuivre des buts et de former des entreprises auxquels il n'aurait ni pensé, ni même aspiré, s'il ne possédait effectivement ce don de partir à la découverte de nouveaux horizons. Du point de vue de la philosophie, l'action constitue la réponse de l'homme au fait d'être né. Nouveaux venus et débutants dans le monde du fait de cette naissance, nous sommes porteurs d'un élément de renouveau ; en l'absence de cette réalité de la naissance, nous ignorerions ce que peut être la nouveauté et toute « action » serait assimilable à un simple comportement ou à un effort de préservation. Aucune autre faculté, si l'on excepte le langage, ne nous différencie plus radicalement de toutes les autres espèces animales. Agir et commencer de faire sont

1. Voir appendice XVIII, p. 271.
2. Pareto, cité d'après l'ouvrage de Finer, *op. cit.*

deux choses différentes, mais il existe entre elles des rapports fort étroits.

Aucune métaphore se référant aux processus vitaux ne permet de traduire de façon adéquate les caractéristiques de la créativité. L'acte d'engendrer ou de donner la vie n'est pas plus créateur que la mort n'est en elle-même un anéantissement ; ce ne sont que des phases différentes d'un même cycle, toujours renouvelé, où sont emportées, comme dans une ronde magique, toutes choses vivantes. Ni la violence, ni le pouvoir ne sont des phénomènes naturels, c'est-à-dire des manifestations de ce processus vital ; l'une et l'autre font partie du domaine politique des affaires humaines, dont la qualité spécifiquement humaine est garantie par la capacité d'action de l'homme, son aptitude à l'initiative d'une action nouvelle. Et je pense que l'on peut démontrer que cette aptitude a souffert, plus que toute autre aptitude de l'homme, du progrès de l'époque moderne, du fait que le progrès, tel que nous en sommes venus à l'entendre, signifie la croissance, un perpétuel processus d'agrandissement et d'accumulation. À mesure qu'un pays grandit, par le nombre de sa population, de ses objets, de tout ce qu'il possède, grandissent aussi les nécessités d'une administration, et avec elles le pouvoir anonyme des administrateurs. L'auteur tchèque Pavel Kohout, au cours de l'éphémère expérience du printemps de Prague, définissait le « citoyen libre » comme un « co-dirigeant de la cité ». Il s'agissait là, ni plus ni moins, de « la démocratie fondée sur la participation » dont il a été si souvent question dans les pays occidentaux au cours des récentes années. Kohout ajoutait que ce dont le monde actuel éprouve le plus pressant besoin, c'est un « exemple nouveau », si l'on veut éviter que « le prochain millénaire soit celui du règne d'une race de singes sur-civilisés » ; ou, pire encore, « celui de sociétés de poulets et de rats » gouvernées par une « élite » dont le pouvoir s'appuie « sur les avis autorisés de… ses auxiliaires intellectuels » persuadés que les chercheurs des instituts de recherches sont des penseurs et que les ordinateurs peuvent « penser ». « Ces avis peuvent se révéler incroyablement insidieux et, au lieu de recommander la poursuite d'objectifs humains, s'attacher à la solution de pures abstractions, transformées de façon imprévisible par l'intervention des cerveaux artificiels[1]. »

Il me paraît difficile de voir dans la pratique de la violence ce nouvel exemple, bien que j'aie tendance à croire qu'une grande partie des apologies actuelles de la violence a pour cause les sévères entraves qui pèsent dans le monde moderne sur la faculté d'agir. Il est tout à fait exact qu'au cours des émeutes des ghettos et des révoltes universitaires « les gens se sentent unis dans l'action d'une façon qu'il leur est rarement donné de connaître[2] ». Nous ignorons si ces expériences peuvent être à l'origine de quelque chose de neuf – le « nouvel exemple » – ou s'il s'agit là des derniers soubresauts d'une faculté qui, dans l'homme, est en train de mourir. Dans l'état actuel des choses,

---

1. Voir Günter GRASS et Pavel KOHOUT, *Briefe über die Grenze*, Hambourg, 1968, pp. 88 et 90 ; et Andrei D. SAKHAROV, *op. cit.*

2. Herbert J. GANS, « The Ghetto Rebellions and Urban Class Conflict », in *Urban Riots*, *op. cit.*

alors que nous voyons à quel point les superpuissances demeurent écrasées sous le poids monstrueux de leurs propres dimensions, il semble que l'instauration d'un « nouvel exemple » pourrait avoir sa chance, si elle existe, dans un petit pays, ou dans des secteurs étroits et bien définis des sociétés de masse des grandes puissances.

Les processus de désintégration qui sont apparus avec une telle évidence au cours des récentes années : la décrépitude des services publics – l'école, la police, la distribution du courrier, le service d'ébouage, les transports en commun, etc. –, les accidents de la route et les problèmes de la circulation dans les grandes villes, la pollution de l'air et de l'eau, sont les conséquences automatiques des besoins de sociétés de masse dont la gestion est devenue impossible. Ils s'accompagnent, et de ce fait sont souvent accélérés, du déclin des divers systèmes de partis, dont l'origine est plus ou moins récente et qui sont destinés à servir les besoins sociaux et politiques de la masse de la population – en cherchant, dans les pays occidentaux, à permettre le fonctionnement d'un système de gouvernement représentatif, alors que l'exercice de la démocratie directe est devenu impossible du fait, comme le dit John Selden que « dans la pièce il n'y a plus place pour tous », ou en s'efforçant, comme dans les pays de l'Est, d'appliquer efficacement à de vastes territoires un régime de pouvoir absolu. Par sa nature même la grandeur est vulnérable ; les lézardes apparaissent et s'élargissent dans les structures du pouvoir de tous les grands pays. Si personne n'est en mesure d'indiquer où et à quel moment le point de rupture a été atteint, il est possible d'observer, et presque de mesurer, le degré d'affaiblissement de nos institutions, qui laissent échapper, goutte à goutte, leur vitalité.

On observe en outre le développement récent d'une nouvelle et curieuse forme de nationalisme, assimilée généralement à un retour aux idéologies de droite, mais qui est beaucoup plus probablement significative d'un refus croissant, et à l'échelle du monde, des servitudes de la dimension. Alors que les sentiments nationaux tendaient auparavant à unir les différents groupes ethniques en concentrant leurs aspirations politiques sur la nation prise comme un tout, nous voyons désormais apparaître une forme de « nationalisme » ethnique qui commence à faire peser une menace de dissolution sur les États-nations les plus anciens et les plus solidement établis. Les Gallois et les Écossais, les Bretons et les Provençaux – groupes ethniques dont l'assimilation indispensable, préliminaire à la formation d'un État national, semblait parfaitement stable et assurée – manifestent certaines tendances séparatistes hostiles aux gouvernements de Paris et de Londres. Et au moment même où la centralisation, du fait de trop grandes dimensions, comporte à l'évidence des effets négatifs, les États-Unis, fondés sur le principe fédéral de la division des pouvoirs, et qui puisaient leur force dans le respect de cette répartition, se sont lancés tête baissée dans l'expérience, nouvelle pour ce pays, d'une administration centralisée, aux applaudissements unanimes de toutes les forces « progressistes » – le gouvernement fédéral s'efforçant de réduire la compétence des États et le pouvoir exécutif de diminuer de plus en plus les pouvoirs du Congrès[1]. Ne dirait-on pas que cette colonie européenne très fortunée désire partager le sort et le déclin de ses anciennes métropoles, en se hâtant de revenir aux défauts et aux erreurs que les pères de la Constitution s'étaient efforcés de corriger ou d'écarter ?

Quels que puissent être les avantages ou les inconvénients administratifs de la centralisation, elle comporte toujours les mêmes conséquences politiques : le monopole du pouvoir dessèche et tarit toutes les sources authentiques de pouvoir dans le pays. Les États-Unis, fondés sur l'équilibre d'un très grand nombre de pouvoirs, se trouvent désormais confrontés, non seulement à la menace d'une désintégration de cet édifice, mais à la perspective d'un pouvoir qui, bien qu'apparemment encore intact et libre de s'exercer, perd peu à peu ses points d'appui et son efficacité. Parler de l'impuissance du pouvoir a cessé d'être un piquant paradoxe. La croisade du sénateur Eugene McCarthy, en 1968, qui se proposait d'« éprouver la valeur du système » a fait apparaître en pleine lumière le mécontentement populaire provoqué par les aventures impérialistes, a établi un lien entre l'opposition du Sénat et celle qui se manifestait dans la rue, a imposé, au moins temporairement, un spectaculaire changement de politique, et a démontré qu'il était possible de désaliéner très rapidement la grande majorité d'une jeunesse rebelle, qui avait saisi cette première occasion non pour abolir le système, mais pour le remettre en marche. Et

_____

1. Voir l'important article de Henry Steele Commager, signalé à la note 1, p. 207.

néanmoins, la machine bureaucratique du parti parvint à écraser ce pouvoir, en préférant, contrairement à toutes les traditions, gâcher ses chances électorales par la désignation d'un candidat impopulaire, mais qui était l'un de ses *apparatchiks*. (Une péripétie analogue se produisit à la convention du parti républicain, quand, au lieu de Rockefeller, Nixon fut désigné comme candidat du parti.)

On pourrait citer d'autres exemples illustrant ces contradictions curieuses et inhérentes à l'impuissance du pouvoir. Du fait de l'efficacité considérable du travail d'équipe dans le domaine scientifique, qui constitue peut-être la plus remarquable contribution de l'Amérique au développement de la science moderne, les processus les plus complexes peuvent être maîtrisés avec une telle précision que les voyages sur la Lune sont manifestement moins périlleux que les promenades ordinaires des week-ends ; mais ce que l'on nomme « la plus grande puissance du monde » s'avère incapable de mettre fin à une guerre, désastreuse à l'évidence pour tous ceux qui s'y trouvent impliqués, poursuivie dans un des plus petits pays du monde. Tout se passe comme si nous étions tombés sous le charme d'un enchanteur qui nous permet de réaliser l'« impossible », à condition que nous renoncions au « possible », d'accomplir de fantastiques exploits pourvu que nous ne soyons plus capables de satisfaire convenablement toutes les nécessités quotidiennes. Si, par opposition au « pouvoir faire », le terme « pouvoir » signifie qu'il nous est possible de faire ce que nous voulons, il nous faut bien reconnaître que notre « pouvoir » est tombé dans l'impuissance.

Les progrès accomplis par la science sont tout autre chose que l'expression du « je veux » personnel ; ils suivent leurs propres et inexorables lois, nous contraignant à faire ce qu'il nous est possible de faire, sans tenir compte des conséquences. Le « pouvoir » et le « vouloir » se sont-ils donc divisés ? Valéry n'avait-il pas raison d'affirmer voici une cinquantaine d'années : « On peut dire que tout ce que nous savons, c'est-à-dire tout ce que nous pouvons, a fini par s'opposer à ce que nous sommes » ?

Répétons-le, nous ne savons pas où ces développements nous conduiront ; mais nous savons, ou nous devrions savoir, que tout affaiblissement du pouvoir est une invite manifeste à la violence – ne serait-ce que du fait que les détenteurs du pouvoir, qu'il s'agisse des gouvernants ou des gouvernés, sentant que ce pouvoir est sur le point de leur échapper, éprouvent toujours les plus grandes difficultés à résister à la tentation de le remplacer par la violence.

APPENDICES

I. – *P. 155, note 1.* Le professeur B.C. Parekh, de l'université de Hull, en Angleterre, a eu l'obligeance d'attirer mon attention sur un passage concernant Feuerbach dans l'*Idéologie allemande* de Marx et Engels (1846) – passage à propos duquel Engels écrivait quelques années plus tard : « Ce fragment que nous avions terminé... prouve simplement à quel point notre connaissance de l'histoire économique était insuffisante à cette époque. » « Une transformation massive des hommes [des Menschen] s'avère nécessaire pour la création en masse de cette conscience communiste, comme aussi pour mener la chose elle-même à bien ; or, une telle transformation ne peut s'opérer que par un mouvement pratique, par une *révolution* ; cette révolution n'est donc pas seulement rendue nécessaire parce qu'elle est le seul moyen de renverser la classe dominante, elle l'est également parce que seule une révolution permettra à la classe *qui renverse l'autre* de balayer toute la pourriture du vieux système qui lui colle après et de devenir apte à fonder la société sur des bases nouvelles. » (Trad. fr., Éditions sociales, 1968, p. 121. Pour le texte allemand, voir Marx-Engels, *Gesamtausgabe*, 1932, I. Abteilung, vol. 5, pp. 59 et suivantes.)

II. – *P. 155, note 2.* La tendance de la Nouvelle Gauche à s'écarter inconsciemment du marxisme a été signalée par divers auteurs. Voir notamment de récents commentaires sur le mouvement étudiant, par Leonard Schapiro, dans le *New York Review of Books* du 5 décembre 1968, et par Raymond Aron dans *La Révolution introuvable*, Fayard, 1968. L'un et l'autre considèrent cette insistance nouvelle sur la violence comme un retour en arrière soit vers un socialisme utopique antérieur à Marx (Aron), soit dans la direction de l'anarchisme russe de Netchaev et Bakounine (Schapiro), « qui avaient longuement insisté sur l'importance de la violence en tant que facteur d'unité, en tant que force d'intégration dans une société ou dans un groupe, un siècle avant que des idées similaires se dégagent des œuvres de Jean-Paul Sartre et de Frantz Fanon ». Aron écrit, dans le même sens : « Les chantres de la révolution de mai croient dépasser le marxisme... ils oublient un siècle d'histoire » (p. 14). Cette façon de revenir en arrière ne saurait passer pour un vice rédhibitoire aux yeux d'un non-marxiste, mais il devrait en aller tout différemment pour Sartre, qui écrit, par exemple : « Un prétendu "dépassement" du marxisme ne sera au pis qu'un retour au prémarxisme, au mieux que la redécouverte d'une pensée déjà contenue dans la philosophie qu'on a cru dépasser » (« Question de Méthode », in *Critique de la raison dialectique*, Gallimard, 1960, p. 17). (Il est assez remarquable que Sartre et Aron, dont les conceptions politiques sont foncièrement opposées, soient pleinement d'accord sur ce point. On voit par là que la conception hégélienne de l'histoire s'impose aussi bien à la pensée des non-marxistes qu'à celle des marxistes.)

Sartre se livre lui-même, dans sa *Critique de la raison dialectique*, à une sorte d'explication hégélienne de son approbation de la violence. Son point de départ est le fait que « le besoin et la rareté constituent la base manichéenne de la morale et de l'action » dans l'histoire de notre temps

« dont la réalité est fondée sur la rareté et qui s'exprime par un antagonisme réciproque entre les classes ». L'agression est la conséquence du besoin dans un monde « où il n'y a pas assez pour tous ». Dans ces conditions, la violence a cessé d'être un phénomène marginal. « Violence et contre-violence sont peut-être contingentes, mais ce sont des nécessités contingentes, et toute tentative d'abolir cette inhumanité a inévitablement pour conséquence qu'en détruisant chez l'adversaire l'inhumanité du sous-homme, je vais également détruire en lui l'humanité de l'homme, et assimiler en moi son inhumanité. Que je tue, torture, réduise en esclavage… mon but est de supprimer sa liberté – c'est une force aliénante, elle est de trop. » Il prend pour exemple d'une condition « où chacun est un élément superflu… où chacun est une gêne pour autrui », une queue de personnes attendant l'autobus, où chacun à l'évidence ne considère son voisin que comme un numéro dans une série. Il en conclut qu'« ils rejettent les uns et les autres tout lien entre chacun de leurs mondes intérieurs ». Il en résulte que la *praxis* n'est autre qu'une « négation de l'altérité qui, elle-même, est une négation » – conclusion dont on doit certainement se féliciter, en ce sens que la négation d'une négation équivaut à une affirmation.

Cette argumentation présente un défaut qui me paraît évident. Il y a une énorme différence entre le fait « de ne pas faire attention à » et celui de « rejeter », entre « refuser tout lien » avec quelqu'un et « nier » son altérité, et, pour un être raisonnable, il existe encore beaucoup de chemin à parcourir entre cette « négation » théorique et le meurtre, la torture et le fait de réduire les hommes en esclavage.

La plupart de ces citations sont tirées de l'ouvrage de R. D. Laing et D. G. Cooper, *Reason and Violence. A Decade of Sartre's Philosophy, 1950-1960*, Londres, 1964, IIIᵉ partie. Nous avons pensé pouvoir nous y référer, étant donné que Sartre déclare, dans son avant-propos : « J'ai lu attentivement l'ouvrage que vous avez bien voulu me confier et j'ai eu le grand plaisir d'y trouver un exposé très clair et très fidèle de ma pensée. »

III. – *P. 157, note 2.* Le mouvement comprend en fait un mélange assez hétéroclite. On y trouve aisément, aux côtés d'étudiants extrémistes, des hippies, des ratés, des drogués et des psychopathes. La situation se complique en outre du fait que les pouvoirs établis se soucient assez peu de distinguer entre les actions criminelles et les simples irrégularités, distinction qui n'en a pas moins une très grande importance. Les *sit-in* et les occupations de locaux sont tout autre chose que l'incendie volontaire ou la révolte armée, et il ne s'agit pas là d'une simple différence de degré. (Contrairement à ce qu'a prétendu un membre du conseil d'administration de l'université Harvard, l'occupation d'un bâtiment universitaire par des étudiants n'est nullement comparable à l'attaque d'une succursale de la First National City Bank par une foule d'émeutiers, pour la simple raison que les étudiants ne font qu'enfreindre un règlement concernant l'usage d'un bien dont ils relèvent et qui leur appartient tout autant qu'au corps professoral ou à l'administration.) Encore plus alarmante sans doute est la tendance que manifestent les professeurs et l'administration à traiter les toxicomanes et les éléments criminels avec beaucoup plus d'indulgence qu'ils n'en montrent à l'égard d'authentiques rebelles. (On a pu le voir au Collège de la ville de New York et à l'université Cornell.)

Déjà en 1961, le sociologue allemand Helmut Schelsky avait fait état de la possibilité d'une généralisation d'un « nihilisme métaphysique » (in *Der Mensch in der wissenschaftlichen Zivilisation*, Cologne et Opladen, 1961) ; il entendait par là un refus radical, sur le plan spirituel et social, « de la totalité du processus humain générateur des sciences et de la technique », autrement dit, le refus du « monde, en plein développement, d'une civilisation scientifique ». Qualifier de « nihiliste » une telle attitude suppose que l'on accepte le monde moderne comme le seul possible. C'est précisément sur ce point que porte le défi de la jeunesse rebelle. Et n'est-il pas aussi sensé de renverser la perspective, comme le font Sheldon Wolin et John Schaar *(op. cit.)* lorsqu'ils déclarent : « Le plus grand danger à l'heure actuelle est que les gens arrivés et respectables... paraissent adopter l'attitude la plus nihiliste qui se puisse concevoir : le refus de tout avenir par le désaveu de leurs propres enfants qui sont porteurs de l'avenir » ?

On peut lire, dans un article de Nathan Glazer : « Student Power in Berkeley », *The Public Interest*, numéro spécial sur *Les universités*, automne 1968 : « Les étudiants extrémistes... me rappellent beaucoup plus les luddistes briseurs de machines que les syndicalistes socialistes qui obtinrent pour les travailleurs les pouvoirs et les droits du citoyen. » Et cette impression l'amène à conclure que Zbigniew Brzezinski a sans doute formulé un excellent diagnostic sur cette crise en déclarant, dans un article sur l'université Columbia, publié dans le *New Republic* du 1er juin 1968 : « Très fréquemment, les révolutions ne sont que les ultimes sursauts du passé, et ce sont moins alors des révolutions que des contre-révolutions qui se parent du prestige de la révolution. » La décision d'aller de l'avant quel qu'en soit le prix n'est-elle pas un peu étrange de la part de deux auteurs qui passent d'ordinaire pour être d'opinion fort conservatrice ? Et n'est-il pas plus surprenant encore que Glazer paraisse vouloir ignorer les différences cruciales qui séparent les machines des manufactures anglaises du début du XIXᵉ siècle du gigantesque outillage accumulé au milieu du XXᵉ siècle, et qui s'avère destructeur alors même qu'il apparaissait porteur du plus grand bien-être – l'énergie nucléaire, l'automatisation, les progrès de la médecine dont les pouvoirs accrus ont conduit au surpeuplement, qui conduira à son tour d'une façon à peu près certaine à la famine, à la pollution atmosphérique, et à d'autres maux ?

IV. – *P. 159, note 2.* Maintes analyses et discussions critiques actuelles ont pour caractéristiques communes la recherche de précédents et d'analogies inexistants, tout en évitant de rapporter d'une façon objective ce qui s'est effectivement passé ou ce que l'on a pu dire à ce propos et d'y réfléchir, sous le prétexte qu'il nous faut tirer les enseignements du passé, et plus particulièrement de ce qui a pu se produire dans la période de l'entre-deux-guerres. L'intelligente et remarquable étude de Stephen Spender sur le mouvement étudiant, citée ci-dessus, est totalement affranchie de cette forme de dérobade. Bien peu d'hommes de cette génération ont vécu aussi intensément la présence de l'événement, tout en gardant le souvenir de leur propre jeunesse, de façon à parfaitement saisir les différences d'atmosphère, de style, de pensée et d'action. (« Les étudiants actuels sont tout différents des étudiants d'Oxbridge, de Harvard, de Princeton ou de Heidelberg d'il y a quarante ans », p. 165.) Mais tous ceux que préoccupent réellement l'avenir du monde et celui de l'homme, à quelque génération qu'ils appartiennent, sont pleinement d'accord avec cette attitude de Spender, à la différence de ceux qui n'ont vu là que simple matière à un jeu spéculatif. (Wolin et Schaar, *op. cit.*, parlent de la « renaissance du sentiment d'une communauté de destin » comme d'un pont jeté entre les générations, de « nos craintes communes que les armements scientifiques puissent aboutir à la destruction de toute vie terrestre, que le progrès technologique arrive à défigurer l'homme appelé à vivre dans les grandes villes, comme il a déjà obscurci le ciel et dégradé l'environnement terrestre », que « le "progrès" de l'industrie en vienne à supprimer toute possibilité de prendre un véritable intérêt à son travail ; que "les moyens de communication" viennent effacer les dernières traces des cultures diversifiées qui ont été le commun héritage de toutes nos sociétés, sauf les plus attardées ».) Il semble tout naturel que les craintes de ce genre soient plus largement répandues parmi les physiciens et les biologistes que parmi les spécialistes des sciences sociales, bien que les étudiants appartenant aux premières disciplines aient été beaucoup moins prompts à se rebeller que leurs condisciples littéraires. Le célèbre biologiste suisse Adolf Portmann estime, quant à lui, que le fossé qui se creuse actuellement entre les générations n'a que peu de rapports avec les divergences de vues traditionnelles entre la jeunesse et l'âge mûr, mais qu'il a coïncidé avec le début de l'ère nucléaire : « Il en résulte dans le monde une situation entièrement nouvelle… qui ne se compare pas même avec les conséquences des plus grandes révolutions du passé » *(Manipulation des Menschen als Schicksal und Bedrohung*, Zurich, 1969). Cependant que George Wald, de l'université Harvard, prix Nobel, déclarait, dans sa célèbre allocution au Massachusetts Institute of Technology, le 4 mars 1969, que les « professeurs saisissaient les motifs du malaise de leurs étudiants, mieux encore sans doute que ceux-ci ne les comprenaient eux-mêmes » et, qui plus est, qu'ils les « partageaient » *(op. cit.).*

V. – *P. 160, note 2.* On accuse généralement les étudiants rebelles d'avoir été à l'origine de la politisation des universités, justement déplorée, du fait qu'ils s'attaquaient, dans cette institution, au maillon le plus faible de la chaîne des pouvoirs établis. Il est parfaitement exact que les universités seront incapables de survivre si le « détachement intellectuel et la recherche désintéressée de la vérité » devaient disparaître ; et, ce qui est plus grave, il est assez improbable qu'un type quelconque de société civilisée soit capable de survivre à la disparition de ces curieuses institutions, dont l'impartialité et l'indépendance à l'égard de toute pression sociale et politique constituent précisément l'essentiel du rôle politique et social qu'elles remplissent. La vérité et le pouvoir, phénomènes tous deux légitimes dans leur domaine propre, sont essentiellement distincts, et leur recherche conduit à des genres d'existence très différents. Zbigniew Brzezinski, dans « America in the Technotronic Age* » (*Encounter*, janvier 1968), aperçoit bien ce danger de les confondre, mais il semble s'y résigner, ou ne pas s'alarmer particulièrement de cette perspective. La « technétronique », estime-t-il, ouvre la voie à une nouvelle « superculture », sous la direction d'« intellectuels pourvus de l'esprit d'organisation et du sens des applications pratiques ». (Voir particulièrement à ce propos la récente analyse critique de Noam Chomsky, « Objectivité et culture libérale », in *op. cit.*) Eh bien, il paraît beaucoup plus probable que cette nouvelle mouture d'intellectuels, connue précédemment sous le nom de technocrates, ouvre la voie à une ère de tyrannie et de totale stérilité.

Quoi qu'il en soit sur ce point, le fait est que la politisation des universités par le mouvement étudiant a été précédée de leur politisation par les pouvoirs établis. Ce fait est assez notoire pour qu'il ne soit pas nécessaire d'apporter ici d'autres précisions, et il serait bon de ne pas oublier qu'il

---

* Article repris et développé dans *La Révolution technétronique*, Calmann-Lévy, 1971. *(N.d.E.)*

ne s'agit pas là simplement du problème des recherches effectuées pour le compte de l'armée. Henry Steele Commager dénonçait récemment le rôle de bureau de placement que l'on entend faire jouer à l'université (« The University as Employment Agency », *The New Republic*, 24 février 1968). Et en fait, « aucun effort d'imagination ne pourra nous permettre d'affirmer que la société Dow Chemical, les Marines ou la C.I.A. sont des entreprises éducatives » ou des institutions dont le but est de rechercher la vérité. Le maire de New York, John Lindsay, a pu justement poser la question du droit que pouvait avoir l'université à se considérer elle-même comme « une institution distincte de toute autre, consacrée à la poursuite de buts immatériels, alors qu'on la voit s'engager dans la spéculation immobilière et apporter son concours à divers plans et projets militaires au Vietnam » *(New York Times*, « The Week in Review » 4 mai 1969). Prétendre que l'université est « le cerveau de la société » ou celui de l'édifice du pouvoir est simplement une prétentieuse et dangereuse stupidité – ne serait-ce que du fait que la société ne constitue nullement un « corps », fût-il dépourvu de cerveau.

Que l'on sache bien, afin d'éviter toute méprise, que je suis persuadée, comme Spender, que ce serait une folie de la part des étudiants de détruire les universités (bien qu'ils soient les seuls à pouvoir effectivement y parvenir, pour la simple raison qu'ils ont pour eux le nombre, et partant le pouvoir réel) ; les campus constituent en effet, non seulement leur base d'action réelle, mais la seule qu'il leur soit possible d'utiliser. « Sans universités, il n'y aurait pas d'étudiants » (p. 22). Mais les universités ne sont susceptibles de constituer une base pour les étudiants que pour autant qu'elles sont encore le seul lieu dans la société où le pouvoir n'a pas le dernier mot – en dépit de toutes les hypocrisies et les compromissions existantes. Dans la situation actuelle, le danger d'un accès de déraison existe encore, soit de la part des étudiants eux-mêmes, soit, comme à Berkeley, de la part de l'autorité du moment. Si l'on en arrivait là, la jeunesse rebelle n'aurait fait qu'ajouter quelques nouveaux points à ce que le professeur Richard A. Falk, de Princeton, appelait fort justement « la tapisserie du désastre ».

VI. – *P. 163, note 1.* Dans son article : « Campus Crisis », publié dans le *New York Times* du 4 mai 1969 *(The Week in Review)*, Fred M. Hechinger déclare : « Du fait que les revendications spécifiques des étudiants noirs sont en général justifiées en substance… elles sont généralement accueillies avec sympathie. » Il semble assez caractéristique de l'attitude générale actuelle en cette matière que le « Manifeste aux Églises chrétiennes blanches et aux Synagogues juives des États-Unis et autres institutions racistes », de James Forman, tout en étant couramment lu sur la place publique, et de ce fait faisant partie de ces « nouvelles qu'il vaut la peine de publier* », n'ait jamais fait l'objet d'une publication avant le 10 juillet 1969, date à laquelle le *New York Review of Books* l'a reproduit, amputé de son introduction. Il est certain qu'une partie de son contenu apparaît comme le produit typique d'une imagination analphabète et ne mérite guère d'être pris au sérieux. C'est cependant plus qu'une plaisanterie et ce n'est un secret pour personne que la conscience noire se montre actuellement particulièrement réceptive à ce genre d'inventions. Que les autorités s'en effraient paraît fort compréhensible. Ce qui paraît moins compréhensible, et plus difficilement acceptable, c'est le manque d'imagination dont elles ne cessent de faire preuve. N'est-il pas

---

* Allusion à la devise du *New York Times* : « All the news that's fit to print. » *(N.d.E.)*

évident que si M. Forman et ses sectateurs ne se trouvent pas en face d'une opposition sérieuse de la communauté prise dans son ensemble, ou si celle-ci se contente même d'esquisser quelques gestes d'apaisement, ils en viendront, malgré eux, à passer à l'exécution d'un programme auquel ils n'avaient peut-être jamais cru ?

VII. – *P. 163, note 2*. Dans une lettre au *New York Times*, datée du 9 avril 1969, Lynd se contente de mentionner « des actions perturbatrices non violentes, telles que les grèves et les *sit-in* », ne tenant aucun compte, pour les nécessités de son propos, des émeutes violentes de la classe ouvrière au cours des années 1920 et demande comment il se fait que de telles tactiques qui, « depuis une génération, ont été reconnues comme acceptables dans les rapports entre ouvriers et employeurs... sont interdites quand elles sont pratiquées sur un campus ?... Quand un dirigeant syndical est congédié par la direction d'une entreprise, le personnel intéressé abandonne le travail jusqu'au règlement du conflit ». Il semble que Lynd ait accepté cette conception qui, trop souvent, malheureusement, est celle des dirigeants et administrateurs des universités, selon laquelle le campus serait la propriété du conseil d'administration, qui engagerait à son tour des administrateurs chargés d'en assurer la gestion, ceux-ci recrutant en fin de compte des professeurs afin de servir leur clientèle, les étudiants. Il s'agit là d'une « image » totalement irréelle. Quelle que soit l'âpreté des affrontements au sein du monde universitaire, il ne s'agit en aucune façon de conflits d'intérêts ou de lutte de classes.

VIII. – *P. 163, note 3*. Bayard Rustin, dirigeant noir du mouvement des droits civiques, a dit à ce propos exactement ce qu'il fallait dire : les autorités universitaires devraient « cesser de capituler devant les exigences stupides

des étudiants noirs » ; il est déplorable « que le sentiment de culpabilité et le masochisme d'un groupe social permettent à une autre partie de la société de prendre les armes au nom de la justice » ; les étudiants noirs « souffrant de l'état de choc de l'intégration » cherchent « à fuir leurs problèmes de la façon la plus simple » ; ce qu'il faudrait aux étudiants noirs, ce ne sont pas des cours sur les Noirs mais des « cours de rattrapage », qui « pourraient leur permettre de faire des mathématiques et d'apprendre à écrire de façon correcte ». (Cité d'après le *Daily News* du 28 avril 1969.) Le fait qu'il faille beaucoup de courage pour parler raisonnablement de ce genre de sujet est un symptôme de l'état moral et intellectuel de la société. Plus redoutable, dans cette perspective, apparaît encore l'éventualité plus que probable que, dans cinq ou dix années, l'« enseignement » du swahili (forme de langage périmé du XIXᵉ siècle que parlaient des Arabes caravaniers trafiquants d'ivoire et d'esclaves, mélange hybride de dialecte bantou, avec de larges emprunts au vocabulaire arabe (cf. *Encyclopaedia Britannica*, 1961), de la littérature africaine, et autres matières totalement dépourvues d'intérêt, passeront pour un « nouveau piège de l'homme blanc », visant à empêcher les Noirs de bénéficier d'un enseignement approprié.

IX. – *P. 166, note 2*. Le « Manifeste » de James Forman, auquel j'ai fait précédemment allusion (adopté par la Conférence nationale pour le développement économique des Noirs), et adressé aux Églises et aux Synagogues, comme « le début des réparations dues à notre peuple, qui a été exploité et dégradé, brutalisé, massacré et persécuté », constitue un exemple classique de ces futiles et dangereuses rêveries. À l'en croire, « il résulte des lois de la révolution, que la révolution est faite par ceux qui sont les plus opprimés ; et le but de notre révolution sera de prendre la direction, d'assumer directement le contrôle total de tout ce qui existe à l'intérieur des États-Unis. Le temps est passé où le Blanc commandait la manœuvre et où le Noir l'exécutait ». Afin de réformer cet état de choses, il faudra « se servir de tous les moyens nécessaires, y compris la force et le pouvoir des armes, afin d'abattre les colonisateurs ». Et tandis que Forman, au nom de la communauté noire (qui, certes, n'est pas à ses côtés), « déclare la guerre », se refuse « à partager le pouvoir avec les Blancs », et réclame « que les populations blanches de ce pays… acceptent d'être dirigées par des Noirs », il exhorte, dans le même temps, « tous les chrétiens et les Juifs à pratiquer la patience, la tolérance, à se montrer compréhensifs et à éviter la violence » pendant toute la période qui peut encore s'écouler avant cette saisie du pouvoir « même s'il fallait attendre mille ans ».

X. – *P. 170, note 1.* Nous voyons dans l'œuvre de Jürgen Habermas, un des sociologues allemands les plus intelligents et les plus avisés, un excellent exemple des difficultés que peuvent éprouver des marxistes ou d'anciens marxistes à renoncer à une formulation théorique conforme à celle du maître. Dans son récent ouvrage, *Technik und Wissenschaft als « Ideologie »*, Francfort, 1968, il indique, à plusieurs reprises, que « ce n'est pas sans peine *(umstandslos)* que l'on utilise aujourd'hui certaines catégories fondamentales de la théorie de Marx, à savoir l'idéologie et la lutte de classes ». Une comparaison avec l'essai d'Andreï D. Sakharov, que nous avons cité plus haut, montre combien il est plus facile, pour ceux qui étudient le « capitalisme » à partir des désastreuses expériences des pays de l'Est, de s'affranchir des formules et des théories périmées.

XI. – *P. 188, note 1.* Les sanctions, qui accompagnent les lois sans néanmoins en constituer l'essentiel, visent particulièrement les citoyens qui, sans refuser leur accord ou leur soutien, voudraient que des exceptions interviennent en leur faveur ; le voleur entend bien que le gouvernement protège les biens qu'il vient récemment de s'approprier. On a remarqué que, dans les premiers systèmes juridiques, il n'était pas question de sanctions. (Voir de Jouvenel, *op. cit.*, p. 398.) Le châtiment du contrevenant était soit l'exil, soit la mise hors la loi ; le criminel, en violant la loi, se plaçait hors de la communauté qu'elle avait instituée.

Passerin d'Entrèves (*op. cit.*, p. 163) tenant compte de la complexité du droit, y compris le droit étatique, a précisé qu' « il existe certainement des règles qui sont "directives" plutôt qu'"impératives", qui sont "acceptées" plutôt qu'elles ne sont "imposées" et dont les "sanctions" ne consistent pas nécessairement dans la possibilité de l'usage de la force par un "souverain" ». Il a comparé ce genre de lois « aux règles d'un jeu, ou à celles de mon club, ou bien à celles de l'Église ». Et « si je m'y soumets, c'est parce que, pour moi, contrairement à d'autres parmi mes concitoyens, ces règles sont "valables…" ».

Il me semble qu'il serait possible de pousser plus loin cette comparaison entre la loi et les « règles d'un jeu ». Car l'important n'est pas le fait que je me soumette volontairement à ces règles, ou que je reconnaisse leur validité théorique, mais que pratiquement je ne puisse pas prendre part au jeu sans m'y conformer ; l'acceptation de la règle résulte de mon désir de jouer, et les hommes n'existant qu'en groupe, ce désir de jouer équivaut à celui de vivre. Tout homme naît dans une communauté où existent des lois auxquelles il « obéit », en premier lieu parce qu'il n'y a pas pour lui d'autre façon de participer au grand jeu du monde. Nous pouvons, comme le révolutionnaire, souhaiter changer les règles du jeu, ou encore, comme le criminel, souhaiter qu'il y ait, pour nous, des exceptions ;

mais les rejeter par principe n'a pas seulement le sens d'une « désobéissance » mais celui d'un refus de faire partie de la communauté humaine. Le fameux dilemme – ou la validité de la loi est absolue et requiert, pour sa légitimation, l'existence d'un législateur divin et immortel, ou elle n'est qu'un commandement, soutenu uniquement par la violence, monopole de l'État – est purement illusoire. Toutes les lois sont « directives » plutôt qu' « impératives ». Elles dirigent les rapports humains, comme les règles dirigent le cours du jeu. Et l'ultime garantie de leur validité réside dans l'ancienne maxime romaine : « Pacta sunt servanda. »

XII. – *P. 201, note 3*. L'objectif de cette visite de De Gaulle aux généraux a été interprété de façons diverses. Les événements qui suivirent semblent suggérer que le prix qu'il eut à payer pour obtenir le soutien de l'armée fut une réhabilitation publique de ses adversaires : l'amnistie pour le général Salan, le retour de Bidault, le retour également du colonel Lacheroy, désigné parfois comme le « tortionnaire d'Algérie ». Apparemment on connaît peu de chose des négociations. On est tenté de penser que la récente réhabilitation de Pétain, à nouveau qualifié du titre glorieux de « vainqueur de Verdun », et, bien mieux l'affirmation, incroyablement mensongère de De Gaulle, accusant, dès son retour, le parti communiste de porter la responsabilité de ce qu'on appelle désormais en France les « événements », ont fait partie du marchandage. On sait trop bien que le seul reproche que le gouvernement aurait pu adresser au parti communiste et aux syndicats, c'était de n'avoir pas eu le pouvoir de prévenir les « événements ».

XIII. – *P. 208, note 1*. Il serait intéressant de savoir si, et dans quelle mesure, l'augmentation alarmante du nombre des crimes et délits impunis correspond exactement, non seulement à une spectaculaire ascension de la courbe des infractions, mais également à une aggravation précise des brutalités policières. Le rapport récemment publié par J. Edgar Hoover *(Uniform Crime Report for the United States*, Federal Bureau of Investigation, United States Department of Justice, 1967) ne donne aucune indication sur le nombre des crimes dont les auteurs ont pu être identifiés, en les distinguant de ceux qui ont donné lieu à des arrestations – mais il indique, dans le résumé, que le nombre des affaires criminelles résolues par la police a diminué de 8 % en 1967. Seule une proportion de 21,7 % à 21,9 % des crimes commis a pu finalement donner lieu à des arrestations, et 75 % seulement des personnes arrêtées ont été traduites en justice ; parmi celles-ci, 60 % environ ont été déclarées coupables ! Ainsi, les chances d'impunité sont si élevées pour les criminels que le constant accroissement du nombre des forfaits de toute nature ne peut que paraître naturel. Quelles que soient les causes de la spectaculaire diminution de l'efficacité de la police, le déclin de son pouvoir est évident, et avec lui s'accroît la probabilité de répression brutale. Les étudiants et les autres manifestants demeurent comme des cibles fixes, en face d'une police qui perd peu à peu l'habitude d'arrêter les criminels.

Il est difficile de faire la comparaison entre cette situation et celle qui existe dans d'autres pays, du fait que les méthodes statistiques diffèrent. Néanmoins, bien que l'impunité criminelle croissante soit un problème d'ordre général, il semble que nulle part ailleurs qu'en Amérique ce problème n'atteigne d'aussi alarmantes proportions. À Paris, par exemple, la proportion des crimes dont les auteurs ont été découverts est passée de 62 % en 1967 à 56 % en 1968 ; en Allemagne, de 73,4 % en 1954 à 52,2 % en 1967 ;

et en Suède, en 1967, la police a pu découvrir les auteurs de 41 % des crimes commis. (Voir « Deutsche Polizei », dans le *Spiegel* du 7 avril 1967.)

XIV. – *P. 209, note 1.* Soljenitsyne expose, d'une façon détaillée et concrète, la façon dont les méthodes utilisées par Staline firent échouer les efforts tendant à l'instauration d'un développement économique rationnel, et il faut espérer que cet ouvrage sonnera le glas du mythe selon lequel la terreur et les énormes sacrifices de vies humaines étaient le prix qu'il fallait payer pour l'industrialisation rapide du pays. Des progrès rapides ont été accomplis après la mort de Staline, et il est frappant de voir que la Russie actuelle est encore en retard, non seulement par comparaison avec les puissances de l'Ouest, mais encore par rapport à la plupart des pays satellites de l'Est. Il semble qu'en Russie même on ne se fasse plus beaucoup d'illusions à ce propos, pour autant que ces illusions aient existé. Les nouvelles générations, en particulier les anciens combattants de la Seconde Guerre mondiale, savent fort bien que seul un miracle a pu sauver la Russie de la défaite en 1941, et il y avait à la base de ce miracle le fait que la brutalité des méthodes de l'ennemi s'est avérée pire encore que celle du gouvernement russe. Et le plateau de la balance pencha de ce côté du fait que la terreur policière s'était atténuée sous la contrainte urgente du péril national ; par ses propres forces, le peuple eut la possibilité de se reprendre, et de trouver en lui-même la puissance capable de conduire l'envahisseur à la défaite. Lorsque ces anciens combattants revinrent des camps de prisonniers de guerre ou des territoires occupés, ils furent promptement dirigés, et pour de longues années, vers des camps de travail ou de concentration, afin de briser efficacement les habitudes de la liberté. C'est précisément cette génération, qui a pu goûter pendant la guerre à la liberté, puis ensuite à la terreur, qui lance un défi à la tyrannie du régime actuel.

XV. – *P. 222, note 1.* Aucune personne sensée ne pourra croire ce que certains groupes d'étudiants allemands ont récemment voulu présenter comme un dogme, à savoir que les rebelles ne pourront « combattre cette société pourrie *(Scheissgesellschaft)* avec des moyens appropriés et la détruire » que lorsque le gouvernement aura été forcé « de pratiquer ouvertement la violence ». (D'après le *Spiegel* du 10 février 1969, p. 30.) Cette version nouvelle (d'un point de vue linguistique, mais non intellectuel) de la politique du pire, qui avait connu un certain succès parmi les communistes des années 1930, où l'on professait volontiers que les succès du fascisme étaient une chose excellente pour réveiller l'ardeur de ses adversaires politiques, ne saurait être que pure forfanterie, une variante « révolutionnaire » de l'hypocrisie, à moins qu'elle ne témoigne de la stupidité politique de ceux qui veulent y croire. La différence est cependant qu'il y a quarante ans cette affirmation dépassa le stade de la pure stupidité théorique et se traduisit par la politique de Staline, délibérément favorable à l'ascension de Hitler.

Assurément, on ne saurait être surpris que les étudiants allemands paraissent plus soucieux de théories creuses, et moins avertis sur le plan du raisonnement et de l'action politique, que leurs homologues d'autres pays, politiquement mieux lotis, et il faut bien croire « qu'en Allemagne… l'isolement des esprits intelligents et dynamiques » est plus profond et plus accentué qu'ailleurs, la polarisation des positions plus tranchée et leur influence sur le climat politique de leur pays à peu près nulle – si l'on excepte certains phénomènes de choc en retour. Je partage également l'opinion de Spender (voir *The Berlin Youth Model*, in *op. cit.*) à propos du rôle que joueraient dans cette situation les séquelles d'un passé encore trop récent, qui font que les manifestations étudiantes « affectent le public, non seulement du fait de leur violence, mais par les souvenirs qu'elles évoquent… ils font encore figure de revenants, sortis des tombes hâtivement recouvertes ». Mais, même compte tenu de tout cela, il reste encore ce fait étrange et troublant qu'aucun des groupes gauchistes allemands, qui se sont montrés d'opinions particulièrement extrémistes dans leur opposition aux politiques nationalistes ou impérialistes de pays étrangers, ne s'est préoccupé sérieusement de prendre position en ce qui concerne le problème de la reconnaissance de la ligne Oder-Neisse, problème qui représente après tout la question cruciale pour toute la diplomatie allemande, et qui, depuis la défaite du régime hitlérien, constitue la pierre de touche du nationalisme allemand.

XVI. – *P. 231, note 1.* Daniel Bell demeure prudemment optimiste, car il sait que les réalisations scientifiques et techniques dépendent « de la connaissance théorique [qui] fait l'objet de recherches, de vérifications et d'une codification de manière désintéressée » *(op. cit.)*. Cette vue optimiste peut être justifiée dans la mesure où savants et techniciens pourront se désintéresser du pouvoir et ne se préoccuper que du prestige social – c'est-à-dire tant qu'ils ne deviendront pas des dirigeants et des gouvernants. Peut-être, par contre, le pessimisme de Noam Chomsky est-il excessif : « … ni l'histoire ni la psychologie ni la sociologie n'offrent aucune raison particulière d'attendre avec espoir le règne des nouveaux mandarins ». Il n'y a pas en réalité de précédents historiques, et les savants et les intellectuels que l'on a vus, régulièrement et déplorablement, désireux de servir n'importe quel gouvernement détenant le pouvoir, étaient beaucoup plus représentatifs d'un certain arrivisme que d'une « méritocratie ». Mais Chomsky a parfaitement raison de se demander : « D'un point de vue général, rien ne permet de supposer que les hommes qui revendiquent le pouvoir au nom de la connaissance et de la technique seront plus bénins dans l'exercice du pouvoir que les hommes dont les prétentions reposent sur la fortune ou des origines aristocratiques » (*op. cit.*, p. 212). Et nous avons des raisons non moins sérieuses de poser la question complémentaire : au nom de quoi supposer que l'opposition et les rancunes que devrait affronter une « méritocratie », dont la domination serait exclusivement fondée sur les « dons de la nature », c'est-à-dire sur le pouvoir de la pensée, ne seraient pas encore plus violentes et plus dangereuses que l'expression du ressentiment des groupes précédemment opprimés, qui pouvaient au moins se dire que leur condition inférieure n'était aucunement due à une « faute » de leur part ? Ne peut-on penser que ce ressentiment pourrait revêtir toutes les caractéristiques meurtrières d'un antagonisme racial, distinct d'une simple lutte de classes, étant donné qu'il se fonderait également sur des éléments naturels – une condition dont on ne pourrait se libérer que par l'extermination de ceux qui bénéficieraient d'un coefficient intellectuel plus élevé ; du fait que, dans une communauté fondée sur de semblables bases, la supériorité numérique des moins favorisés serait considérable, et la mobilité sociale à peu près nulle, ne peut-on penser que les démagogues et les chefs populaires représenteraient un tel danger que la « méritocratie » serait rapidement contrainte d'avoir recours à la tyrannie et au despotisme ?

XVII. – *P. 236, note 3.* Ce point a été souligné par Stewart Alsop, dans un article fort lucide, « The Wallace Man », publié dans *Newsweek* du 21 octobre 1968. « Sans doute le partisan de Wallace ne se montre pas libéral lorsque, par refus de l'intégration, il ne veut pas faire inscrire ses enfants à de mauvaises écoles, mais il n'y a là rien que de naturel. Et il lui paraît tout aussi naturel de se plaindre que sa femme soit "molestée", ou qu'on veuille le priver de son droit d'hypothéquer sa maison alors qu'il ne possède rien d'autre. » Alsop cite également une déclaration de Wallace dont la démagogie s'était révélée particulièrement efficace : « Il y a cinq cent trente-cinq membres du Congrès et un bon nombre de ces libéraux ont aussi des enfants. Savez-vous combien envoient leurs enfants dans les écoles publiques de Washington ? Six. »

Un autre exemple d'une erreur assez frappante, dans les mesures destinées à faciliter la politique d'intégration, a été cité par Neil Maxwell, dans le *Wall Street Journal* du 8 août 1968. Afin de promouvoir l'intégration dans les États du Sud, le gouvernement fédéral a supprimé les subventions fédérales à toutes les autorités locales qui refusent ouvertement de prendre les mesures nécessaires. Une subvention de 200 000 dollars avait été supprimée dans un cas de ce genre. « Sur ce total, 175 000 dollars étaient auparavant attribués directement aux écoles des Noirs. La communauté blanche ne manqua pas d'augmenter les impôts locaux du montant nécessaire au remplacement des 25 000 dollars manquants. » En résumé, une mesure destinée à soutenir l'enseignement dispensé aux Noirs avait en réalité des « conséquences désastreuses » sur leur propre système scolaire, tout en n'ayant aucun effet sur les écoles réservées aux Blancs.

XVIII. – *P. 243, note 1.* Dans la fuligineuse atmosphère d'enchères verbales et d'ambiguïté caractéristique des affrontements idéologiques parmi les étudiants occidentaux, ces questions ont fort peu de chances d'être clarifiées. En fait, ainsi que le déclarait Günter Grass, « cette communauté, si farouchement extrémiste sur le plan verbal, a toujours cherché et découvert une échappatoire ». Il est vrai que cette caractéristique, particulièrement évidente chez les étudiants allemands et d'autres partisans de la Nouvelle Gauche, a quelque chose d'irritant. « Ils veulent tout savoir et ne savent rien », résumait Grass, en reprenant une phrase d'un jeune historien de Prague. Quant à Hans Magnus Enzensberger, il se fait l'interprète de l'opinion générale allemande en estimant que « les Tchèques souffrent de leur horizon politique limité. En politique, ils ont bien peu de chose à se mettre sous la dent ». (Voir Günter Grass, *op. cit.*, p. 138-142.) Contrastant avec ce mélange de stupidité et d'insolence, on découvre parmi les révoltés des pays de l'Est un climat psychologique plus réconfortant, mais on frissonne à la pensée du prix exorbitant qui a dû être payé. Un dirigeant étudiant tchèque, Jan Kavan, écrit : « Mes amis d'Europe occidentale m'ont souvent déclaré que nous nous battons simplement pour les libertés de la démocratie bourgeoise. Mais il me paraît bien difficile de faire la différence entre les libertés capitalistes et les libertés socialistes. Ce que je connais, ce sont les libertés humaines fondamentales » *(Ramparts*, septembre 1968). On peut être certain que Kavan éprouverait la même difficulté à établir une différence entre « la violence progressiste et la violence régressive ». Cependant, on aurait tort d'en conclure, comme on le fait si souvent, qu'en matière de liberté précisément les peuples occidentaux n'ont pas la moindre raison de se plaindre. Certes, il est fort naturel que « l'attitude des Tchèques devant les étudiants occidentaux soit fortement teintée d'envie » (phrase extraite d'un journal étudiant et citée par Spender, *op. cit.*, p. 72), mais il n'en est pas moins évident que les Tchèques n'ont pu connaître une certaine forme d'expérience, moins brutale, mais qui, sur le plan politique, n'en est pas moins porteuse de redoutables frustrations.

POLITIQUE ET RÉVOLUTION

QUESTION*. – *Dans votre essai* Sur la violence, *vous évoquez à plusieurs reprises le problème du mouvement révolutionnaire étudiant dans les pays occidentaux. Un point, cependant, demeure en fin de compte assez obscur. Considérez-vous ce mouvement de protestation étudiante, dans son ensemble, comme un processus historiquement positif ?*

H. ARENDT. – Je ne sais ce que vous entendez par « positif ». Je suppose que vous vous demandez si je suis pour ou contre. Je me félicite de certains objectifs du mouvement, en particulier aux États-Unis, où je le connais mieux qu'ailleurs ; à l'égard des autres, j'observe une attitude de neutralité, et certains me paraissent redoutablement absurdes, comme la politisation des universités, ou ce genre de « rénovation » que les Allemands appellent *umfunktionieren*, c'est-à-dire la perversion de leur fonction et autres inventions du même genre. Mais le droit de participation, c'est autre chose. Dans certaines limites, je l'approuve

* Les pages qui suivent reproduisent le texte d'un entretien de l'auteure avec Adelbert Reif en 1970. (*N.d.E.*)

entièrement. Mais, pour l'instant, je ne tiens pas à parler plus longuement de ce problème.

Si l'on néglige les différences d'un pays à un autre,
qui sont naturellement très importantes, pour ne tenir
compte que du caractère global du mouvement – qui
n'a pas de précédent sous cette forme – et si l'on
cherche à percevoir ce qui (en dehors des objectifs,
des opinions et des doctrines) distingue cette génération, dans tous les pays, de celles qui l'ont précédée, la première chose qui me frappe, c'est sa volonté
déterminée d'agir, sa joie dans l'action, la certitude
de pouvoir changer quelque chose grâce à ses propres
efforts. Dans les divers pays, ce trait caractéristique
s'exprime certes de façon très variée, en fonction des
traditions historiques et des situations politiques différentes, qui s'expriment à leur tour dans la diversité des
talents politiques. Mais j'aimerais revenir sur ce point
un peu plus tard.

Examinons rapidement les origines de ce mouvement. Il a pris naissance d'une façon tout à fait inattendue aux États-Unis, au cours des années 1950, parmi
cette génération que l'on avait nommée la « génération
silencieuse », la génération apathique, qui n'exprimait
guère ses opinions. La cause immédiate, dans le Sud,
allait être le mouvement des droits civiques, et les premiers à y participer furent des étudiants de Harvard,
qui entraînèrent à leur suite d'autres étudiants d'universités célèbres de la côte Est. Ils partirent pour le
Sud, s'organisèrent d'excellente façon et connurent,
pendant un temps, un succès assez extraordinaire ;
pour autant du moins qu'ils s'efforçaient simplement de modifier un certain état de l'opinion, ils y

parvinrent, dans un laps de temps très court, provoquant ainsi l'abolition d'un certain nombre de lois et de règlements en vigueur dans les États du Sud ; succès, en résumé, dans un domaine strictement juridique et politique. Ils voulurent alors s'attaquer aux déficiences et à l'immense détresse sociale des ghettos urbains du Nord – et là ils ont échoué, leur action n'a rien changé.

C'est plus tard seulement, après qu'eurent été obtenus tous les résultats qui pouvaient l'être par une action purement politique, que commencèrent les troubles dans les universités. Le début se situe à Berkeley, avec le mouvement pour la liberté de parole, puis le mouvement d'opposition à la guerre ; de nouveau, les résultats obtenus furent tout à fait extraordinaires. Tout ce qui a suivi et qui depuis s'est répandu à travers le monde, provient de ces débuts et particulièrement de leur réussite.

En Amérique, cette conviction nouvelle que l'on peut parvenir à changer ce que l'on n'approuve pas est évidente, particulièrement dans des domaines mineurs. Un affrontement relativement anodin, qui s'est produit voici quelques années, en fournit un exemple caractéristique. Des étudiants, qui avaient appris que le taux des salaires des agents de service de l'université était inférieur au minimum légal, réussirent, par une grève, à en obtenir le relèvement. Au fond il s'agissait d'une action de solidarité avec « leur » université, action dirigée contre la politique de l'administration. Par la suite, des étudiants demandèrent des congés pour pouvoir participer à la campagne électorale, ce qui leur fut accordé par certaines des plus grandes universités. Il s'agit là d'une activité politique, qui se situe *en dehors de l'université* et qui peut se justifier du moment où l'université reconnaît que les étudiants sont également des citoyens. Voilà des actions qui, il me semble, apportent quelque chose de positif ; mais il en est d'autres qui me paraissent beaucoup moins positives ; nous y reviendrons plus tard.

La question essentielle est de savoir ce qui s'est passé réellement. Il me semble que, pour la première fois depuis très longtemps, un mouvement politique s'est développé de façon spontanée, et, au lieu de se contenter de propagande, s'est lancé franchement dans l'action, et, *qui plus est, dans une action presque exclusivement inspirée par des motivations morales*. Avec l'intervention de cet élément moral, assez exceptionnel dans une activité où les préoccupations de pouvoir ou d'intérêt sont d'ordinaire prédominantes, le jeu politique a pris à notre époque une dimension nouvelle : l'action s'avérait avoir un côté plaisant. Cette génération découvrait ce que le XVIIIᵉ siècle avait appelé le « bonheur public », c'est-à-dire que participer à la vie publique donne accès à une dimension de l'expérience humaine qui, sinon, demeurerait inconnue, et que cette expérience est en quelque sorte inséparable du « bonheur » complet.

Le mouvement étudiant me paraît réellement très positif en tous ces domaines. Les développements qui ont suivi posent un tout autre problème. Combien de temps encore les éléments dits « positifs » subsisteront-ils ? Ne sont-ils pas déjà en passe de s'affaiblir et de se dissoudre, rongés par le fanatisme, par les idéologies, par un esprit de destruction qui atteint souvent aux limites de la délinquance ou de l'ennui ? Nul ne peut le dire. Au cours de l'histoire, les choses excellentes durent en général très peu de temps ; mais elles exercent par la suite, pendant de longues périodes, une influence décisive sur les événements. Pensons simplement à l'étonnante brièveté de la période classique dans la Grèce de l'antiquité, dont nous sommes encore aujourd'hui tout imprégnés.

QUESTION. – *Au cours d'une conférence récente, Ernst Bloch a fait remarquer que le mouvement de protestation étudiante, au-delà de ses objectifs connus, se rattache au principe d'une loi naturelle fort ancienne, celle « des hommes qui refusent de s'abaisser et de flatter les caprices de leurs maîtres ». Bloch estime que les étudiants nous ont fait reprendre conscience « d'un autre élément subversif de la révolution », qu'il faut distinguer de la simple protestation contre une mauvaise situation économique, et qu'ils ont, ce faisant, apporté une importante contribution « à l'histoire des révolutions et très probablement à la structure des révolutions de l'avenir ». Qu'en pensez-vous ?*

H. ARENDT. – Ce que Ernst Bloch appelle « loi naturelle », c'est la caractéristique à laquelle je faisais allusion quand j'ai mentionné l'inspiration morale évidente du mouvement. J'aimerais cependant ajouter, et sur ce point mon opinion diffère de celle de Bloch, que ce fut plus ou moins le cas de tous les révolutionnaires. Quand on étudie l'histoire des révolutions, on s'aperçoit que ceux qui les dirigeaient n'étaient jamais les opprimés et les humiliés eux-mêmes, mais des hommes qui ne pouvaient supporter que d'autres le fussent. Ils ne reconnaissaient pas volontiers

cependant leurs motivations morales, et cette forme
de pudeur ne date pas d'hier. Je n'entrerai pas ici dans
les détails historiques, bien qu'ils puissent offrir des
aspects fort intéressants. Mais même s'il se manifeste
aujourd'hui de façon plus claire, ce courage moral a
toujours existé.

Quant au « refus de s'abaisser », il joue naturellement un rôle d'une importance particulière dans des
pays comme le Japon ou l'Allemagne, où l'obséquio-
sité avait pris des proportions considérables, tandis
qu'en Amérique, où je ne puis me souvenir d'avoir vu
un seul étudiant se conduire de la sorte, il n'a vraiment
pas grande signification. J'ai déjà dit que ce mouvement international prend naturellement, dans chaque
pays, une coloration différente, et que ces nuances,
par leur nature même, représentent parfois l'élément le
plus frappant ; pour l'observateur extérieur, il est assez
facile de confondre le plus spectaculaire avec ce qui
est réellement important.

Quant à la « révolution de l'avenir », attendue par
Bloch et en laquelle il croit, je ne suis pas très sûre
qu'elle se produira ; si elle se produit, j'en ignore les
formes futures, et je voudrais simplement déclarer
ceci : il existe, c'est indéniable, toute une série de
faits dont on peut dire, dès l'abord, qu'ils font partie
des conditions préalables de la révolution à la lumière
de notre expérience (qui n'est pas très ancienne,
puisqu'elle ne date que des révolutions américaine
et française ; auparavant il y avait des rébellions et
des coups d'État, mais pas de véritables révolutions).
Ces préliminaires, ce sont la menace d'effondrement
des organes de gouvernement, l'usure du pouvoir, la

perte de confiance du peuple dans le gouvernement, les défaillances des services publics, et divers autres signes.

La perte de pouvoir et d'autorité de toutes les grandes puissances est clairement visible, même si elle s'accompagne d'une énorme accumulation des moyens de violence dont peuvent disposer les gouvernements ; mais ces progrès de l'armement sont incapables de compenser la perte de pouvoir. Néanmoins, cette situation ne conduit pas nécessairement à la révolution. Elle peut provoquer d'une part des contre-révolutions et l'établissement de dictatures, ou encore elle peut aboutir à une sorte d'affaiblissement généralisé et rien de plus. Nul d'entre nous ne sait aujourd'hui ce que sera la prochaine révolution : le « principe d'espérance », auquel Ernst Bloch se réfère, n'offre vraiment aucune garantie.

Pour le moment une condition préalable d'une prochaine révolution fait défaut : l'existence d'un groupe de véritables révolutionnaires. Ce que voudraient être avant tout les étudiants de gauche – des révolutionnaires – voilà précisément ce qu'ils ne sont pas. Ils ne sont pas organisés en tant que révolutionnaires : ils n'ont aucune notion de ce que signifie l'exercice du pouvoir et, si le pouvoir se trouvait à leur portée, dans la rue, et qu'il n'y ait qu'à se baisser pour le prendre, ils seraient certainement les derniers à vouloir s'en saisir. S'emparer du pouvoir, c'est précisément ce que font les révolutionnaires. Les révolutionnaires ne « font » pas les révolutions ! Mais ils savent à quel moment le pouvoir appartient à la rue, et quand l'heure est venue pour eux de s'en emparer. Jusqu'ici un soulèvement armé n'a jamais suffi à conduire à la révolution.

Néanmoins, une analyse lucide de la situation existante, telle qu'elle fut pratiquée en d'autres temps, pourrait préparer la voie à la révolution, c'est-à-dire y préparer les révolutionnaires. Certes, ces analyses étaient alors pour la plupart très inadéquates, mais le fait est qu'elles furent effectivement entreprises. Dans cette perspective, je ne vois absolument personne, proche ou lointain, qui soit en mesure de les entreprendre. La stérilité théorique de ce mouvement et la pesante monotonie de ses analyses sont d'autant plus frappantes et regrettables que sa joie dans l'action fait plaisir à voir. En Allemagne, le mouvement est en outre déplorablement inefficace sur le plan pratique ; il est capable de provoquer quelques émeutes mais, en dehors des cris et des slogans, il est incapable de rien organiser. En Amérique, où en certaines occasions des centaines de milliers de personnes ont manifesté à Washington, le mouvement, par son aptitude à l'action, paraît beaucoup plus impressionnant ! Mais, dans les deux pays, on retrouve la même stérilité intellectuelle – bien qu'en Allemagne, où l'on a toujours été friand de fumeux débats théoriques, le mouvement continue à colporter et à répéter des conceptions et des catégories archaïques datant pour la plupart du XIXᵉ siècle. Tout cela n'a rien à voir avec les conditions de notre époque, et ne rappelle en rien une réflexion sérieuse.

La situation est certainement différente en Amérique du Sud et dans l'Europe de l'Est, principalement parce que dans ces régions les expériences concrètes ont été beaucoup plus nombreuses. Mais examiner cela en détail nous entraînerait trop loin.

J'aimerais vous parler d'un autre point auquel j'ai pensé à propos de Ernst Bloch et du « principe d'espérance ». Ce qui peut le plus fortement faire douter de ce mouvement, en Amérique et en Europe occidentale, c'est une sorte de curieux désespoir qui en paraît inséparable, comme si tous les participants étaient d'avance convaincus que leur mouvement sera écrasé. Tout se passe comme s'ils se répétaient à eux-mêmes : nous voulons au moins être nous-mêmes les instigateurs de notre défaite ; en outre nous n'entendons pas qu'on nous prenne pour des agneaux. Il y a une part de folie incontrôlable chez ces enfants qui se mettent à lancer des bombes. J'ai entendu dire que les étudiants de Nanterre, au cours de troubles récents, les derniers en date, non pas ceux de mai 1968, avaient écrit sur les murs : « Ne gâchez pas votre pourriture. » Très bien. Très bien. Cette conviction que tout mérite d'être détruit, que tous méritent d'aller en enfer, cette sorte de désespoir, se retrouve partout, bien que moins nettement en Amérique, où le « principe d'espérance » demeure ignoré – peut-être parce que le besoin d'y faire appel y est moins aigu.

QUESTION. – *Pensez-vous que le mouvement de protestation étudiante, aux États-Unis, ait fondamentalement échoué ?*

H. ARENDT. – Pas du tout. Les succès obtenus jusqu'ici ont été trop importants. C'est le cas du problème noir, où les résultats ont été spectaculaires, et en ce qui concerne la guerre, où ils sont peut-être encore plus importants. Ce sont surtout les étudiants qui sont parvenus à diviser l'opinion publique, qui ont pu rassembler contre la guerre une majorité, ou au moins une minorité très forte et de très grande qualité. Toutefois, si ce mouvement parvenait à détruire les universités – ce que je ne crois pas impossible – il ne leur survivrait pas longtemps. Sans doute, ce péril est-il moins grand en Amérique qu'ailleurs, du fait que les étudiants américains sont plus préoccupés de problèmes politiques, et moins des problèmes intérieurs de l'université, ce qui peut permettre à une partie de la population de se solidariser avec eux sur quelques questions essentielles. Mais même en Amérique, il n'est pas inconcevable que les universités soient détruites, car l'ensemble des troubles coïncide avec une crise dans le domaine de la science, une perte de confiance dans la valeur de la science et du progrès, autrement dit avec une situation de crise interne, et pas seulement de nature politique, dans les universités.

Si les étudiants devaient parvenir à détruire les universités, ils auraient ainsi détruit leur propre base opérationnelle – et cela dans tous les pays concernés, en Europe aussi bien qu'aux États-Unis. Il leur serait impossible de découvrir une autre base, tout simplement parce qu'ils ne peuvent se rassembler nulle part ailleurs. Il en résulte que la destruction des universités marquerait la fin du mouvement tout entier.

Ce ne serait cependant pas la fin du système d'enseignement ou celle de la recherche. L'un et l'autre peuvent être organisés d'une façon différente. On peut parfaitement concevoir l'existence d'autres types d'institutions assurant la formation professionnelle et la recherche. Mais il n'y aurait plus alors d'étudiants.

En quoi consiste en fait la liberté pour les étudiants ? Les universités permettent à des jeunes gens de demeurer, pendant un certain nombre d'années, à *l'écart de tous les groupements sociaux et de toutes les obligations sociales* : et d'être vraiment libres. Si les étudiants détruisent les universités, il n'y aura plus rien de semblable, et en conséquence il n'y aura plus de révolte contre la société. Dans certains pays et à certaines périodes, ils ont failli réussir à scier la branche sur laquelle ils se trouvaient installés. Voilà qui rappelle certaines formes de fureur démentielle. Dans ce cas, non seulement la protestation étudiante ne parviendrait pas à atteindre ses objectifs, mais elle serait également détruite.

QUESTION. – *Pensez-vous qu'il en irait de même pour les mouvements de même nature en Europe ?*

H. ARENDT. – Oui, cela vaut pour la plupart des mouvements étudiants. Mais là encore, cela paraît moins évident en Amérique du Sud et dans les pays de l'Europe de l'Est, où le mouvement de protestation ne dépend pas directement des universités et a le soutien d'une grande partie de la population.

QUESTION. – *Dans votre essai* Sur la violence, *figure cette phrase : « Le tiers-monde n'est pas une réalité, mais une idéologie. » Ce jugement paraît peu orthodoxe. Le tiers-monde est une réalité – une réalité qui est le fruit de l'action des puissances coloniales tout d'abord, et plus récemment, de celle des États-Unis. Il n'est donc nullement surprenant que ce produit du capitalisme, cause d'indignation pour la jeunesse du monde entier, ait fini par faire l'objet d'une nouvelle idéologie. Il me semble toutefois que ce n'est pas*

*l'idéologie de la Nouvelle Gauche qui est ici l'élément
significatif, mais l'existence, la réalité du tiers-monde,
sans laquelle n'aurait pas existé cette idéologie. Cette
phrase surprenante signifie-t-elle que vous remettez
en question la réalité du tiers-monde en tant que tel ?
Peut-être y a-t-il là un malentendu à éclaircir ?*

H. ARENDT. – En aucune façon. Je suis vraiment
persuadée que le tiers-monde est exactement ce que
j'ai dit : une idéologie ou une illusion.

L'Afrique, l'Asie, l'Amérique du Sud, voilà les
réalités. Si vous comparez ces régions à l'Europe et
à l'Amérique du Nord, vous pouvez dire – mais seulement dans cette perspective – qu'il s'agit de régions
sous-développées, et que cela représente pour elles un
dénominateur commun d'une importance essentielle.
Toutefois, vous négligez alors d'innombrables caractéristiques qu'elles n'ont *pas* en commun, et le fait que
ce qu'elles ont en commun résulte simplement d'une
différence avec une autre partie du monde ; cela signifie que l'idée selon laquelle le sous-développement
constitue le facteur déterminant est un préjugé américain et européen. Il s'agit ici d'une question de perspective. Allez dire à un Chinois qu'il fait partie du
même monde que le membre d'une tribu bantoue et
vous serez très surpris par sa réaction. Seuls ont un
intérêt politique évident à affirmer l'existence du tiers-
monde les peuples qui se trouvent situés au plus bas
niveau – c'est-à-dire les Noirs africains. Dans leur cas,
la chose est compréhensible ; tout le reste n'est que
paroles creuses.

La Nouvelle Gauche a emprunté à l'arsenal de la
Gauche ancienne ce mot de ralliement du tiers-monde.

Elle a été abusée par la façon dont les impérialistes distinguent les pays colonisés des puissances coloniales. Pour les impérialistes l'Inde ressemblait naturellement à l'Égypte : l'une et l'autre étaient peuplées par ce qu'ils considéraient comme des « races sujettes ». Cette tendance de l'impérialisme à faire table rase des différences est reprise par la Nouvelle Gauche, mais en inversant les significations. C'est toujours la même histoire : on se laisse prendre au piège des mots, par inaptitude à la réflexion, ou encore parce qu'on refuse de voir les choses comme elles sont, on refuse de les analyser, en espérant ainsi parvenir à les classer. C'est cela qui fait le vide théorique.

Le nouveau slogan – « Indigènes de toutes les colonies, anciennes ou nouvelles, ou de tous les pays sous-développés, unissez-vous ! » – est encore plus aberrant que le modèle ancien qu'il copie : « Prolétaires de tous les pays, unissez-vous ! », qui lui-même est désormais, après tout, totalement discrédité. Je ne crois pas, pour ma part, que l'histoire puisse nous enseigner beaucoup, car elle nous place sans cesse en face d'éléments nouveaux, mais il existe tout au moins certaines petites choses que nous devrions pouvoir en apprendre. Ce qui m'inquiète profondément, c'est de voir que nulle part on ne semble capable d'accepter les réalités telles qu'elles se présentent et de prendre la peine de réfléchir à leur propos.

QUESTION. – *Les philosophes et les historiens marxistes, en donnant un sens assez large à cette qualification, estiment qu'au stade actuel du développement historique de l'humanité il n'existe pas d'autre solution que l'alternative entre capitalisme ou socialisme. Y a-t-il, à votre avis, une autre possibilité ?*

H. Arendt. – Je ne vois pas d'exemples, dans l'histoire, de semblables alternatives, et je ne sais ce que nous réserve l'avenir. Ne discutons pas de problèmes aussi vastes que celui du « développement historique de l'humanité » – il est fort probable que celui-ci prendra une tournure qui ne correspondra à aucune de ces deux possibilités, et espérons qu'il saura nous surprendre.

Mais examinons un instant les termes de votre alternative dans une perspective historique : après tout, n'est-ce pas un système économique que personne n'avait prévu ni organisé qui avait commencé avec le capitalisme ? Ce système, comme on le sait, n'a pu se développer que grâce aux effets d'un monstrueux processus d'expropriation que, sous cette forme, l'on n'avait jamais vu se produire dans l'histoire – c'est-à-dire sans recours à des conquêtes militaires. L'expropriation, l'accumulation initiale du capital – voilà le premier principe à partir duquel le capitalisme a pris son essor et progressé pas à pas. Quant à ce que l'on entend exactement par socialisme, je l'ignore, mais si vous regardez ce qui s'est passé en Russie, vous pourrez constater que le processus d'expropriation y a été poussé beaucoup plus loin ; vous pouvez observer que, dans les pays capitalistes modernes, se développe un phénomène similaire, comme si l'ancien processus d'expropriation s'était remis à fonctionner librement. La surcharge fiscale, la dévaluation de fait de la monnaie, l'inflation accompagnée de récession – ne s'agit-il pas là de formes d'expropriation relativement édulcorées ?

Il existe, mais seulement dans les pays occidentaux, des obstacles politiques et juridiques qui empêchent constamment ce processus d'expropriation d'atteindre un degré d'intensité tel que la vie deviendrait absolument insupportable. En Russie, évidemment, on ne se trouve pas en présence du socialisme mais d'un socialisme d'État, qui conduit à peu près aux mêmes résultats que le capitalisme d'État, c'est-à-dire à l'expropriation totale. L'expropriation totale se produit quand ont disparu toutes les garanties juridiques ou politiques de la propriété privée. En Russie, par exemple, certains groupes bénéficient d'un niveau de vie très élevé. Toutefois ceux qui en font partie ne sont pas propriétaires de tout ce dont ils peuvent disposer : voitures, maisons de campagne, mobilier de luxe, voitures avec chauffeur, etc. À tout moment, le gouvernement peut le leur reprendre. Dans ce pays, d'un jour à l'autre, l'homme le plus riche peut devenir un mendiant et un chômeur forcé en cas de conflit avec les autorités dirigeantes. (Un coup d'œil sur des publications récentes, où des auteurs russes ont commencé à révéler la vérité, peut nous en apprendre plus long sur les conséquences atroces de cet état de choses que toutes les théories économiques et politiques.)

Indépendamment des idéologies et des considérations théoriques, toute notre expérience nous enseigne que le processus d'expropriation qui commença avec l'essor du capitalisme ne se limite pas à une expropriation des moyens de production ; seules des institutions juridiques et politiques indépendantes des forces économiques et de leurs automatismes sont capables de contrôler les monstrueuses potentialités inhérentes à ce processus et de leur faire échec. De tels contrôles politiques semblent fonctionner d'une façon beaucoup plus satisfaisante dans les États conformes au type de « l'État providence » comme on l'a nommé – que ceux-ci se qualifient eux-mêmes de socialistes ou de capitalistes. C'est la séparation entre le pouvoir de l'État et le pouvoir économique qui protège la liberté ou, en langage marxiste, le fait que l'État et ses organes ne soient pas des superstructures.

Ce qui nous protège, dans nos pays occidentaux dits « capitalistes », ce n'est pas le capitalisme, mais un système juridique qui empêche les rêves creux des gestionnaires des grandes affaires qui souhaitent contrôler la vie privée de ceux qu'ils emploient de devenir une réalité. Mais cette contrainte ne joue plus lorsque l'employeur est le gouvernement lui-même. Tout le monde sait que le contrôle qui précède le recrutement des fonctionnaires aux États-Unis ne respecte pas le domaine de la vie privée. Le besoin qu'ont éprouvé récemment certains services gouvernementaux de placer des micros dans des appartements privés peut également être considéré comme une tentative du gouvernement de considérer tous les citoyens comme des fonctionnaires en puissance. Et qu'est-ce qu'une telle écoute, sinon une certaine forme d'expropriation ? Un organisme gouvernemental agit à sa guise, comme une sorte de copropriétaire des maisons et des appartements privés des citoyens. En Russie, il n'est même pas nécessaire de truffer les murs de dispositifs d'écoute ; de toute façon chaque appartement a ses espions.

Si j'avais à apprécier ces développements dans une perspective marxiste, je dirais que l'expropriation est sans doute inséparable des conditions de la production moderne et que le socialisme n'est, comme le pensait Marx, que l'inévitable conséquence de la société industrielle telle qu'elle s'est développée à partir du capitalisme. Nous pouvons alors nous demander de quelle façon ce processus pourrait être maîtrisé, afin d'éviter qu'il aboutisse aux monstruosités qui se sont produites dans les pays de l'Est, quelles que soient leurs qualifications. Dans certains pays dits « communistes » – en Yougoslavie, par exemple, mais également en Allemagne de l'Est –, des tentatives ont été faites en vue d'abolir certains contrôles et de décentraliser la direction de l'économie, et des concessions très substantielles ont été consenties, afin d'éviter les plus horribles conséquences du processus d'expropriation. Celui-ci, heureusement, s'est révélé désastreux pour la production elle-même à partir d'un certain degré de centralisation et d'asservissement des travailleurs.

Fondamentalement, il s'agit de savoir quelles limites de propriété et quels droits peuvent être assurés à un individu, même dans les conditions particulièrement inhumaines qui sont celles d'une grande partie de l'économie moderne. Mais personne ne me fera dire qu'on ait pu voir, où que ce soit, des ouvriers devenus « propriétaires de leurs usines ». La notion de propriété collective représente, pour peu que l'on y réfléchisse un instant, une contradiction dans les termes. La propriété, c'est ce qui m'appartient en propre ; le fait d'être propriétaire est personnel par définition. Les moyens de production d'autres personnes ne devraient

évidemment pas m'appartenir ; mais ils pourraient
sans doute être contrôlés par une tierce autorité, ce
qui signifierait que personne n'en aurait réellement la
propriété. L'État sera toujours le pire des propriétaires,
à moins que ses pouvoirs, en matière économique,
soient strictement soumis au contrôle d'une autorité
judiciaire réellement indépendante. Notre problème,
aujourd'hui, n'est pas tant de savoir comment expro-
prier les expropriateurs, mais plutôt de faire en sorte
que les masses, dépossédées par la société industrielle,
dans les pays socialistes comme dans les pays capitalistes, aient de nouveau accès à la propriété. Pour cette
seule raison, le problème du choix entre le capitalisme
et le communisme est une fausse alternative – non seulement parce que aucun des deux n'existe où que ce
soit à l'état pur, mais parce que nous nous trouvons là
en face de deux jumeaux vêtus d'une façon différente.

Le même état de choses peut être envisagé dans une
perspective différente – du point de vue des opprimés
eux-mêmes ; nous n'en sommes d'ailleurs pas plus
avancés pour autant. On peut dire en ce cas que le
capitalisme a supprimé les grands domaines, les cor-
porations, les associations et toutes les structures de
la société féodale. Il a détruit tous les groupements
collectifs qui constituaient une certaine protection
pour les individus et pour leur propriété, qui représen-
taient pour eux la garantie d'une certaine sécurité, bien
entendu partielle. Il les a remplacés par les « classes »,
pour l'essentiel au nombre de deux : la classe des
exploiteurs et celle des exploités. La classe ouvrière
cependant, du fait qu'elle constituait une classe et
une collectivité, fournissait encore à ses membres

individuels une certaine protection ; plus tard, quand elle eut appris à s'organiser, elle parvint à conquérir certains droits très importants. De nos jours, la principale distinction ne s'établit pas entre pays capitalistes et pays socialistes, mais entre pays qui respectent ces droits, tels que la Suède, par exemple, ou les États-Unis, et pays qui ne les respectent pas, comme d'un côté, l'Espagne de Franco, et de l'autre, la Russie soviétique.

Mais, qu'ont fait le socialisme ou le communisme pris sous leur forme pure ? Cette classe ouvrière n'a-t-elle pas été détruite par eux avec ses institutions, ses syndicats, ses partis ouvriers et ses droits : les conventions collectives, le droit de grève, l'assurance chômage, la sécurité sociale ? À leur place ces régimes ont répandu l'illusion que les usines étaient la propriété de la classe ouvrière, qui justement n'existait plus en tant que classe, et le mensonge éhonté selon lequel le chômage n'existait plus, qui reposait sur une seule réalité : l'absence de toute assurance chômage. Pour l'essentiel, le socialisme s'est contenté de poursuivre, en le poussant à l'extrême, ce que le capitalisme avait commencé. Pourquoi devrait-il en être le remède ?

QUESTION. – *Les intellectuels marxistes insistent souvent sur le fait que le socialisme, en dépit de ses aliénations, est toujours capable de se régénérer de l'intérieur. Le modèle tchécoslovaque d'un socialisme démocratique représente le type idéal de cette forme de régénération.*

Eu égard au développement de l'arsenal soviétique, ainsi que de l'hégémonie de l'U.R.S.S. sur d'autres territoires, que pensez-vous des chances d'une nouvelle

tentative de réalisation d'un socialisme démocra-
tique, dans les pays de l'Est, s'inspirant des modèles
tchécoslovaque ou yougoslave ?

H. ARENDT. – Un des termes de votre première
phrase m'a scandalisée. Qualifier d'« aliénation » le
régime stalinien me paraît être un euphémisme que
l'on utilise en vue de dissimuler, non seulement des
réalités, mais encore les crimes les plus effroyables.
Je dis cela simplement pour attirer votre attention sur
la façon dont ce jargon est déjà parvenu à déformer
les faits, en qualifiant d'« aliénation » ce qui est tout
simplement un crime.

En ce qui concerne les systèmes économiques et
les « modèles », je pense qu'un jour quelque chose
se dégagera de toutes les expériences effectuées ici
ou là, pourvu que les grandes puissances laissent en
paix les petits pays. Il est bien difficile de dire ce qui
en résultera dans un domaine qui dépend d'une façon
aussi étroite de la pratique que l'économie. Néanmoins, c'est à propos du problème de la propriété que
l'expérimentation se poursuivra en tout premier lieu.
Selon le peu d'informations dont je dispose, c'est déjà
ce qui se produit en Allemagne de l'Est et en Yougoslavie, avec des résultats intéressants.

En Allemagne de l'Est, une sorte de système de
coopératives qui ne procède nullement du socialisme,
et qui a prouvé sa valeur au Danemark et en Israël, a
été incorporé au système économique « à tendances
socialistes » – parvenant ainsi à le faire fonctionner.
En Yougoslavie, le système de l'« autogestion » est
appliqué dans les usines, version nouvelle des anciens
« conseils ouvriers » qui, soit dit en passant, n'ont

jamais fait partie de la doctrine du socialisme ou du communisme orthodoxe, en dépit de la formule de Lénine : « Tout le pouvoir aux soviets. » (Les conseils, seul produit authentique des révolutions, les partis et les idéologies révolutionnaires mis à part, furent impitoyablement détruits par le parti communiste et par Lénine lui-même.)

Aucune de ces expériences n'est susceptible d'aboutir à une nouvelle définition satisfaisante de la propriété légitime, mais elles peuvent représenter des étapes dans cette voie : les coopératives de l'Allemagne de l'Est, en associant la propriété privée aux nécessités d'une propriété commune des moyens de production et de distribution ; les conseils ouvriers en assurant, au lieu d'une garantie de la propriété privée, la sécurité de l'emploi. Dans les deux cas, les travailleurs individuels ne sont plus isolés, mais font partie d'une collectivité nouvelle, la coopérative ou le conseil d'entreprise, en guise de compensation des avantages de l'appartenance à une certaine classe.

Votre question porte également sur les réformes et les expériences. Celles-ci n'ont rien à voir avec les systèmes économiques, si ce n'est qu'il faudrait éviter que les systèmes économiques soient utilisés pour priver les individus de leurs libertés. C'est ce qui se produit quand un dissident ou un opposant ne parvient plus à trouver d'emploi, ou quand les produits de consommation deviennent si rares et les conditions de vie si pénibles que le gouvernement peut aisément « acheter », en les favorisant, divers secteurs de la population. La liberté, les droits individuels, les garanties juridiques voilà ce qui intéresse les populations des pays de l'Est. Telles sont en effet les conditions indispensables pour pouvoir écrire et parler librement et publier ce que bon vous semble. L'Union soviétique a envoyé ses troupes en Tchécoslovaquie, non pas du fait de l'apparition d'un nouveau « modèle économique », mais à cause des réformes *politiques* liées à lui. Elles ne les a pas envoyées en Allemagne de l'Est, bien que le niveau de vie de la population, comme dans d'autres pays satellites, y soit plus élevé qu'en Union soviétique, et soit peut-être sur le point d'atteindre et de dépasser celui de l'Allemagne de l'Ouest. La « seule » différence est que dans l'un de ces deux États, il est possible de dire, et dans certaines limites, de faire ce que l'on veut, tandis que dans l'autre, cela est interdit. Croyez-moi, pour n'importe qui, *cela* représente une énorme différence.

L'Union soviétique a de bonnes raisons d'intervenir directement partout où les expériences économiques se conjuguent avec une lutte pour la liberté. Sans aucun doute, c'était le cas en Tchécoslovaquie. Ce n'est pas le cas en Allemagne de l'Est, et c'est pourquoi la République démocratique allemande n'est pas attaquée. En R.D.A., sous le règne d'Ulbricht, à mesure que des concessions plus importantes étaient consenties dans le domaine économique, la tyrannie idéologique ne cessait de croître.

L'Union soviétique doit également intervenir directement dans tous les cas où elle redoute qu'un des pays satellites se retire du pacte de Varsovie. Je ne sais si cette crainte, qui existait, était fondée dans le cas de la Tchécoslovaquie ; mais cela n'avait rien d'impossible. Je ne crois pas, par contre, à une intervention militaire soviétique en Yougoslavie. Elle aurait à y faire face à une très forte résistance et l'U.R.S.S. ne peut se permettre aujourd'hui une confrontation de ce genre. Elle n'est pas encore assez solidement installée dans sa position de grande puissance.

QUESTION. – *Accordez-vous au socialisme, conception dominante à l'heure actuelle sur l'avenir de la société, une chance quelconque de réalisation ?*

H. ARENDT. – Voilà qui nous ramène naturellement à la question de savoir ce qu'est réellement le socialisme. Marx lui-même ne savait pas très bien comment il était possible de le définir de façon concrète.

QUESTION. – *Permettez-moi de vous interrompre. Ce dont nous parlons ici, c'est, comme je l'ai indiqué auparavant, un socialisme orienté dans le sens des modèles tchécoslovaque ou yougoslave.*

H. ARENDT. – Vous voulez donc parler de ce qu'on appelle de nos jours le « socialisme à visage humain ». Cette formule nouvelle désigne tout simplement les tentatives faites pour éliminer l'inhumanité apportée par le socialisme, sans pour autant revenir à un soi-disant système « capitaliste » ; cependant la tendance, évidente en Yougoslavie, à revenir à une économie de marché pourrait très aisément être interprétée dans le sens d'un retour au capitalisme, et le sera, c'est à peu près certain, non seulement par l'Union soviétique, mais par tous les vrais croyants.

Je voudrais dire, d'une façon générale, que tous les petits pays décidés à tenter des expériences me paraissent, dans ce sens, avoir leur chance, qu'ils se réclament ou non d'une pensée socialiste ; mais sur les chances des grandes puissances, je demeure très sceptique. On ne parvient plus à contrôler et moins encore à gouverner ces sociétés de masse. Les modèles tchécoslovaque ou yougoslave que vous avez cités en exemple ont évidemment leur chance. J'y ajouterais peut-être la Roumanie, et sans doute la Hongrie, où la révolution ne s'est pas terminée de façon catastrophique par la déportation de 50 % de la population, comme cela aurait pu se produire du temps de Staline. Dans tous ces pays, une certaine évolution est en cours, et il serait très difficile de revenir sur leurs efforts de réforme, leur tentative d'échapper aux pires conséquences de la dictature, et de résoudre d'une façon indépendante et sensée leurs problèmes économiques.

Il existe un autre facteur dont nous devons tenir compte. L'Union soviétique et, à des degrés divers, ses satellites, ne sont pas des États-nations mais se composent de différentes nationalités. Dans chacun d'eux, le pouvoir dictatorial est plus ou moins entre les mains de la nationalité dominante, et l'opposition qu'elle rencontre risque toujours de prendre la forme d'un mouvement de libération nationale. C'est plus particulièrement le cas de l'Union soviétique, où les dictateurs russes vivent constamment dans la hantise d'un effondrement de l'Empire russe, et non seulement dans la crainte d'un changement de gouvernement.

Cette préoccupation n'a rien à voir avec le socialisme ; il s'agit simplement, comme ce fut le cas de tout temps, d'un problème de pouvoir politique. Je ne crois pas que l'Union soviétique aurait agi comme elle l'a fait en Tchécoslovaquie si elle n'avait pas été préoccupée par sa propre opposition intérieure, non seulement celle des intellectuels, mais aussi l'opposition latente des nationalités. Il ne faut pas oublier qu'au cours du printemps de Prague des concessions considérables avaient été consenties aux Slovaques par le gouvernement, et que celles-ci n'ont été annulées que tout récemment, et sans aucun doute sous l'influence soviétique. Moscou redoute toutes les tentatives de décentralisation. Un nouveau modèle, pour les Russes, cela ne signifie pas seulement une façon de traiter plus humainement les questions économiques ou intellectuelles, mais également une menace de décomposition de l'Empire russe.

QUESTION. – *Il me semble que la crainte de l'opposition des intellectuels joue un rôle tout particulier dans l'esprit des dirigeants soviétiques. Après tout, les effets de cette opposition se font sentir aujourd'hui sur un plan beaucoup plus large. Il existe même un mouvement des droits civiques animé par de jeunes intellectuels, qui s'efforce d'utiliser tous les moyens légaux, et également, cela va sans dire, illégaux, tels que des journaux clandestins, etc.*

H. ARENDT. – Oui, je sais cela. Naturellement les dirigeants soviétiques le redoutent particulièrement. Ils craignent que le mouvement s'étende et parvienne à toucher, non seulement les intellectuels mais le peuple lui-même, ce qui signifierait que les Ukrainiens pourraient à nouveau réclamer leur indépendance, de même que les Tatars, qui ont été traités de façon abominable, et ainsi de suite. C'est la raison pour laquelle les dirigeants de l'Union soviétique sont peut-être dans une situation encore plus fragile que les dirigeants des pays satellites. Mais vous savez bien qu'en Yougoslavie, Tito, qui n'est nullement effrayé par un prétendu retour au « capitalisme », redoute surtout le problème des nationalités.

QUESTION. — *Comment expliquez-vous que le mouvement réformiste dans les pays de l'Est — je ne pense pas seulement au modèle tchécoslovaque, si souvent cité, mais également à diverses publications d'intellectuels soviétiques réclamant la démocratisation de l'Union soviétique et à des protestations similaires — n'ait jamais préconisé l'introduction d'une forme quelconque de capitalisme, modifiée ou non, pour remplacer le système critiqué ?*

H. ARENDT. — Eh bien, je pourrais vous répondre qu'à l'évidence ces gens partagent mon opinion et qu'ils pensent que le capitalisme ne peut pas plus constituer un remède et une alternative pour le socialisme que le socialisme pour le capitalisme. Mais je n'insisterai pas sur ce point. Nulle part la lutte ne se limite à la remise en cause d'un système économique. Le système économique ne se trouve mis en cause que dans la mesure où un régime dictatorial empêche l'économie d'être aussi productive qu'elle pourrait l'être sans cette contrainte dictatoriale. Pour le reste, il s'agit du problème politique : la forme du régime que l'on souhaiterait, le type de Constitution, le contenu des lois, les garanties de la liberté de s'exprimer par l'écrit ou par la parole — autrement dit, de ce que l'innocente jeunesse des pays occidentaux qualifie de « libertés bourgeoises ».

C'est tout simplement un non-sens : la liberté est la liberté, qu'elle soit garantie par les lois d'un gouvernement « bourgeois » ou par celles d'un État « communiste ». Si aujourd'hui, les gouvernements communistes ne respectent pas les droits civiques et ne garantissent pas la liberté de parole et d'association, il n'en résulte pas que ce sont là des droits « bourgeois » et des « libertés bourgeoises ». La « liberté bourgeoise » est fréquemment, et bien à tort, assimilée à la liberté de gagner plus d'argent qu'il n'est nécessaire : cette liberté est la seule qui soit respectée dans les pays de l'Est, où l'on peut aussi devenir très riche. Si nous utilisons, pour une fois, des mots qui aient un sens et non le jargon, les différences entre riches et pauvres, en termes de revenu, sont plus accusées dans les pays de l'Est que dans la plupart des autres pays, plus accusées même qu'aux États-Unis, mis à part quelques milliers de multimillionnaires.

Mais telle n'est pas la question. Ce qui est en cause, encore une fois, c'est simplement de savoir si je suis libre ou non de dire et de publier ce que bon me semble, de savoir si je suis ou non espionnée par mes voisins. La liberté implique toujours la liberté d'exprimer son désaccord. Avant Hitler et Staline, aucun chef d'État n'avait été jusqu'à remettre en cause la liberté d'approbation : Hitler le fit en refusant ce droit aux Juifs et aux Tsiganes ; et Staline aura été le seul dictateur à faire abattre les plus enthousiastes de ses partisans, peut-être parce qu'il estimait que quiconque est capable d'approuver peut également désapprouver. Avant eux aucun tyran n'était allé jusque-là – et cela ne leur a pas mieux réussi pour autant.

Aujourdhui, aucun de ces systèmes, même celui de l'Union soviétique, n'est demeuré réellement totalitaire – je reconnais cependant que je ne suis pas en mesure de porter une appréciation sur la Chine.

À l'heure actuelle, les exclusions frappent seulement ceux qui désapprouvent et se classent ainsi dans l'opposition, mais cela ne signifie en aucune façon qu'il existe là-bas une quelconque liberté. Aussi est-ce précisément la liberté politique et la garantie des droits fondamentaux qui intéressent les forces d'opposition – et cela à juste titre.

QUESTION. – *Que pensez-vous de cette déclaration de Thomas Mann : « L'antibolchevisme est la sottise fondamentale de notre époque » ?*

H. ARENDT. – Notre époque est si riche en absurdités qu'il est bien difficile d'attribuer la première place. Mais, pour parler sérieusement, l'antibolchevisme, en tant que théorie, en tant que terme en *isme*, est une invention des anciens communistes. Et par là je n'entends pas simplement d'anciens bolcheviks ou communistes, mais tous ces hommes qui « croyaient » et qui, un jour, perdirent leurs illusions du fait des agissements de M. Staline, autrement dit, des gens qui n'étaient pas de véritables révolutionnaires, ou n'étaient pas politiquement engagés, mais qui, comme ils le déclaraient eux-mêmes, avaient perdu la foi, et sont partis à la recherche d'un autre dieu, naturellement à l'opposé, c'est-à-dire un nouveau démon. Ils n'ont fait que retourner le modèle.

Mais il est faux de dire que la mentalité de ces gens-là avait changé, qu'au lieu de s'attacher à des croyances ils voyaient la réalité, en tenaient compte et s'efforçaient de promouvoir des changements. Que les antibolcheviks nous annoncent que l'Est représente le diable ou que les bolcheviks affirment qu'il se trouve en Amérique, en ce qui concerne leur mode de pensée,

cela revient exactement au même. Il n'y a aucune différence de mentalité. On voit tout en blanc et noir. La
réalité est bien différente. Si l'on ne connaît pas toute
la gamme des nuances politiques caractéristiques d'une
époque, si l'on ne peut pas distinguer entre les conditions fondamentales régnant dans les différents pays,
les divers stades de développement, les traditions, la
nature et les niveaux de la production, la technique, les
mentalités, etc., on est tout simplement incapable de
s'orienter dans ce domaine et de prendre position. On
ne peut que diviser et découper le monde, pour n'avoir
finalement devant soi que l'obscurité totale.

QUESTION. – *À la fin de votre essai* Sur la violence,
*vous avez déclaré que nous savions, ou devrions
savoir « que tout affaiblissement du pouvoir est une
invite manifeste à la violence – ne serait-ce que du fait
que les détenteurs du pouvoir..., sentant qu'il est sur
le point de leur échapper, ont toujours difficilement
résisté à la tentation de le remplacer par la violence ».
Que signifie cette déclaration, lourde de sens, par rapport à la situation politique actuelle des États-Unis ?*

H. ARENDT. – J'ai déjà parlé du phénomène de
l'affaiblissement du pouvoir en ce qui concerne les
grandes puissances. Concrètement, qu'est-ce que cela
peut signifier ? Dans tous les régimes représentatifs,
la source du pouvoir se trouve dans le peuple : cela
veut dire que le peuple donne à certaines personnes
le pouvoir de le représenter et d'agir en son nom.
Quand nous parlons d'un affaiblissement du pouvoir,
cela signifie que le peuple a retiré son consentement
aux actes de ses représentants, des dirigeants élus qu'il
avait mandatés.

Ceux qui ont reçu mandat d'exercer le pouvoir se sentent naturellement puissants ; même lorsque le peuple retire à ce pouvoir son assise, le sentiment de puissance subsiste. Telle est la situation en Amérique, et pas seulement en Amérique, bien entendu. Cet état de choses, soit dit en passant, n'a rien à voir avec la division de l'opinion mais s'explique plutôt par une perte de confiance dans ce qu'on a nommé le « système ». Afin de le maintenir, ceux qui ont été mandatés commencent à agir comme s'ils étaient les dirigeants et à recourir à la force. Ils remplacent l'assentiment populaire par la force ; c'est là le tournant critique.

Dans ce sens, où en sommes-nous à l'heure actuelle en Amérique ? On pourrait prendre divers exemples significatifs, mais je voudrais surtout préciser ma pensée en prenant celui de la guerre du Vietnam qui, non seulement, divise l'opinion aux États-Unis, mais, ce qui a plus d'importance, a fini par provoquer une perte de confiance et par là un affaiblissement du pouvoir. Pour être plus précis, elle est à l'origine de ce qu'on a appelé la crise de confiance, qui signifie que l'on ne croit plus ceux qui détiennent le pouvoir – que l'on soit ou non d'accord avec eux. Je sais bien qu'en Europe on n'a jamais ajouté foi à ce que pouvaient dire les hommes politiques, et que le peuple estime que, pour les besoins de la cause, les hommes politiques se trouvent professionnellement dans la nécessité de mentir. Mais ce n'était pas le cas en Amérique.

Naturellement, il y a toujours eu des secrets d'État qui devaient être strictement sauvegardés pour des raisons politiques pratiques. On taisait souvent la vérité, mais on se gardait de mentir ouvertement. Or, comme vous le savez, la résolution sur le golfe du Tonkin, qui accordait au Président les pleins pouvoirs dans une guerre non déclarée, a été en quelque sorte imposée au Congrès, à partir d'une présentation des circonstances probablement inexacte. Cette affaire a coûté au président Johnson sa réélection, et on s'expliquerait difficilement sans cela la virulence de l'opposition sénatoriale. Depuis cette période, la guerre du Vietnam est considérée comme illégale par des couches de plus en plus larges de l'opinion – on la juge non seulement immorale ou particulièrement inhumaine, mais *contraire à la légalité*. En Amérique, plus qu'en Europe, cette appréciation pèse très lourd.

QUESTION. – *Et pourtant on voit encore, dans les milieux ouvriers américains, une forte agitation* en faveur *de l'engagement des États-Unis au Vietnam. Comment expliquez-vous cela dans ce contexte ?*

H. ARENDT. – Le premier mouvement d'opposition à la guerre est parti des universités, plus particulièrement des étudiants, c'est-à-dire des mêmes groupes qui s'étaient engagés dans le mouvement des droits civiques. Dès le départ, cette opposition étudiante s'en est prise à ce qu'on appelait le « système », qui sans aucun doute trouve aujourd'hui dans les milieux ouvriers, c'est-à-dire parmi les groupes disposant de faibles revenus, ses plus fermes soutiens. (Les « capitalistes » de Wall Street ont manifesté contre le gouvernement tandis que les ouvriers du bâtiment manifestaient en sa faveur.) Là ce n'est pas tellement la guerre, mais la question raciale qui a joué un rôle décisif.

Dans les régions de l'est et du nord du pays, l'intégration des Noirs dans les groupes bénéficiant de revenus élevés se poursuit sans se heurter à une opposition
très sérieuse ou insurmontable. Partout, aujourd'hui,
il s'agit d'un fait accompli. Les appartements à loyer
relativement élevé peuvent faire l'objet de l'intégration lorsque leurs locataires noirs ou jaunes (notamment les Chinois, en général très appréciés de leurs
voisins) appartiennent au même niveau supérieur que
les Blancs. Les hommes d'affaires noirs qui ont réussi
étant très peu nombreux, il s'agit surtout des membres
de professions libérales : médecins, avocats, acteurs,
écrivains, etc.

La même intégration, au niveau moyen et inférieur de la classe moyenne, particulièrement s'il
s'agit d'ouvriers qui, par leurs revenus, accèdent à la
couche supérieure de cette petite bourgeoisie, tourne
à la catastrophe ; et cela non seulement parce que ces
classes se montrent particulièrement « réactionnaires »,
mais parce qu'elles estiment, non sans raison, que les
réformes concernant le problème noir sont effectuées
à leur détriment. La question scolaire en fournit un
exemple frappant. En Amérique, les écoles publiques,
y compris les établissements du second degré, sont
gratuites. Plus l'enseignement dispensé y sera de qualité et plus les enfants de parents peu fortunés auront
de chances de pouvoir entrer dans les établissements
d'enseignement supérieur de premier cycle et dans
les universités, c'est-à-dire d'améliorer leur position
sociale. Dans les grandes villes, à quelques exceptions
près, ce système d'enseignement public n'a pas résisté
à l'afflux massif des enfants d'un sous-prolétariat

presque exclusivement composé de Noirs. Comment qualifier encore d'écoles ces établissements que fréquentent pendant douze années des élèves qui, à leur sortie, sont à peine capables de lire et d'écrire ? Lorsque, en raison de la politique d'intégration, un quartier d'une ville devient un quartier noir, les rues sont laissées à l'abandon, les écoles sont négligées, les enfants sont livrés à eux-mêmes, bref, tout n'est plus qu'un vaste taudis. Ceux qui en souffrent le plus, à part évidemment la population noire elle-même, sont les émigrés d'origine italienne, irlandaise, polonaise, et les autres groupes ethniques qui, sans être pauvres, ne sont pas assez fortunés pour pouvoir déménager ou pour envoyer leurs enfants dans les écoles privées, qui coûtent très cher.

C'est ce que peuvent aisément faire, par contre, les membres des classes supérieures, souvent d'ailleurs au prix de sacrifices considérables. On a tout à fait raison de dire que bientôt seuls pourront habiter à New York les très pauvres et les très riches. Presque tous les Blancs qui en ont la possibilité envoient leurs enfants dans des écoles privées, qui sont souvent excellentes, ou dans des écoles confessionnelles, principalement catholiques. C'est ce que peuvent faire également les Noirs appartenant aux couches supérieures. Pour les membres de la classe ouvrière, il n'en est pas question, de même que pour la très petite bourgeoisie. Ce qui augmente particulièrement l'amertume de tous ces gens, c'est le fait que les bourgeois libéraux aient fait adopter des lois dont ils n'ont pas eux-mêmes à supporter les conséquences. Ils ont réclamé l'intégration des écoles publiques, la suppression des écoles de quartier (les enfants noirs qui, dans une large mesure, sont livrés à eux-mêmes, sont transportés par car dans des écoles de quartier à prédominance blanche), et une intégration obligatoire dans tous les quartiers – mais inscrivent leurs enfants dans des écoles privées, et vont s'installer dans les banlieues, ce que seuls peuvent se permettre ceux qui disposent d'un revenu assez élevé.

À cela vient s'ajouter l'effet d'un autre facteur qui n'est pas particulier à l'Amérique. Marx avait pu prétendre que les prolétaires n'ont pas de patrie, mais on sait fort bien que les prolétaires n'ont jamais partagé ce point de vue. Les couches sociales inférieures sont particulièrement sensibles au nationalisme, au chauvinisme et approuvent aisément une politique impérialiste. À l'intérieur du mouvement en faveur des droits civiques la guerre a provoqué une scission entre « Noirs » et « Blancs ». Les étudiants blancs, issus de milieux bourgeois, ont rejoint aussitôt les rangs de l'opposition, contrairement aux Noirs dont les dirigeants ont été très longs à se décider à manifester contre la guerre du Vietnam. Ce fut le cas même pour Martin Luther King. Naturellement, il faut aussi tenir compte, dans ce contexte, du fait que l'armée apporte aux classes inférieures certaines possibilités en matière d'enseignement et de formation professionnelle.

QUESTION. – *Vous reprochez à la Nouvelle Gauche d'Allemagne occidentale, entre autres choses, de ne jamais s'être préoccupée sérieusement du problème de la reconnaissance de la ligne Oder-Neisse, « problème qui est après tout d'une importance fondamentale pour la politique extérieure allemande, et qui, depuis la défaite du régime hitlérien, constitue la*

*pierre de touche du nationalisme allemand ». Il me
semble que cette critique demanderait au moins à être
nuancée, car la Nouvelle Gauche allemande réclame
la reconnaissance par le gouvernement de Bonn non
seulement de la ligne Oder-Neisse, mais aussi de
la République démocratique allemande. Toutefois, la
Nouvelle Gauche est fort isolée dans l'ensemble de
la population, et n'a pas la possibilité de transformer ces exigences théoriques en réalités politiques.
Mais même si elle intervenait de façon « sérieuse » en
faveur de la ligne Oder-Neisse, comment la Nouvelle
Gauche, avec ses très faibles effectifs, serait-elle en
mesure d'infliger une défaite décisive au nationalisme
allemand ?*

H. ARENDT. – En ce qui concerne les conséquences
politiques pratiques, n'était-il pas plus hypothétique
encore de vouloir modifier la politique de l'Iran ? Ce
qui est gênant, dans le cas de la Nouvelle Gauche,
c'est qu'elle ne paraît pas avoir le moindre souci des
conséquences de ses manifestations. Contrairement à
celui de la politique du shah d'Iran, le problème de
la ligne Oder-Neisse concerne directement n'importe
quel citoyen allemand ; manifester en faveur de sa
reconnaissance, ou affirmer très clairement sa position sur ce point, a une signification, indépendamment
des conséquences politiques pratiques qui peuvent en
résulter. Que la Nouvelle Gauche soit, « elle aussi »,
de même que nombre d'excellents libéraux allemands,
en faveur de la reconnaissance de la nouvelle frontière
avec la Pologne, cela, d'une certaine façon, ne prouve
rien ; mais ce qui compte c'est qu'elle n'ait jamais
fait de ce problème un de ses thèmes de propagande ;

ce qui signifie simplement qu'elle évite toutes les questions qui impliquent une responsabilité directe et concrète. Cela vaut aussi bien pour des positions théoriques que pour son comportement.

Il y a deux explications possibles de cette dérobade devant un problème éminemment pratique. J'ai déjà mentionné le nationalisme allemand, dont la Nouvelle Gauche n'est pas encore tout à fait indemne, en dépit de toute la rhétorique affirmant le contraire. La seconde possibilité serait que ce mouvement, dans sa version allemande, se soit tellement égaré dans de fumeuses absurdités théoriques qu'il soit incapable de percevoir la réalité la plus proche et la plus évidente. Il semble que ce fut le cas au moment du vote des lois sur l'état d'urgence – les *Notstandsgesetze*. Vous souvenez-vous avec quel retard le mouvement étudiant s'est rendu compte qu'il se passait quelque chose dont l'importance pour l'Allemagne était beaucoup plus considérable que la visite de potentats orientaux ?

Quand les étudiants américains manifestent contre la guerre au Vietnam, ils prennent position contre une politique qui les touche directement et qui intéresse le pays aussi bien qu'eux-mêmes. Quand les étudiants allemands les imitent, il s'agit le plus souvent de problèmes comme celui du shah d'Iran ; il n'y a pas là la moindre possibilité d'une implication personnelle. S'intéresser passionnément à des problèmes internationaux qui ne peuvent comporter ni risque ni responsabilité personnelle a souvent servi à dissimuler des intérêts nationaux très concrets. L'idéalisme, en politique, sert souvent de couverture à des réalités déplaisantes. Mais l'idéalisme peut également servir à échapper totalement aux réalités, et il me semble que c'est très probablement le cas ici. La Nouvelle Gauche a tout simplement négligé le problème, ce qui signifie que le seul problème moral qui fasse encore l'objet d'un débat dans l'Allemagne d'aujourd'hui lui aura échappé. Elle a négligé par là même un des rares problèmes internationaux d'une importance décisive où l'Allemagne aurait pu jouer un rôle après la fin de la Seconde Guerre mondiale. La non-reconnaissance de la ligne Oder-Neisse par le gouvernement allemand, particulièrement sous la direction d'Adenauer, a largement contribué à la consolidation du système soviétique des États satellites. N'est-il pas évident que la crainte de l'Allemagne qu'éprouvaient les États satellites a ralenti de façon décisive, et, pour une bonne part, rendu impossible, dans les pays de l'Est, le développement d'un mouvement réformiste ? Le fait que la Gauche, ancienne ou nouvelle, n'ait pas osé elle-même aborder ce problème, auquel l'Allemagne de l'après-guerre était particulièrement sensibilisée, n'a pu que renforcer considérablement cette crainte.

QUESTION. – *Pour revenir une fois de plus à votre essai* Sur la violence, *je remarque encore cette phrase, qui figure dans la version allemande :* « *Aussi longtemps que l'indépendance nationale, à savoir la libération de toute domination étrangère, et la souveraineté de l'État, autrement dit la revendication d'un pouvoir sans limites et sans contrôle dans la conduite de la politique étrangère, seront confondues – et aucune révolution jusqu'à ce jour n'a remis en cause cette conception de l'État – aucune solution, fût-elle théorique, au problème de la guerre dont dépend, non seulement l'avenir de l'humanité, mais la question même de savoir si l'humanité a un avenir n'est concevable. Vouloir, dans ces conditions, garantir la paix sur la terre paraît aussi utopique que la recherche de la quadrature du cercle.* » À quelle autre conception de l'État pensiez-vous ?

H. ARENDT. – Je pense moins à une conception différente de l'État qu'à la nécessité de modifier celle que nous connaissons. Ce que nous appelons l'« État » ne remonte guère au-delà des XVe et XVIe siècles, et il en est de même du concept de souveraineté. La souveraineté signifie entre autres choses que seule la guerre est capable de trancher, en dernier ressort, les conflits entre nations. Aujourd'hui toutefois – toutes considérations pacifistes mises à part – la guerre entre grandes puissances est devenue impossible du fait du monstrueux développement des moyens de destruction. La question est donc posée : que devons-nous mettre à la place de cet ultime recours ?

La guerre est devenue, en quelque sorte, un luxe que seules les petites puissances sont encore capables de s'offrir, pour autant qu'elles ne sont pas encore directement intégrées dans la sphère d'influence des grandes puissances, et qu'elles ne possèdent pas elles-mêmes d'armes nucléaires. Les grandes puissances interviennent dans ces guerres, en partie du fait qu'elles sont contraintes de défendre leurs clients, et en partie parce qu'il s'agit là d'un rouage important de la stratégie de la dissuasion réciproque dont dépend aujourd'hui la paix du monde. Entre États souverains, la guerre est l'ultime et seul recours. Si la guerre ne peut plus avoir cette fonction, cela suffit à prouver qu'une nouvelle conception de l'État est devenue nécessaire. Il est exclu que cette nouvelle conception résulte de la création d'une nouvelle Cour de justice internationale qui fonctionnerait mieux que celle de La Haye, ou d'une nouvelle Société des Nations, puisque les conflits entre États souverains, ou apparemment souverains, ne sauraient qu'y être exprimés sans fin sur un plan verbal – ce qui est d'ailleurs d'une importance plus grande qu'on ne le croit généralement.

Il me semble que les premiers éléments de cette conception nouvelle de l'État pourraient être empruntés au système fédéral, qui a cet avantage que le pouvoir n'y émane pas directement de la base ou du sommet, mais se répartit sur un plan horizontal, de sorte que les unités fédérées limitent et contrôlent mutuellement leurs pouvoirs. En effet, la difficulté réelle, lorsqu'on aborde ce sujet, est que le recours ultime ne doit pas être *supra*-national, mais bien inter-national. Une autorité supranationale sera forcément, soit inefficace, soit au service exclusif de la nation qui se trouvera être la plus forte et conduira ainsi à un gouvernement mondial, d'où pourrait aisément résulter la plus effroyable tyrannie, car nul ne pourrait échapper à une force de police globale – jusqu'à ce qu'il se désintègre.

Où trouver des modèles qui pourraient nous aider à fonder, au moins sur le plan théorique, une autorité *inter*-nationale qui constituerait le suprême organe de contrôle ? Il y a dans cette conception quelque chose de paradoxal, car une autorité dominante ne saurait être médiatrice, mais c'est là néanmoins le cœur du problème. Quand je disais qu'aucune des révolutions qui, tour à tour, ont jeté bas un certain régime pour le remplacer par un autre, n'était parvenue à ébranler le concept de l'État et de sa souveraineté, je pensais à une idée que j'avais essayé de développer dans mon *Essai sur la révolution*. Depuis les révolutions du XVIIIᵉ siècle, chaque soulèvement important a eu en fait pour conséquence de faire apparaître les éléments d'une forme de gouvernement entièrement nouvelle, qui, en dehors de toute influence des théories révolutionnaires précédentes, procède du processus révolutionnaire lui-même, c'est-à-dire de l'expérience de l'action et de la volonté de ceux qui y participaient de prendre part, en conséquence, à la gestion ultérieure des affaires publiques.

Cette forme nouvelle de gouvernement s'est concrétisée dans le système des conseils qui, nous le savons, ont toujours et partout péri, sous les coups soit de la bureaucratie de l'État-nation, soit des appareils des partis. Ce système est-il autre chose qu'une pure utopie ? Je ne sais. Il s'agirait là, en tout cas, non pas d'une utopie de théoriciens et d'idéologues, mais d'une utopie du peuple. Il me paraît en tout cas représenter la seule alternative au système actuel qui soit apparue dans l'histoire, et cela à diverses reprises. Ces systèmes de conseils, organisés spontanément, sont apparus pendant toutes les révolutions : la Révolution française, la Révolution américaine, avec Jefferson, la Commune de Paris, les Révolutions russes, dans le sillage des révolutions en Allemagne et en Autriche à la fin de la Première Guerre mondiale, et finalement au cours de la Révolution hongroise. Qui plus est, ils ne furent jamais instaurés par suite d'une tradition ou d'une théorie révolutionnaire consciente, mais d'une façon entièrement spontanée, à chaque fois comme s'il n'y avait jamais rien eu de semblable antérieurement. Le système des conseils paraît bien correspondre à l'expérience même de l'action politique et provenir d'elle.

C'est en cherchant dans cette direction, que l'on pourrait, il me semble, découvrir quelques éléments, un principe d'organisation totalement différent qui, partant de la base, s'élève par échelons pour aboutir finalement à un Parlement. Mais nous n'allons pas discuter ici de ce problème ; d'ailleurs cela n'est pas nécessaire, car d'importantes études ont paru sur ce sujet, en France et en Allemagne, au cours des dernières années, de sorte que ceux qui s'y intéressent sérieusement ont toutes possibilités de s'informer.

Pour prévenir un malentendu, qui n'est pas impossible dans les circonstances présentes, je dois bien préciser que les communautés de hippies et de laissés-pour-compte n'ont rien à voir avec ce problème. À la base de ces dernières, on trouve tout au contraire une renonciation à toute forme de vie publique, et, d'une façon générale, à la politique ; pour des naufragés de la politique, ces communautés peuvent représenter un refuge, et elles possèdent en tant que telles une ample justification sur le plan purement personnel. La forme qu'elles peuvent prendre me semble souvent grotesque – en Allemagne comme en Amérique – mais je les comprends et je n'ai pas d'aversion à leur égard. Sur un plan politique, elles n'ont aucune signification.

L'objectif des conseils se situe exactement à l'opposé, même si leurs débuts sont très modestes, comme les conseils de quartiers, de professions, d'immeubles,

Du mensonge à la violence

d'usines, etc. Il y a des conseils de toute espèce, et pas seulement des conseils ouvriers. Les conseils ouvriers ne représentent ici qu'un cas particulier.

Nous voulons participer, déclarent les conseils, nous voulons discuter et faire entendre publiquement notre voix, nous voulons avoir la possibilité de déterminer l'orientation politique de notre pays. Puisque ce pays est trop vaste et trop peuplé pour que nous puissions nous rassembler tous en vue de déterminer notre avenir, nous avons besoin d'un certain nombre de lieux politiques. L'isoloir à l'intérieur duquel nous déposons notre bulletin de vote est certainement trop étroit, car seule une personne peut s'y tenir. Les partis ne servent plus à rien. Nous ne sommes, pour la plupart, que des électeurs que l'on manipule. Mais que l'on accorde seulement à dix d'entre nous la possibilité de s'asseoir autour d'une table, chacun exprimant son opinion et chacun écoutant celle des autres, alors, de cet échange d'opinions, une opinion formée rationnellement pourra se dégager. De cette façon également nous verrons quel est celui d'entre nous qui est le plus qualifié pour aller exposer nos vues devant le conseil situé à l'échelon supérieur, où ces vues, par la confrontation avec d'autres, se clarifieront à leur tour et seront révisées ou infirmées.

Il n'est nullement nécessaire que tous les habitants d'un pays fassent partie de tels conseils. Certains n'en ont pas le désir ou ne veulent pas s'occuper des affaires publiques. Ainsi pourrait s'instaurer un processus de sélection qui permettrait, dans un pays donné, de dégager une véritable élite politique. Tous ceux qui ne s'intéressent pas aux affaires publiques devraient simplement laisser les autres décider sans eux. Mais la possibilité de participer devrait s'offrir à tous.

J'aperçois, dans cette direction, la possibilité d'aboutir à une conception nouvelle de l'État. Un État constitué de cette façon, à partir de conseils, auquel le principe de souveraineté demeurerait totalement étranger, aurait admirablement vocation pour réaliser des fédérations de types divers, en particulier parce que la base même de son pouvoir s'établirait sur un plan horizontal et non vertical. Mais si vous me demandez à présent quelles peuvent en être les chances de réalisation, je dois vous répondre qu'elles sont extrêmement faibles, pour autant même qu'elles existent. Mais, peut-être, après tout, avec la prochaine révolution...

INDEX

Table

Le Livre de Poche s'engage pour
l'environnement en réduisant
l'empreinte carbone de ses livres.
Celle de cet exemplaire est de :
250 g éq. CO_2
Rendez-vous sur
www.livredepoche-durable.fr

PAPIER À BASE DE
FIBRES CERTIFIÉES

Composition réalisée par NORD COMPO

———————————

Achevé d'imprimer en France par
CPI BRODARD & TAUPIN (72200 La Flèche)
en mars 2023
N° d'impression : 3052302
Dépôt légal 1re publication : octobre 2020
Édition 04 - mars 2023
LIBRAIRIE GÉNÉRALE FRANÇAISE
21, rue du Montparnasse – 75298 Paris Cedex 06